东航金融·衍生译丛

揭秘金融衍生品交易
手把手教你交易远期、期货、掉期和期权

第2版

安德鲁·M. 奇瑟姆（Andrew M.Chisholm） 著

杨培雷 译

上海财经大学出版社
WILEY

图书在版编目(CIP)数据

揭秘金融衍生品交易:手把手教你交易远期、期货、掉期和期权(第二版)/(美)奇瑟姆(Chisholm, A.M.)著;杨培雷译.—上海:上海财经大学出版社,2016.6
(东航金融·衍生译丛)
书名原文:Derivatives Demystified
ISBN 978-7-5642-2042-6/F·2042

Ⅰ.①揭… Ⅱ.①奇… ②杨… Ⅲ.①金融衍生产品-金融交易-基本知识 Ⅳ.①F830.9

中国版本图书馆 CIP 数据核字(2014)第 255999 号

□ 责任编辑　李成军
□ 封面设计　张克瑶

JIEMI JINRONG YANSHENGPIN JIAOYI
揭 秘 金 融 衍 生 品 交 易
——手把手教你交易远期、期货、掉期和期权
(第二版)

安德鲁·M.奇瑟姆　著
(Andrew M.Chisholm)

杨培雷　译

上海财经大学出版社出版发行
(上海市武东路 321 号乙　邮编 200434)
网　址:http://www.sufep.com
电子邮箱:webmaster@sufep.com
全国新华书店经销
上海华业装璜印刷厂印刷装订
2016 年 6 月第 1 版　2016 年 6 月第 1 次印刷

787mm×1092mm　1/16　19.5 印张(插页:3)　339 千字
印数:0 001—4 000　定价:52.00 元

图字：09-2013-926 号

Derivatives Demystified
A Step-by-Step Guide to Forwards, Futures, Swaps and Options, 2e
Andrew M. Chisholm

Copyright © 2010 by John Wiley & Sons, Ltd.

All Rights Reserved.

No part of this publication may be reproduced, stored in a retrieval system, or transmitted, in any form or by any means, electronic, mechanical, photocopying, recording or otherwise, except as permitted by the UK Copyright, Designs and Patents Act 1988 without the prior permission of the Publisher.

Authorised translation from the English language edition published by John Wiley & Sons Limited. Responsibility for the accuracy of the translation rests solely with Shanghai University of Finance & Economics Press and is not the responsibility of John Wiley & Sons Limited. No part of this book may be reproduced in any form without the written permission of the original copyright holder, John Wiley & Sons Limited.

CHINESE SIMPLIFIED language edition published by SHANGHAI UNIVERSITY OF FINANCE AND ECONOMICS PRESS, Copyright © 2016.

2016年中文版专有出版权属上海财经大学出版社
版权所有　翻版必究

总　序

20世纪70年代,随着布雷顿森林体系瓦解,美元与黄金挂钩的固定汇率制度遭到颠覆,金融市场出现了前所未有的大动荡。风险的巨大变化,带来了巨大的避险需求。以此为契机,金融衍生品逐渐从幕后走到前台,成为了风险管理的重要工具。金融期货是金融衍生品最重要的组成部分。1972年,以外汇期货在芝加哥商品交易所的正式交易为标志,金融期货在美国诞生。金融期货的本质,是把金融风险从金融产品中剥离出来,变为可度量、可交易、可转移的工具,被誉为人类风险管理的一次伟大革命。经过30年的发展,金融期货市场已经成为整个金融市场中不可或缺的组成部分,在价格发现、保值避险等方面发挥着不可替代的作用。

我国金融期货市场是在金融改革的大潮下诞生的。2006年9月8日,经国务院同意、中国证券监督管理委员会批准,中国金融期货交易所在上海挂牌成立。历经多年的扎实筹备,我国第一个金融期货产品——沪深300股指期货——于2010年4月16日顺利上市。正如王岐山同志在贺词中所说的:股指期货正式启动,标志着我国资本市场改革发展又迈出了一大步,这对于发育和完善我国资本市场体系具有重要而深远的意义。

股指期货到目前已经成功运行了一段时间,实现了平稳起步和安全运行的预期目标,成功嵌入资本市场运行和发展之中。股指期货的推出,对我国股票市场运行带来了一些积极的影响和变化:一是抑制单边市,完善股票市场内在稳定机制。股指期货为市场提供了做空手段和双向交易机制,增加了市场平衡制约力量,有助于降低市场波动幅度。机构投资者运用股指期货,可以替代在现货市场的频繁操作,增强持股信心。同时,股指期货具有一定的远期价格发现功能,可在一定程度上引导现货交易,稳定市场预期,减少股市波动频率。二是提供避险工具,培育市场避险文化。股指期货市场是一个专业化、高效的风险管理市场。股指期货不消除股市风险,但它使得股市风险变得可表征、可分割、可交易、可转移，起到优化市场风险结构、促进股市平稳运行的作用。三是完善金融产品体系，增加市场的广度和深度，改善股市生态。发展股指期货等简单的基础性风险管理工具，不仅能够完善金融产品体系，增加市场创新功能，提高市场运行质量，同时也有助于保障金融资源配置的主动权，实现国家金融安全战略的重要选择。

股指期货的成功上市，打开了我国金融期货市场蓬勃发展的大门。中国是一个经济大国，一些重要资源、重要基础商品、金融资产的定价权，必须通过稳健发展金融衍生品市场来实现和完成。"十二五"规划提出，要加快经济发展方式转变，实现经济结构调整。这需要我们不断扩大直接融资比例，积极稳妥地发展期货市场，同时也对我国金融期货市场的发展提出了更高的要求，给予了更加广阔的空间。下一步，在坚持国民经济发展需要、市场条件具备、交易所准备充分的品种上市原则的基础上，中国金融期货交易所将进一步加强新产品的研究与开发，在风险可测、可控、可承受的条件下，适时推出国债期货、外汇期货等其他金融期货品种，为资本市场持续健康发展，为加快推进上海国际金融中心建设，作出应有的积极贡献。

金融期货在我国才刚刚起步，还是一个新的事物，各方对它的认识和了解还需要一个过程。因此，加强对金融期货等金融衍生品的功能作用宣传、理论探索和实践策略的分析介绍，深化投资者教育工作，事关市场的功能发挥和长远发展。

东航金控作为东航集团实施多元化拓展战略的重要金融平台，始终对境内外金融衍生品市场的现状和演变趋势保持着密切关注，在金融衍生品市场风险研究与资产管理实践等领域，努力进行着有益尝试。这套由东航金控携手上海财经大学出版社共同推出的"东航金融·衍生译丛"，包含了《揭秘金融衍生品交易》《期权交易策略完全指南》《期权交易波动率前沿》《外汇期权》《管理对冲基金风险和融资》五本著作。它们独辟蹊径，深入浅出地向读者展示了国际金融衍生品市场的奥秘与风景。相信此套丛书一定能够有助于广大投资者更加深入地了解金融衍生品市场，熟悉投资策略，树立正确的市场参与理念和风险防范意识，为中国金融衍生品市场的发展贡献力量。

朱玉辰
原中国金融期货交易所总经理
2016 年 5 月

致　谢

我要感谢威立（Wiley）出版公司的山姆·维特科尔（Sam Whittaker），是他将本书第一版的出版任务委派给我；我要感谢乔治·马修森（George Mathewson）先生，是他在多年前把我引上了这条路。感谢理查德·哈灵顿（Richard Harrington）和奈奥·夏菲尔德（Neil Schofield）关于新版中新素材的评论。感谢彼得·贝克尔（Peter Baker）和埃米·迪本斯（Aimee Dibbens）对我的支持。还要感谢布莱恩·斯科特—奎因（Brain Scott-Quinn）和其他朋友给予我的鼓励。最近，梅里克·皮斯凯克（Mirek Piskacek）向我提出了很多关于金融市场最新进展以及金融衍生品交易社会效应的精彩问题，我尽可能给出我的回答。我们都很想念他。最后，但绝非不重要，我要感谢我的妻子谢伊拉（Sheila）一如既往的支持和宽容。

目　录

总序 /1

致谢 /1

第1章　市场的起源与成长 /1
　定义 /1
　搭积木式的衍生品 /2
　市场参与者 /3
　支持性机构 /5
　衍生品渊源 /6
　美国的衍生品交易 /7
　海外生成、创新和扩展 /8
　最近的创新例证：气候衍生品 /9
　与气候相关的衍生品 /10
　金融界存在丛林野兽吗？ /11
　近年来的历史教训 /12
　创造性破坏与传染效应 /16
　现代场外衍生品市场 /17
　场内衍生品市场 /18
　本章小结 /19

第2章　股票与货币远期交易 /21
　导言 /21
　股票远期合约 /21

远期价格/23

远期价格与套利机会/24

远期价格与预期支出/25

外汇远期/26

货币风险管理/27

运用单纯远期外汇交易对冲风险/28

远期汇率/30

远期汇率与套利机会/31

远期点数/32

外汇掉期/32

外汇掉期的应用/33

本章小结/34

第3章 远期利率协议/36

导言/36

远期利率协议案例研究：公司借款人/37

远期利率协议对冲结果/38

作为两部分支付的远期利率协议/40

远期利率协议交易/42

远期利率/43

本章小结/44

第4章 商品和债券期货/45

导言/45

保证金制度与清算所/46

期货合约的交易者/46

商品期货/47

期货价格与基点/49

美国国债期货/50

美国国债期货：交割程序/51

金边债券期货/52

最便宜的可交割债券/53
　　本章小结/54

第5章　利率与股票期货/55
　　导言/55
　　欧洲美元期货/56
　　欧洲美元期货交易/57
　　利率期货的对冲交易/58
　　利率期货价格/60
　　股指期货/61
　　标准普尔500指数期货的应用/62
　　(英国)《金融时报》100指数期货合约/63
　　净盈亏的确定/65
　　个股期货合约/66
　　本章小结/67

第6章　利率掉期/69
　　导言/69
　　利率掉期结构/70
　　单一货币利率掉期的基础知识/70
　　即期和远期交易打包掉期/72
　　掉期交易的原理/73
　　掉期术语与掉期息差/73
　　典型的掉期交易运用/74
　　利率掉期变量/76
　　交叉货币利率掉期/77
　　运用交叉货币掉期的净借贷成本/78
　　通货膨胀掉期/79
　　本章小结/80

第 7 章 股票与信用违约掉期/81

股票掉期导论/81

股票掉期案例研究/82

股票掉期的其他应用/84

股票指数掉期/86

股票指数掉期的对冲交易/87

信用违约掉期/88

信用违约掉期:基本结构/89

信用违约掉期的应用/91

信用价差/92

信用违约掉期保证金与信用价差/93

信用违约掉期价差定价模型/94

信用违约掉期指数/95

篮子信用违约掉期/96

本章小结/97

第 8 章 期权基础知识/99

导论/99

定义/99

期权类型/100

期权交易的基本策略/100

买入看涨期权:到期回报描述/102

卖出看涨期权:到期回报描述/104

买入看跌期权:到期回报描述/105

卖出看跌期权:到期回报描述/107

本章小结:内在价值与时间价值/108

第 9 章 期权对冲交易/110

导论/110

期货对冲交易回顾/110

保护性卖权/111

平值看跌期权的对冲交易/114

卖出持有标的物的看涨期权/115

证券报酬区间/117

零成本证券围领策略/117

障碍期权的保护性卖权交易/118

障碍期权的交易行为/120

本章小结/121

第10章 交易所交易的证券期权/122

导论/122

基本概念/122

芝加哥期权交易所的股票期权/123

纽约泛欧交易所集团旗下的伦敦国际金融期货交易所英国股票期权/125

芝加哥商品交易所标准普尔500指数期权/127

（英国）《金融时报》100指数期权/129

本章小结/130

第11章 货币与外汇期权/131

导论/131

货币期权的交易者/131

运用期权对冲外汇风险：案例研究/132

对冲头寸与未对冲头寸图示/133

基于零成本收益区间的对冲交易/134

降低外汇对冲交易期权费/135

复合期权/137

交易所货币期权/138

本章小结/139

第12章 利率期权/141

导论/141

场外交易利率期权/141

场外交易利率期权案例研究/142

运用上限期权对冲贷款风险/144

利率封顶期权/146

利率上下限期权/146

利率掉期与掉期期权/147

利率对冲策略小结/149

欧洲美元期权/149

欧元与英镑利率期权/151

债券期权/152

交易所债券期权/153

本章小结/154

第13章 期权估值相关概念（1）/156

导论/156

布莱克—斯科尔斯（Black-Scholes）模型/156

无风险对冲概念/157

一个简单期权定价模型/157

期权公平价值/159

二项式树形模型的拓展/160

动态对冲的成本/161

布莱克—斯科尔斯期权定价模型/161

历史波动率/163

历史波动率的测度与应用/165

本章小结/166

第14章 期权估值相关概念（2）/168

导论/168

历史波动率的相关问题/168

隐含波动率/169

布莱克—斯科尔斯模型的假设/170

看涨期权估值/171

看跌期权估值/172

证券指数与货币期权/173

利率期权定价/174

本章小结/176

第15章 期权敏感性指数:"希腊字母"/177

导论/177

德尔塔(Δ)/177

德尔塔行为特征/178

德尔塔作为对冲比率/179

德尔塔变动的效应/180

德尔塔对冲的再调整/181

伽马(Γ或γ)/182

伽马与资产现货价格/183

伽马与到期时间/184

西塔/186

维加或卡帕/187

肉(ρ)/188

关于希腊字母的小结/188

本章小结/189

第16章 期权交易策略(1)/190

导论/190

多头价差/191

基于数字化期权的多头仓位/192

现货价格与非有即无期权值/193

空头价差/194

希腊字母表示的空头价差策略/195

空头比率价差/196

多头跨式期权/197

多头跨式期权的即时损益状况/198

多头跨式期权的潜在风险/199

本章小结/200

第17章　期权交易策略（2）/202

导论/202

任选期权/202

空头跨式期权/203

空头跨式期权的即时损益状况/204

空头跨式期权的潜在利润/206

空头跨式期权的风险管理/207

空头勒束式期权策略/209

波动率交易策略的新方式/209

日历或时间价差/210

本章小结/211

第18章　可转换债券与可交换债券/213

导论/213

可转换债券的投资者/213

可转换债券的发行人/214

可转换债券的估值/215

转换溢价与平价/217

影响可转换债券价值的其他因素/218

可转换债券套利/219

可转换债券套利举例/220

运用可转换债券套利交易的风险与利润/220

强制性可转换债券和强制性可交换债券/221

构造强制性可交换债券/223

本章小结/224

第19章　结构化证券/226

导论/226

资本保护型股票挂钩票据/227

100％资本保护型票据的到期价值/228

100％参与(分担)型股票挂钩票据/230

参与率(分担)封顶型股票挂钩票据/231

平均价格票据/233

中期收益锁定：棘轮期权/234

证券化与担保债务凭证/236

担保债务凭证的基本结构/236

证券化的合理性/238

复合型担保债务凭证/239

本章小结/240

第 20 章　清算、结算与运营风险/242

导论/242

风险管理一般原理/242

交易所衍生品结算/243

主要的清算所/244

场外交易的确认与结算/245

场外衍生品交易中的对手风险控制/246

运营风险/247

运营风险管理最佳实务/248

本章小结/249

附录 A　金融计算公式/251

附录 B　奇异期权/273

附录 C　术语表/278

第1章 市场的起源与成长

定 义

衍生品是这样一类资产,其价值是由其他资产即所谓"标的资产"衍生而来的。

例如,设想你与一名经纪人签订了一张合约,合约规定了你在未来3个月内的任何时间按照100美元的固定价格购买一定量黄金的选择权。在世界现货市场上,黄金的当前价格为90美元(现货市场是为了即时交割而买卖商品和金融资产的市场)。

这里,期权合约就是一种衍生品,而标的资产就是黄金。如果黄金价值提高,那么,期权价值也就提高,因为它赋予了你权利(但不是义务)可以按照固定价格购买黄金。通过两个极端例子,我们可以看到这个特征。假设在期权合约刚刚签订后,合约中的黄金的现货市场价格上升到150美元。另一个例子是,假设价格跌落到50美元。

(1)现货价格上升到150美元。如果出现这种情况,你就可以执行你的期权,通过你的选择权,按照100美元价格买入黄金,然后在公开市场上卖出黄金而获利。因此,期权就成为相当有价值的资产。

(2)现货价格跌落到50美元。与通过期权履约相比较,在现货市场上购买黄金更便宜。你的选择权便毫无价值了。这种不值得履约的情况,一般不太可能发生。

正如本书的第8章中将要讨论的,由于期权合约提供了灵活性(未必履行合约),一笔初始费用必须支付给缔结或创造合约的经纪人,即所谓的"期权费"。

衍生品所基于的标的资产,范围相当广泛。标的资产包括贵金属,如黄金和白银;商品,如小麦和橘子汁;能源,如石油和天然气;金融资产,如股票、债券和外国货币。无论何种情况,衍生品与商品标的或金融资产标的之间的关联都是价值关联。按照固定价格购买一定数量IBM股票的选择权就是一种衍生品,如果作为标的的IBM股价上升,那么,期权价值也随之上升。

搭积木式的衍生品

在现代世界里,衍生产品各不相同,种类繁多。它们既可以在有组织的交易所进行交易,也可以直接与经纪人达成交易合约,这种交易方式被称为场外交易市场(OTC)。对于读者来说,好消息是,这些衍生产品都是从简单的搭积木开始慢慢构建出越来越复杂的衍生品结构,比如远期和期货、掉期和期权都是如此。关于远期、期货、掉期和期权,界定如下:

远期

远期合约是交易双方直接达成的合约。在实物交割的远期合约中,一方同意在未来的某一日按照协议的固定价格购买商品标的或金融资产标的,另一方同意按照事先约定的价格交付标的物。双方均有义务按照合约行事,这是合法的、限制性承诺,不受交割时点标的物价值的影响。

有些远期合约是现金结算合约,而不通过标的物的实物交割来实现清算。这意味着,合约中约定的固定价格与合约到期日一方向另一方现金支付的商品标的和金融资产标的的实际市场价值之间存在差异。

既然远期合约是私人协商的结果,故术语和条件可以是约定俗成的。然而,如果没有某种保证发挥作用,在履行合约义务方面,一方会出现违约风险。

期货

期货合约与远期非常相似,不同之处在于交易是通过一个有组织的、有监管的交易所而达成的,而不是交易双方直接协商的结果。

在实物交割的合约中,一方同意在未来的某一日(或某个日期内)按照固定价格购买商品标的或金融资产标的,而且,另一方同意接受这样的交割。在现金结算的期货合约中,约定的固定价格与标的物的到期日实际市场价值之差,以现金结算。

从传统意义上来说,远期与期货存在三个关键区别,在后面我们将讨论到这些区别,而这些区别近年来已经模糊了。传统意义上的差别是:第一,期货合约能够保证规避违约风险;第二,期货合约是标准化合约,旨在增进交易的积极性;第三,期货合约交易的损益每日核算,从而避免了累积。关于这种交易机制,我们将在后面的章节中详述。

掉期

掉期是指交易双方达成的一种协议,协议约定在合约预定的未来某日相互交换某种资产,每一次给付核算的基点都不同。

例如,试想一家美国公司5年后要支付一笔欧元贷款利息。遗憾的是,它的收入是美元,因此,它就暴露在欧元与美元汇率变化的风险之下。这家公司就可以与一家银行达成货币掉期协议,按照协议,企业在需要贷款给付的日子,银行付给企业欧元。相应地,企业向银行支付美元。

尽管掉期通常被视为最基本的衍生产品之一,但是,事实上,它是由一系列远期合约构成的。第6章将基于利率掉期合约的例子,介绍这个特征。

期权

看涨期权赋予持有人在确定的日期按照固定价格购买标的资产的权利。看跌期权赋予持有人在确定的日期按照固定价格卖出标的资产的权利。正如前面已经提到的,期权认购人必须向期权出售者或签约人支付名为期权费的初始费用。原因是期权合约为期权认购人提供了灵活性,即无须履约的灵活性。

表1.1归纳了四种基本的期权交易策略。注意,交易中,期权认购人可能承担的最大损失就是为合约支付的初始期权费。看涨期权如此,看跌期权亦如此。

表1.1　　　　　　　四种基本的期权交易策略总结

策　略	期权费	特　点
买入看涨期权	支付期权费	按照固定价格购买标的资产的权利
卖出看涨期权	收取期权费	如果需要履约,有交付标的资产的义务
买入看跌期权	支付期权费	按照固定价格卖出标的资产的权利
卖出看跌期权	收取期权费	如果需要履约,有接收标的资产的义务

市场参与者

不仅在商业领域,而且在金融和银行领域,衍生品交易都得到了广泛应用。

在衍生品市场中,有四种主要类型的参与者,即经纪人、套期保值者、投机者和套利者。在不同的市场环境下,同一个人和机构也可以扮演不同的角色。

经纪人

衍生品合约是借助为银行和证券公司工作的经纪人进行买卖的。有些合约是在交易所进行交易的,另一些合约则是场外交易的。

在大投资银行那里,衍生品是高度专业化的业务。市场营销和销售人员会根据客户的需要向他们推销产品。专家们帮助解决远期、掉期与期权组合运用方面的问题。银行为客户量身定制衍生品,管理着银行衍生品账户的交易者自己进行风险管理。同时,风险管理者时刻关注着银行总体风险水平;数学家——"数据分析专家"——设计出所需要的一些工具,对新产品进行定价。

起初,大银行在衍生品交易中仅承担中介机构作用,帮助买卖双方配对。然而,随着时间变化,它们越来越愿意承担更多风险,自身成为交易者。

套期保值者

公司、投资者、银行和政府都运用衍生品去对冲或降低市场变化因子所带来的风险敞口。这些市场变化因子包括利率、股价、债券价格、汇率和商品价格等。

这里有一个经典的例子。一个农场主卖出一份期货合约,敲定在未来某一日按照确定的价格交付谷物。买方是一家在将来某日按照固定价格获得谷物的食品加工公司,或者是投机者。

另一个典型的例子是,在将来某日获得一笔外汇给付的一家公司。它会向银行卖出一份外汇远期合约,从而获得一笔提前确定下来的本国货币的数量。或者,它购入一份期权合约,约定按照确定的汇率卖出外汇的权利,但是,不是义务。

投机者

衍生品非常适合用于商品和金融资产价格以及市场变化因子如利率、股指和汇率的投机交易。一般而言,与通过交易标的商品或金融资产进行投机相比,运用衍生品来创建投机资产头寸的费用要低得多。因此,潜在收益也要大得多。

一个经典的例子是,如果一个贸易商相信需求增加或供给下降一定会提升石油市场价格。由于购买并储存石油的费用太高,贸易商无法这样做,他就购入交易所交易的期货合约,约定在将来某一交割日按照固定价格获得石油交付。

如果现货市场石油价格上升了，期货合约的价值也会上升，就可以在市场上出售期货合约，从而获利。

事实上，如果贸易商在交割日到来之前买入合约，然后又卖出合约，贸易商就不必接收真实的石油。交易中的利润以现金形式得以实现。

套利者

套利是这样一种交易，它通过利用市场价格错配，实现无风险利润。这里有一个简单的例子：当一个交易者能够在一地买到便宜的资产，同时在另一地以较高的价格卖出资产时，就发生了套利交易。既然套利者会蜂拥到"便宜"的地方购买资产，价格差就会被消除，因而，套利机会是不太可能长时间存在的。

由于搭积木方式各有不同，类似地，产品是可以组装起来的，因此，在衍生品交易中，套利机会就出现了。如果卖出一件产品所得大于购买其组件的花费，那么，无风险利润就产生了。在实务中，由于存在交易成本，通常只有大型的市场参与者才能抓住这样的获利机会。

事实上，金融市场中许许多多所谓的套利交易并非完全无风险。套利交易合约的设计是为了利用市场价格差，但是，市场价格是很相似的，当然，也不是完全相同的。正是出于这个原因，套利交易有时（而且，更准确地说）被称为相对价值交易。

支持性机构

另外，还有许多个人和组织支撑着衍生品市场，有助于确保交易秩序和交易效率。例如，对于那些并非期货和期权交易所会员的人来说，必须雇用经纪人在市场中交易或"下单"。经纪人充当代理人，并获得议定的费用或称为佣金。

一般而言，衍生品交易是在政府指定的监管机构的监管之下的。例如，1974年美国国会创设了美国商品和期货交易委员会（US Commodity and Futures Trading Commission，CFTC）。其作为独立机构，监管美国商品期货和期权市场。

市场参与者还建立了他们自己的交易管理组织，比如国际掉期和衍生品交易协会（International Swaps and Derivatives Association，ISDA），推进场外衍生品行业向着最好的方向发展，制定和出版相关法律文书（第20章中我们将全面讨论ISDA主协议）。

交易所的交易价格会被报告出来,并通过路透社和彭博新闻社的电子新闻向全世界发布。最后,信息技术公司为衍生品市场提供重要的基础设施,包括衍生品估值系统设计、经纪人报价系统设计以及交易记录和结算系统设计。

衍生品渊源

衍生品有着悠久的历史。在名为《政治学》(Politics)一书中,亚里士多德讲述了一个关于希腊哲学家泰勒斯(Thales)的故事:通过天文观察,泰勒斯预计来年橄榄会大丰收,泰勒斯买入了大量的橄榄看跌期权,如果收成不佳,他并没有义务兑现合约,在这样的情况下,他的损失仅限于他为了获得期权所付出的初始价格。

一旦收成颇丰,泰勒斯就可以将橄榄价格下跌负担转移给他人,并从中获得显著利润。有些人认为,这也证明了哲学家有能力轻易挣大钱(如果他们选择去赚钱的话),然而,他们把心思放在了更有价值的事情上了。亚里士多德并不这样认为,他认为,泰勒斯的计划是基于对橄榄市场的关注或垄断,并非是基于对橄榄收成的独到预见。

远期交易和期货交易都很古老。在中世纪,欧洲市场中商品的卖方会与买方签订合约,承诺将来某日交付商品。商品期货可以追溯至17世纪日本大阪的大米交易。封建主征集的税收形式是大米,他们再将大米卖到大阪的市场上,换取现金。精明的竞价人拿到的是可以自由转让的票据。最终,大米标准合约的交易成为可能(类似于现代期货交易),这种大米标准合约交易是通过缴纳储备金进行的,它只是标的物大米价值中相当小的一部分。

大阪大米市场吸引了投机者,同时,也吸引了套期保值者,他们在市场中努力管理大米市场价格波动风险。

郁金香与阿姆斯特丹市场

16世纪,在荷兰阿姆斯特丹市场上,郁金香这种球茎植物以极高的价格买卖,还出现了郁金香的远期交易和期权交易。1637年泡沫破灭了。股票衍生品也在17世纪的阿姆斯特丹股票市场出现了,交易者可以交易看涨期权和看跌期权,也就是以事先确定的价格在未来某日买卖股票的权利。

伦敦取代阿姆斯特丹的欧洲主要金融中心地位后,衍生品合约开始在伦敦市场交易。伦敦衍生品市场的发展时常引起争议。19世纪20年代,伦敦证券

交易所的看涨期权和看跌期权交易出现了问题。一些会员激烈谴责交易所的做法,而另一些会员认为,期权交易极大地增加了交易所的交易量,强烈抵制任何试图干预市场的做法。

交易委员会试图禁止期权交易,但是,交易委员会最终被迫放弃了这个想法,因为,一些委员会委员强烈感受到,如果他们这样做,就是准备向其他竞争交易市场捐钱。

美国的衍生品交易

早在18世纪90年代,也就是纽约证券交易所成立后不久,美国就开始了股票期权交易(个股的期权)。

继1848年由83家交易商成立了芝加哥期货交易所之后,衍生品交易向前跨越了一大步。最早的远期合约(以玉米为标的)于1851年在芝加哥期货市场进行交易,这种做法很快便流行起来。

1865年,也就是远期交易出现了大量的违约现象之后,芝加哥期货交易所创制了标准化协议即期货合约,规范了谷物交易。交易所要求参与谷物市场交易的买方和卖方按照合约义务存入担保金,即保证金。后来,期货交易不仅吸引了投机者,而且吸引了食品生产者和食品加工公司。

随着19世纪后期和20世纪早期新的交易所成立,美国衍生品交易量扩大了。1870年纽约棉花交易所(后来成为纽约期货交易所的一部分)成立。1898年芝加哥黄油和禽蛋交易所成立,1919年发展成为芝加哥商品交易所。期货合约所依托的商品范围越来越广泛,越来越多的商品期货合约交易成为可能,后来,便出现了金属期货合约交易。

> **洲际交易所(ICE)**
> 2007年洲际交易所收购纽约交易所,现更名为美国洲际期货交易所。2001年洲际交易所收购国际石油交易所,现在更名为欧洲洲际期货交易所。成立于2000年的洲际交易所是一家上市公司,其股票在美国排名靠前,是标准普尔500的成分股。

金融期货的兴起是更为接近现在的事情。1972年,芝加哥商品交易所推出了几种外汇期货合约。1977年芝加哥期货交易所创设了30年期美国国债期货合约,1982年在期货合约基础上创制了期权合约(参见第4章和第12章)。1981

年，芝加哥商品交易所基于美元短期贷款利率推出了欧洲美元期货合约，成为银行和交易商的关键对冲工具。这样，一个新的时代被开创出来了，金融资产交易以现金结算，而不再是金融资产实物的交割（参见第 5 章）。

1973 年，芝加哥期权交易所成立，该交易所是由芝加哥期货交易所会员创立的。交易所通过创制标准化合约，实施交易管制，使股票期权交易发生了革命性变化。此前，美国的股票期权都是在非正式的场外市场上交易的。芝加哥期权交易委员会首次推出了 16 种股票的看涨期权，后来，在 1977 年推出了看跌期权。第 10 章将探讨这些产品。

1983 年，芝加哥期权交易所推出了标准普尔 500 股指期权。1997 年，推出了道—琼斯工业平均指数期权。幸运的是，当芝加哥期权交易所刚刚建立时，布莱克（Black）、斯科斯（Scholes）和默顿（Merton）就提出了标准期权定价模型，并公开发表。这样，在公认的和一致性基础上进行期权估值就成为可能。该模型将在第 13 章和第 14 章中加以讨论，模型的介绍将在附录 A 中给出。

> **芝加哥商品交易所集团**
>
> 芝加哥的两大交易所——芝加哥期权交易所和芝加哥商品交易所——最终在 2007 年合并了。合并后的实体被称为芝加哥商品交易所集团（CME Group）。集团还囊括了纽约商品交易所（NYMEX）。集团股票在美国电子股票交易市场——NASDAQ——上市。2009 年芝加哥商品交易所集团的总收益达到了 261.3 亿美元。

海外生成、创新和扩展

借鉴美国发展的经验，1982 年伦敦国际金融期货和期权交易所（LIFFE）成立了。1996 年与伦敦商品交易所合并后，该交易所也开始提供广泛的商品期货合约。

2002 年泛欧洲证券交易所（Euronext）收购了伦敦国际金融期货和期权交易所（LIFFE），在 2007 年的兼并后，成为纽约证券交易所的控股集团公司。现在，伦敦国际金融期货和期权交易所控股的纽约证券交易所（NYSE LIFFE）掌管着泛欧洲证券交易所集团的全球衍生品业务，并运作伦敦、阿姆斯特丹、布鲁塞尔、里斯本和巴黎衍生品市场。

伦敦国际金融期货和期权交易所控股的纽约证券交易所在欧洲最大的竞争

对手是 1998 年创建的欧洲期货交易所(EUREX)。欧洲期货交易所是由德国交易所(Deutsche Borse AG)和瑞士交易所联合创建的,是一个全面电子化交易平台,而不是一个实物交易平台。2008 年欧洲期货交易所完成了超过 20 亿张合约的交易。

交易所继续扩大其经营规模的同时,远期合约、掉期合约和期权合约的场外交易规模也呈现出爆炸性增长。1982 年,成交了第一张利率掉期合约。

本章最后的统计资料显示出全球衍生品市场快速成长和快速多元化的状态。今天的场外市场中,经纪人提供了极其广泛的、更为复杂的衍生品,包括具有奇异名称的新一代产品,比如障碍期权、欧式分阶段期权和数字期权。在以后的章节中,我们将通过列举实际例子来讨论这些产品,并且在附录 B 中进行归纳总结。

最近的创新例证:气候衍生品

食品生产者和公用事业公司运用衍生品交易来抵御自然灾害比如飓风和洪灾造成的风险由来已久。相比之下,气候衍生品只是在 1997 年才有了第一次场外交易。气候衍生品可以被用来抵御与极端事件相关的商业风险。这些极端事件包括不常发生的异常寒冷的冬天或夏季的超强降雨。

> **某些与天气相关的风险**
> 1.因暖冬或清凉的夏季,能源供应商将承受销售量降低的风险。
> 2.在寒冬,能源使用者面临取暖成本增大的风险;而在炎热夏季,能源使用者则面临空调使用成本增加的风险。
> 3.不常见的炎热夏季将影响谷物种植者收益,降低谷物产量。
> 4.清凉的夏季或多雨的夏季会导致旅游和休闲行业收益下降。

一般而言,气候衍生品是金融衍生品,其收益决定于特定参照区域有记录的可预测的气候因素(比如气温或降雨量)。

自从 1999 年芝加哥商品交易所推出交易所交易合约之后,该衍生品交易市场不断扩大。2007 年芝加哥商品交易所交易的合约数量大约为 100 万张,由于 2008 年金融危机的爆发,一定程度上放慢了市场扩展速度。在场外交易市场中,达成了大量的掉期合约和期权合约。

与气候相关的衍生品

最广泛使用的气候衍生品合约是与气温相关的合约。芝加哥商品交易所推出了一系列基于月平均温度、季节平均温度、美国各城市平均温度以及海外不同城市平均温度的期货合约和期权合约。

在冬季月份,交易所构建日热度指数(HDD index),而在夏季月份,交易所构建日凉度指数(CDD index)。对于美国不同城市而言,合约期限为一个月,日热度指数测度的是一个城市在该月的每一天平均气温低于基准水平65℉(18.3℃)的幅度。例如,如果纽约在2009年11月某日平均气温(比如说)为50℉(10℃),那么,这一日的日热度指数值就是:

该日的日热度指数值=65−50=15

纽约2009年11月的热度指数值可以通过加总每日热度指数值计算出来。这意味着,如果天气反常的冷,那么,月度指数就会很高(很可能纽约的取暖账单就会增加)。如果该月天气反常的暖和,热度指数就会低。注意,如果某日的平均气温超过65℉(18℃),那么,这一日的热度指数则确定为0。

价值关联

气候衍生品是这样一种产品,它的价值是从一些标的物衍生出来的。在这个例子中,标的是日热度指数或日凉度指数。为了形成价值关联,芝加哥商品交易所赋予美国城市期货和期权合约上日热度指数和日凉度指数每一个点位的货币价值为20美元。

例如,假设2009年初纽约一家能源消耗公司希望对冲寒冬风险。纽约2009年11月日热度指数期货合约当时交易价为500个指数点位。如果该公司购入11月期货,而11月期货的实际指数(比如说)是600点(反映了这个月天气更寒冷),那么,期货合约将在600点位清算。该公司每张合约就能够获利2 000美元。这样就可以抵补能源价格上升的损失。

每张期货合约的利润=(600−500)×20美元=2 000(美元)

期货合约对冲交易的利润是现金支付的。也许由于预期纽约出现温暖的冬天,交易者会以低气温水平卖出日热度指数合约,试图达到补偿损失的目的。

小结并兼谈基础风险

表1.2归纳了如何运用日热度指数期货(HDD期货)和日凉度期货(CDD期

货)对冲与气候相关的风险。在芝加哥商品交易所还可以进行相关的期权合约交易。

表 1.2　　　　　　　　　芝加哥气候期货合约对冲交易

风　　险	期货合约对冲	对冲的潜在使用者
炎热的夏季	买入 CDD 期货	面临低收成的农业经营者
清凉的夏季	卖出 CDD 期货	面临低销售量的饮品公司
温润的冬季	卖出 HDD 期货	面临低需求量的能源供应商
寒冷的冬季	买入 HDD 期货	工程完工滞后的建筑公司

运用交易所标准期货合约对冲气候相关的风险时，会有一种潜在的基础风险。例如，如果一家公司所在地不在纽约，而它使用纽约 HDD 期货合约或 CDD 期货合约来管理其面对异常气候所出现的风险，那么，这种风险就会发生。在两个地区，气候条件会有某种程度上的差异。经过特殊处理的场外市场合约能够提供更为恰当的对冲交易。

金融界存在丛林野兽吗？

相当明显的是，衍生品带给现代商业和金融世界的主要是有利的方面。诚然，许多公司不可能利用衍生品来进行经营风险管理，除非它们能够做到对冲其所面对的商品价格、利率和汇率风险。金融机构也需要管理与债券价格、股票价格以及借款人信用变化相关的风险。

> **衍生品的运用**
> 在 2009 年的一项调查中，国际掉期和衍生品交易协会发现，世界 500 强公司中的 94%（总部位于 32 个国家）均运用衍生品来管理其商业和金融风险。

然而，衍生品也为商人和投机者提供了高杠杆赌注，使他们能够在市场上豪赌。也就是说，衍生品使他们相信存在巨大的潜在利润而持有巨大的投机头寸，为此，他们仅需付出少量的初始保证金。如同硬币的两面一样，硬币的另一面就是损失，如果赌错了，损失就是巨大的。

如果某个公司运用衍生品进行投机交易出现巨大损失，那么，这个公司就会被逐出市场，但是，问题并非如此简单。还有一种危险叫"系统风险"。也就是说,会有一种传染效应或多米诺效应导致大部分金融系统崩溃,乃至毁坏整个经济系统。其他经济实体受损失影响后,经济信心就难以建立,恐慌就会出现。在这个过程中,稳健的机构也会受到普遍信心危机的拖累。

阿尔弗雷德·斯泰因海尔(Alfred Steinherr)最早注意到这种风险,他在1998年写了一本具有高度预见性的著作,书的名字叫《衍生品:金融世界的野兽》(Derivatives: The Wild Beast of Finance)。斯泰因海尔认为,衍生品的快速增长将破坏全球金融市场的稳定,除非人们采用有效的工具和风险管理措施。

进入沃伦·巴菲特的世界

传奇性投资家沃伦·巴菲特在近来的生涯中有一个特点,就是坦率的风格。2012年,他在写给投资人的信中,对投资人做了如下警告:

……衍生品是具有大规模杀伤性的金融武器,它传递着危险,尽管现在看来是潜在的,但是,这种潜在危险却是致命的。

在下一部分中,我们运用近来的历史例证说明这样的危险绝非幻觉。这里所讨论的衍生品以及提出的相关问题,将在本书后面的各章中进行详细发掘。

近年来的历史教训

本部分罗列了最近衍生品市场发展历史中非常富有启发性的一些事件。在本书写作之时(2010年初),立法者和监管者还在为弄明白在这些事件中衍生品起到的作用而苦苦思索,尤其是在2007~2008年全球"信用紧缩"的背景下。他们还纠结于未来衍生品市场和金融机构监管的意义。

哈默史密斯 & 富勒姆(Hammersmith & Fulham)委员会事件(1988~1989年)

伦敦地方政府当局在20世纪80年代后期交易了600张掉期合约,名义总价值大约60亿英镑。这个数量相当于市政委员会年预算与未清偿债务之和。实际上,这是一大笔投机性赌注,赌的是英国利率水平下降,并非是为了对冲风险。当1989年英国利率几乎翻番时,掉期合约产生了巨额损失。

银行是不幸的,它们是这一大笔钱的拥有者。英国法院裁定掉期交易是超越权限的交易,也就是说,地方政府当局没有法律权力进行这样的投机交易。像英国其他地方当局类似的交易一样,所有的交易被取消,从而导致一大批英国银行和国际银行承受了巨大损失。

这个案例在衍生品行业人所共知,引起了人们对掉期交易和其他场外衍生品交易中的法律和信用意义的极大警觉(至少一度引起警觉)。

德国金属公司(Metallgesellschaft)倒闭事件(1993年)

该公司是德国最大的联合企业之一。它的子公司通过交易大量的远期合约,至少提前10年按照固定价格向客户提供石油产品。合约的购买者有零售商和生产者,他们寻求对冲石油价格潜在提高所带来的风险。

由于进入了这样的交易,德国金属公司就承担了石油现货价格上涨的风险。该公司决定买入交易所短期能源期货合约以及场外衍生品市场的类似产品来管理风险。在理论上,如果石油价格提高,那么,按照供应协议向客户按照固定价格交付石油产品的任何损失都可以通过期货合约的获利加以抵补(如果石油现货价格上升,期货合约价值也会提高)。

采用短期期货合约方式进行对冲交易的一个理由是,这种交易方式具有高度流动性,也就是说,在交易所,很容易进行这种类型的大量交易。当一批期货合约接近到期日时,德国金属公司就用下个月到期的合约替代这些合约,然后,再用下个月的一批合约代替该月到期的合约,如此循环下去,这个机制被称为"滚动"机制。

对于德国金属公司来说,遗憾的是这种期货合约对冲机制并非完美。1993年后期石油价格剧烈下跌。期货合约发生了亏损,按照规则必须现金结算。按照远期交割合约,即按照约定的固定价格向客户交付石油可以获得补偿性收益,但是,这只能是10年以后的事情。这时,公司用尽了所有的现金。这是引起高度争议的事件,但是,公司董事会决定承担所有的义务和损失,大约13亿美元。一个银行集团出面拯救了该公司,同时,该公司不得不出售其部分业务。

橘县(Orange County)破产事件(1994年)

由于被报道出投资基金亏损超过16亿美元,1994年12月加利福尼亚州的橘县宣布破产。基于美国通货膨胀率和利率双低的预期,该县财政长官罗伯特·塞特隆(Robert Citron)下了一大笔投机赌注。

通过采用银行专家设计的所谓"反向浮动利率债券"的奇异产品,部分赌注得以补偿。但是,对于塞特隆和橘县来说,很不幸,1994年美联储开始提高利率。在这样的环境下,反向浮动利率债券的损失被极大地放大了。在美国地方政府的历史上，这是最大的破产案。

巴林银行(Barings Bank)倒闭事件(1995年)

流氓交易员尼克·里森(Nick Leeson)造成了超过8亿英镑的损失。他的雇主巴林银行是英国最古老的商业银行，后来，以1英镑的价格卖给了荷兰金融集团ING银行。里森试图利用新加坡交易所和大阪交易所期货合约的定价异常现象(低风险套利机会)。大阪交易所定价的基础是日本股票市场指数，即日经225指数。

事实上，里森做的是巨额"多头"，或者说，下的是单向赌注，大量买入期货合约，赌的是日经指数上升。他还做了风险很大的交易，被称为"空头跨式交易"，卖出看涨和看跌期权。如果市场波动幅度收窄，则获利，如果市场出现更大波动，则会出现巨额损失(参见第17章)。

里森之所以能够隐瞒未经授权的交易和不断形成的损失，原因是，他不仅是该银行的"明星交易员"，而且掌控着在新加坡的会计结算部(第20章将讨论这类经营失败的教训以及现在银行已经采用的控制措施)。身在伦敦的老板是一位传统的商业银行家，毫无衍生品交易经验。神户地震发生后的1995年1月，日经指数出现了剧烈下跌。于是，里森增加了期货合约的多头头寸，也就是说，增加了赌注，去赌日经指数反弹。最终，巨额损失暴露出来。

里森逃离新加坡，但是，最终被抓捕，判刑入狱。这个案例再一次说明了需要将交易与结算部门的功能分离开来。也说明了存在这样的风险，即交易员试图使用风险头寸的倍加来弥补出现的损失。

长期资本管理公司(LTCM)事件(1998年)

长期资本管理公司是一家对冲基金公司，是由传奇债券交易人约翰·梅里韦特尔(John Meriwether)创建的。该基金公司的成员包括诺贝尔奖获得者罗伯特·默顿(Robert Merton)和梅隆·斯科尔斯(Myron Scholes)。长期资本管理公司的主要投机策略是基于这样的理念，即安全性较大和风险性较大的投资的相对价格或可得收益会收敛，因此，两种类型的投资收益，在短期内存在差异或"差距"，在长期，这种差距就会消失。

一般而言，收益差距很小。这样，为了股份持有者的巨大收益，长期资本管理公司借入大量资金，并运用了衍生品交易手段。当俄罗斯债务违约风险增加，同时，安全性较大和风险性较大的资产价格差距显著扩大的时候，也就是在

1998年8月,出大问题了(这种情况有时被称为"安全投资转移")。长期资本管理公司被束缚在投资背离的错误一方,并且由于高债务水平,损失被放大了。

为了避免金融市场的系统性崩溃,美联储纽约联邦储备银行组织了一个由主要银行参加的银团,向长期资本管理公司提供了36.25亿美元的救助资金。

这次危机的教训之一是,长期资本管理公司所使用的数学模型没有能够正确地考量极端市场事件发生的可能性和破坏性后果,比如俄罗斯债务违约,它能够导致市场恐慌和资产价格的迅速崩溃。在这样的环境下,高杠杆的基金公司不得不以低价出售资产,去偿付借贷人的债务,这就是所谓的"大甩卖"(Fire Sale,火灾受损物品拍卖)。

安然(Enron)公司事件(2001年)

2001年12月,总部位于休斯敦的这家能源企业申请破产。这家企业曾经是电力和天然气交易领域的领袖级企业。该企业报告显示,2000年收益超过1 000亿美元,是1999年的2倍。

后来的调查表明,安然公司运用了激进的会计技术放大了该公司的收益,并运用衍生品虚夸了该公司的资产价值。它创造了所谓的"特殊合伙"或"特殊目的实体",从而在其财务报表中抹去了数十亿美元的债务。

安然公司还将多年后才能到期的账面交易利润计入当前的收益,从而放大公司收益。它还运用了按市价调整技术(mark-to-market)对能源合约进行估值。这就涉及已经成交的价格与当前价值的比较。然而,与一种简单的资产比如股票不同,不存在一个公开市场能够确定安然公司合约的当前价值。因此,公司管理层在进行价值报告时就有了相当大的自行决定权。

受安然公司和其他公司丑闻的启发,美国国会于2002年通过了《萨班斯—奥克斯利法案》(Sarbanes-Oxley Act)。该法案设定上市公司的管理和审计新标准,目的在于保证财务信息能够准确披露。

爱尔兰联合银行(Allied Irish Bank)事件(2002年)

由于美国子公司的外汇交易员约翰·罗斯内克(John Rusnak)的行为,爱尔兰联合银行损失了近7亿美元。罗斯内克宣称,他通过交易外汇期权,实施低风险策略;通过即期和远期外汇市场交易,对冲风险。这是套利策略,需要基于抓住市场价格的异动现象。

事实上,罗斯内克最初的期权交易是虚假的,而且他还伪造了交易确认记录

(第20章将讨论交易确认问题)。他做了大量不能对冲风险的外汇交易,比如日元交易。当损失越积越多时,罗斯内克进一步采取措施掩盖他的头寸。爱尔兰联合银行的内部审计机制和结算部门控制程序被证明是无效的。

美国国际集团、美林集团和雷曼兄弟事件(2008年)

大规模的次级抵押贷款违约,导致大批贷款人的高风险借贷,从而导致全球信用紧缩,这种情况到2008年7月达到了登峰造极的程度。美国政府不得不接管美国投资集团(AIG)——世界最大的保险公司。美国政府投入85亿美元防止金融体系的崩溃。美国投资集团依然持续着在信用衍生品上的巨大损失(参见第7章和第19章),防止与公司债和抵押贷款相关资产违约的其他保险业务类型的损失也在持续。

同样,在2008年7月美国证券经纪公司美林集团也由于所谓的"有毒资产"而损失惨重,绝大多数资产均与抵押贷款相关,最终以50亿美元卖给了美国银行。最富有争议的事件是,美国政府当局拒绝拯救投资银行巨人——雷曼兄弟公司。接踵而来的破产事件在全球市场中形成了海啸,人们担心其他银行也会破产。雷曼兄弟公司的一些实体后来被巴克莱资本管理公司(Barclays Capital)和诺马拉公司(Nomura)收购。

创造性破坏与传染效应

伟大的经济学家约瑟夫·熊皮特认为,资本主义社会具有决定意义的特征,即创造性波动的存在性,它带来了"创造性破坏"。他的这个概念的意思是,在资本主义条件下,新技术、新产品、新操作流程以及组织结构的新形式将永续发展变化。它们将扫除旧方式,在这个过程中,更大的社会财富被创造出来。

尽管如此,衍生品交易历史给出了一些例证,表明金融创新为整个经济体系带来了极端的危险而不仅仅是扰动,监管者和政府有义务对金融创新进行干预(有时,干预行动相当缓慢)。这表明,特定的金融创新不只是影响银行业的竞争性质,它们对于其他市场参与者还会产生严重的外部效应或"溢出"效应,包括对纳税人的外部效应,即使情况变得很糟糕,他们还必须缴纳税收。

监管者和政府未来的任务是创造一种体制,既要允许创新并使衍生品风险合法化,从而为整个社会带来真正的好处;也不能允许市场专家制造如沃伦·巴菲特在2002年警告中所称的"大规模杀伤性武器"。

现代场外衍生品市场

图 1.1 给出了现代全球衍生品市场规模巨大的一个概要。它还显示了,由于"信用紧缩"和像 2008 年后期雷曼兄弟破产等重要事件的影响,在某种程度上全球衍生品市场增长速度放慢了。衍生品交易市场价值以万亿美元计。2008 年 6 月,市场价值大约为 684 万亿美元;2008 年 12 月下降到 547 万亿美元。到 2009 年 6 月,又回复到 605 万亿美元。

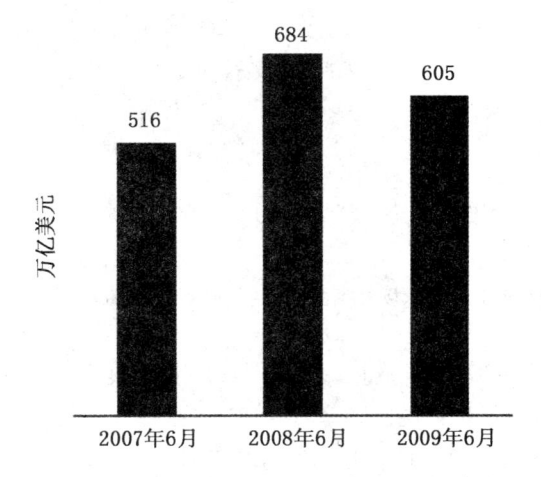

资料来源:基于国际清算银行发布的数据整理,数据来自国际清算银行网站 www.bis.org。

图 1.1 年度中期场外衍生品合约未结算的估计数量

估计的数量是惊人的。由于许多合约(比如利率掉期合约)从没有真正地结算过,但是,可以简单地计算出一方向另一方的支付,所以,尽管如此,这样的估计值误差是很小的。

2009 年 6 月全部场外衍生品的市场价值大约为 25 万亿美元。另外,还有大量的衍生品交易被用来对冲或匹配其他衍生品交易,以至于在总体上消除风险。

图 1.2 按照"风险类型"或资产类型将名义交易金额(notional amount)分成不同类型,即按照标的资产的类型对场外衍生品合约进行分类。最大的市场依然是基于利率的衍生品合约市场,其中,大部分是利率掉期交易。在 2009 年年中,全球未结算利率掉期交易估计值大约为 342 万亿美元。掉期交易的真实市

场价值大约为 14 万亿美元。这些数据揭示了掉期交易对于银行和公司的重要程度,它被银行和公司用来管理与短期利率波动相关的风险。

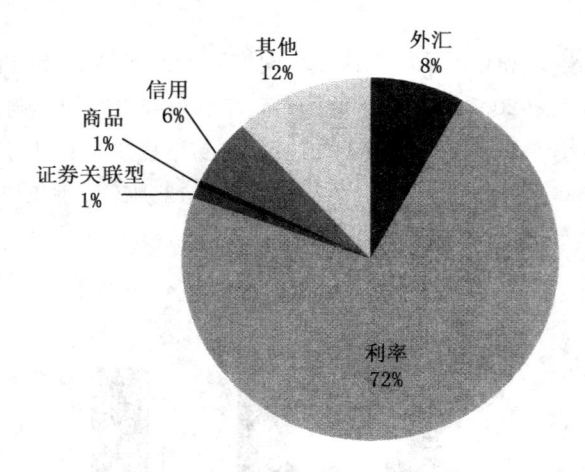

资料来源:基于国际清算银行发布的数据整理,数据来自国际清算银行网站 www.bis.org。

图 1.2 2009 年 6 月全球场外衍生品交易:按照标的资产划分的未结算估计值

图 1.2 中的"信用"项目指的是信用违约掉期(credit default swaps)。本书的第 7 章将对此进行详细讨论。2007 年年末,这些特殊交易全球未结算的估计值达到了 58 万亿美元。然而,受美国国际集团事件和其他地区出现的问题的影响,这个数字在 2009 年 6 月下降到 36 万亿美元,尽管从前期的高位显著下降,但数量依然是巨大的。

场内衍生品市场

继经济停滞时期之后,场内衍生品交易于 21 世纪头几年再一次开始扩张。增长量主要来自利率期货交易和利率期权交易,它们被银行和场外衍生品经纪人广泛使用,用来寻求对冲短期或长期市场利率风险,或者通过短期或长期市场利率变化获利。

表 1.3 显示了 2007 年和 2008 年底场内金融期货和期权合约未结算的估计量。

表 1.3　　　　　有组织的交易所交易的金融期货和期权合约

（未清偿名义本金以数十亿美元计）

	2007 年 12 月	2008 年 12 月
期货合约总量	28 039	19 483
利率期货	26 770	18 732
货币期货	159	95
股指期货	1 111	656
期权合约总量	51 039	38 381
利率期权	44 282	33 979
货币期权	133	129
股指期权	6 625	4 273

资料来源：基于国际清算银行发布的数据整理，可见国际清算银行网站 www.bis.org。

表 1.3 中的总体数据显示，由于信用紧缩，2008 年的交易量有所下降。这种下降趋势延续到 2009 年早期，但是，由于市场越来越恢复信心，2009 年后期交易量开始回复。2009 年 6 月底，金融期货合约的未结算估计值大约为 19.7 万亿美元，期权合约大约为 43.8 万亿美元。

本章小结

在金融世界里，衍生品是金融产品，它们的价值基于其他标的资产，比如商品、股票、债券或外国货币。衍生品合约既可以在有组织的交易所进行交易，也可以在场外市场经双方直接协商达成交易。交易所交易的合约是标准化合约，但是，合约是有保证的，是被交易者遵守的合约。

衍生品类型主要有三种：远期合约、期货合约和期权合约。远期合约是双边合约，一方将在未来某日按照固定价格向另一方交付标的资产。在有些情况下，并不存在实物交割，结算的仅是固定合约价格与到期日标的实际市场价格之间的差价，并且以现金支付。期货合约相当于场内交易的远期合约。

掉期合约是双方同意在协议期内的规定日期交换支付能力的协议。每一次支付都将基于不同的基点来核算。标准化的利率掉期基于固定利率，其收益则是基于浮动利率或可变利率。掉期合约是由一系列远期合约构成的。

期权购买者有权利但没有义务按照事先约定的价格买入或卖出标的资产。交易的另一方就是签售期权的一方，或者是期权合约的出售方。期权购买者必须将一笔钱作为期权费交给出具合约的人。

衍生品被用于风险管理，资产价格投机以及构建规避风险的交易或套利交易。全球未结算的衍生品合约的估计值高达数万亿美元。

第 2 章　股票与货币远期交易

导　言

在实物交割的远期合约中，一方同意买入、另一方同意卖出某种商品(如石油)或某种金融资产(如股票)，且有以下约束条件：(1)在将来的特定日期交割；(2)按照当初协议的固定价格交割。

有些合约是现金结算的。这就是说，一方向另一方支付合约中约定的固定价格与未来某日标的商品实际市场价格之间的差价。

远期合约交易是双边场外市场的交易，而且，介入交易的一方至少名义上是金融机构。公司、贸易商和投资机构会采用场外交易的方式。远期合约可以被修订，以满足特定要求。期货合约与远期合约在经济功能上是相似的，但是，期货合约是在有组织的、有管理的交易所中交易的标准化合约(见第 4 章和第 5 章)。远期合约具有潜在的对手风险——交易对手因不能履行合约义务而违约的风险。

注意，全书中使用的词汇"share"均指股票，比如 IBM 公司股票。在美国，通常也用"普通股"(common stock)来表示。股份代表商业权益，名义上代表了投票权，而且能够获得定期偿付债务后公司净利润的分红。

股票远期合约

试想，一个交易者在近日同意购入 1 年后交割、固定价格为 100 美元的某只股票。这就是一项买入远期合约，也称为"多头远期"。

图 2.1 显示了在可能的股票价值范围内，交割日交易者的潜在损益(P&L)。例如，如果 1 年后的股票价格是 150 美元，交易者买入的远期合约中的股价为

100美元,那么,卖出后即可获得50美元的利润。然而,如果股票价值仅为50美元,交易者仍然有义务按照100美元的价格买入股票,那么,损失就是50美元。

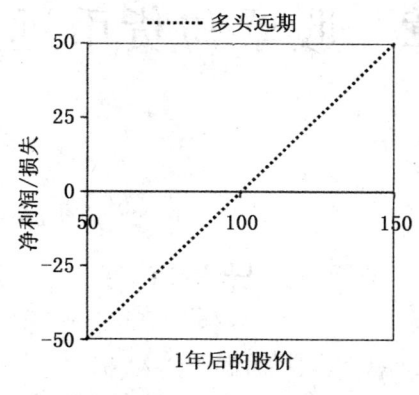

图2.1　多头远期交易的盈亏

交易的另一方——交易对手——同意1年后按照每股100美元的价格将股票卖给交易者。这就是卖出远期合约,也就是所谓的"空头远期"。

图2.2显示了空头远期的潜在损益。假设,交易对手并不持有股票,根据远期合约,他必须在1年后的现货市场买进股票以完成交割。如果在交割日股票价格低于100美元,那么,交易对手按照每股100美元的价格交割股票,就能够获利。但是,如果1年后的每股价格大于100美元,交易对手按照远期合约价格交付股票,就会有损失。

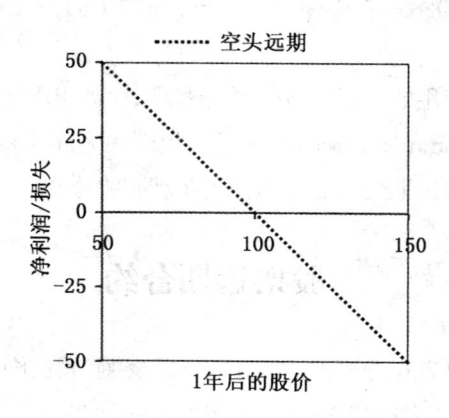

图2.2　空头远期交易的盈亏

远期价格

远期合约是双方认可在将来某日按照固定价格买入和卖出某种资产的合约。这里存在一个相当明显的问题：他们如何能够就未来交割日的公平的、合理的价格达成一致意见呢？现金交易(cash-and-carry)核算法能够给出标准的答案。这里有一个假设为依据，即在活跃的、有效的市场中，套利机会是不可能存在的。

> **套利的界定**
>
> 套利是为了获得无风险利润的一组交易，其原因是在市场中资产价格存在错配。有些交易者将这种现象称为"免费午餐"。

为了描述这种交易方式，我们可以假设，某只股票在现货或现金市场——即时买卖、即时交割的市场——的交易价格是 100 美元。有一客户找到衍生品经纪人，他想按照固定价格买入股票，不是现在就买入，而是 1 年以后买入。

经纪人如何确定一个公平价格呢？也许他或她向分析师了解情况，或者观察当前价格变化趋势图，从中得出对未来股票很可能呈现的交易水平的看法。问题是，这样做是高度投机性的做法。如果远期价格确定得太低，那么，交易就会给经纪人带来损失。

公平远期价格的确定

是否有一种方式，既无需承担风险，又能够为远期合约确定一个公平价格呢？答案是肯定的。假设 1 年期利率为 10%，股票来年的预期分红为每股 5 美元。经纪人可以借款 100 美元，在现货市场买入股票，持有股票 1 年，这样就可以在交割日实现股票交付。在这 1 年之后，经纪人必须偿还 100 美元贷款，再加上 10 美元利息。但是，资金成本的一部分被 5 美元的分红冲抵掉了。

图 2.3 显示了为了 1 年后向客户交付股票而持有股票的现金流。交割股票的盈亏平衡点(不考虑交易成本)是 105 美元。在图 2.3 中，因交割而产生的 105 美元恰好等于 105 美元的现金流出。

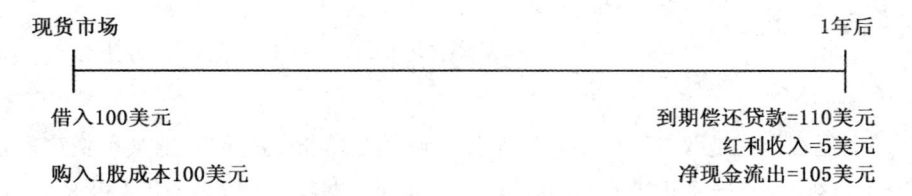

```
现货市场                                    1年后
   |                                        |
借入100美元                             到期偿还贷款=110美元
                                       红利收入=5美元
购入1股成本100美元                      净现金流出=105美元
```

图 2.3　持有股票所导致的现金流

远期价格的构成

远期价格由两个部分构成：在现货市场购买股票的成本 100 美元和为了未来交付股票而持有股票的净成本。相应地，持有成本也要考虑两部分，它等于贷款利息（该例子中为 10 美元）减去股票分红所得（该例子中为 5 美元）。

盈亏平衡的远期价格＝现金＋持有净成本

持有净成本＝10 美元－5 美元＝5 美元

盈亏平衡的远期价格＝100 美元＋5 美元

严格来说，持有净成本会略低于 5 美元，因为在 1 年期内的分红所得会被再投资。

远期价格与套利机会

试想，前面提到的经纪人签订了远期合约，同意 1 年后按照高于 105 美元的价格向一客户卖出股票，比如说，120 美元的价格。经纪人在进行这笔交易的同时，还做了以下事宜：(1)贷款 100 美元，并在现货市场购入股票；(2)持股 1 年，获得红利 5 美元。

1 年后，经纪人偿还贷款和利息，总计 110 美元。考虑分红所得 5 美元，净现金流出 105 美元。如果经纪人锁定远期交易，在交割日卖出远期合约标的股票所得 120 美元，那么，经纪人的总利润为 15 美元。虽然在实务中要考虑交易对手会不会出现远期合约的违约，但是，在理论上，这是无风险的套利交易。如果风险使最终利润少于 15 美元，那么，经纪人实际所得就是套期利润。

弥补缺口

在现实世界里，这里描述的"免费午餐"不可能长期存在。交易者会争相做这样的交易：贷款 100 美元，在现货市场买入股票，同时，按照 120 美元的价格卖出远期合约。如果这样,结果就是远期合约价格回落到套利机会消失的水平(这也会推升股票的现金价格)。

什么因素维持着远期价格的"稳定",即大致处于按照现金购入并持有核算出来的公平价格水平(在这个例子中就是105美元)。这个因素就是套利的潜在可能性。

如果市场中的远期价格低于公平价格,交易者就会买进远期合约,同时做股票空头交易。在实务中,做空是通过承诺在将来某日归还初始所有者的股票而借入股票的方式实现的。接着,在现货市场卖出,并将所得现金用于储蓄以获取利息。交易者买入低价的远期合约,同时卖出标的股票,其结果将会拉动远期价格回升到理论上的公平价格。

事实上,从一个简单的现金交易核算方法中推导出来的理论值会与真实的远期价格存在某种程度的偏离。原因是交易成本。购买和持有股票要向经纪公司支付佣金和其他费用。维持空头头寸需要借入股票并向出借人支付费用。

远期价格与商品

在非金融资产的远期合约交易中,如何运用现金交易核算方法?这种核算方法可以运用到黄金和白银上,黄金和白银的持有者是以投资为目的的。然而,在持有商品主要是为了消费目的的情况下,这种方法的运用要小心谨慎。

对于有些商品(比如新鲜水果),这种核算方法一点都不适用,因为为了在将来某日交割而储存水果是不具有可行性的。在另一些情况下,该核算方法的适用也会受到限制。在这一点上,石油就是一个例子。石油现货市场价格时常高于远期市场或期货市场价格,尽管从简明的现金交易核算方法中也可以得出反向持有的含义。一种解释是,大宗消费者愿意高价在现货市场上买入石油,这样,他就能够储备石油,并保证持续不断的供给。

远期价格与预期支出

通常人们会将资产的远期价格看成交割日预期的将来现货市场价格。换句话说,远期价格被看成是预期的未来资产价格。预期决定于当时可以得到的证据,并决定于后来新证据出现后的情况变化。

这个理念,至少有一个原因使我们确信不疑。如果远期价格在某种程度上出现了偏离,就可能会使用套利策略。假设预期出现了对未来某日现货市场实际价格低估的系统性趋势，那么，买入远期合约的交易人赚钱的机会就会比他或她损失的机会大得多。这样，就会出现赚钱模式。

> **远期合约和期货合约价格的偏差**
>
> 很可能出现这种情况：远期合约交易或期货合约交易（交易所交易的对等产品）很容易赚钱。然而，按照经济学家J.M.凯恩斯的观点，这种现象是可以存在的，而且利润引诱投机者进入市场。关于远期或期货价格是否存在偏差，已经有了大量的研究成果。结果仍然是不确定的。

如果我们假设某种资产的远期价格就是预期的未来交割日的现货市场价格，这就具有了重要含义。这是基于当前可得证据的预期。当远期合约接近交割日时，就会获得新的证据，就会改变预期。如果信息是随机的，有些信息对于标的资产价格来说就是"好消息"，而有些信息就是"坏消息"。

存在这样的机会，即在交割日，标的物实际价值高于远期合约初始议定的预期价值，但是也存在这样的可能，即标的物实际价值低于远期合约初始议定的预期价值。如果新的信息是随机的，我们可以说现货市场价格高（或低）于初始预期价格的概率为50：50。因此，远期合约赚钱或赔钱的机会大约为50：50，而且，交易的平均收益为0。

远期交易的预期支出

图2.1和图2.2实际上已经给出了这个结果。预期合约交割价为100美元。假设这个价格就是预期交割日的现货市场价格，而且，标的物价值高于（或低于）交割日的价值的概率为50：50。那么，远期合约的买入者就有50％的机会获利，同时，有50％的机会赔钱。平均收益（潜在利润和损失的平均化）为0。

远期合约卖方的平均收益也为0。其依据是，在最初议定远期合约时，任何一方都不会向另一方支付保证金，因为没有哪一方具有初始优势。注意，期权交易的情况则完全不同。期权的买方向卖方事前支付期权费，因为买方不具有初始优势——有利时履行合约，否则作废的权利。

外汇远期

即期外汇交易是交易双方同意在（通常）两个交易日内按照固定价格交换两种货币的交易。显著的例外是美元与加元之间的交易，交易达成后的现货交割日是一个交易日。两种货币实际交换的日子叫"起息日"(the value date)。现货交易是为了得到"现货价值"。

单纯远期外汇交易是指:(1)交易双方坚定的、不变的承诺;(2)两种货币的交换;(3)固定的汇率;(4)起息日要比即期交易晚。

在起息日到来之前,两种货币并没有进行实际交换,但是,交换日的汇率已经确定下来。

单纯预期外汇交易被公司广泛应用,这些公司必须在将来的某日用外汇支付或获得外汇现金。公司同银行达成远期交易,从而锁定汇率,这样,就可以消除因汇率反向波动导致损失的风险。当然,硬币的另一面是,即使后来的现货市场中公司可以获得更有利的汇率,也必须遵守合约。事实上,为了获得确定性收益,公司放弃了汇率有利变动的潜在收益。

远期汇率

正如我们将看到的,银行单纯远期汇率的报价决定于即期汇率和两种货币的相对利率。

在交易者谈论这种情况时,他们常用的术语是两种货币头寸的相对持有成本。实际上,远期汇率的确定基于对冲交易或套利交易观——补偿介入单纯远期外汇交易银行所要承担的成本。如果远期汇率远离了公允价值或理论值,那么,无风险交易的潜在可能性或套利交易就会被创造出来。

货币风险管理

本部分基于一个小例子描述单纯远期的实际运用。例子是这样的,一家美国公司将商品出口给一家英国的进口商。英国公司用英镑(符号为GBP)支付商品价款。协议总额为1 000万英镑,两个月后支付。

即期外汇市场汇率是 GBP/USD1.5,也就是说,1英镑兑换1.5美元。如果付款通知是立即结算的,那么,美国公司就可以在现货市场卖出英镑,换得1 500万美元。然而,支付方式是未来延期支付的。如果在接下来的两个月里,英镑走弱,美国公司最终获得的美元就会减少,出口交易的利润率就降低了。

为了完整描述这种情况,我们假设美国公司承担的出口交易总成本为1 350万美元,目标利润率至少要达到10%。

出口的利润和损失

表 2.1 显示了两个月后的现货市场汇率可能出现的变化幅度,即美国公司得到 1 000 万英镑时的汇率。表中的第二列计算出了按照当时现货市场汇率卖出英镑所得到的美元数量。第三列显示了公司总成本为 1 350 万美元时贸易的利润或损失。最后一列计算出了美元成本利润率。

表 2.1　　　　　　　　不同即期汇率条件下的利润和利润率

即期汇率	所得(美元)	净利润或净损失(美元)	成本利润率(美元)
1.3	13 000 000	−500 000	−4
1.4	14 000 000	500 000	4
1.5	15 000 000	1 500 000	11
1.6	16 000 000	2 500 000	19
1.7	17 000 000	3 500 000	26

如果两个月后的即期汇率是 1.5,那么,美国出口商就能通过卖出 1 000 万英镑而得到 1 500 万美元。利润是 150 万美元,利润率(利润除以发生的美元成本)是 11%。如果不是这样,假设两个月后的即期汇率变成了 1.4,那么,美国公司卖掉英镑所得美元就是 1 400 万。于是,利润就只有 50 万美元,利润率仅为 4%,低于目标利润率。

当然,也存在这样的机会,即在接下来的两个月里英镑走强。如果汇率升至(比如说)1 英镑兑换 1.6 美元,那么,美国出口商的利润率就是 19%。这对于公司管理层来说,是极具诱惑的,如果是这样的情况,那么,他们简直就是投机。公司具有预测汇率的专有技能吗?相信,许多公司不具有这样的专有技能,他们只是主动对冲外币风险敞口。

在下一节中,我们将揭示美国出口商如何运用远期外汇交易管理货币风险。

运用单纯远期外汇交易对冲风险

美国公司与其关联银行接触并达成了两月期的远期外汇交易。协议汇率为 GEP/USD1.492 6。按照交易合约,两个月后:(1)公司从客户那里收到 1 000 万英镑后,支付给银行;(2)相应地,银行支付给公司 1 492.6 万美元。

无论交换时市场上的即期汇率发生了怎样的变化,所支付的货币数量都是固定的。远期合约是确定了法律义务的合约,交易双方必须履行义务。

表 2.2 对美国公司运用外汇远期交易对冲货币风险的结果与不进行风险对冲交易的结果进行了比较。

表 2.2　　　美国出口商对冲风险和不对冲风险的美元所得

(1)即期汇率	(2)按照即期汇率所得(美元)	(3)按照远期汇率所得(美元)	(4)差距(美元)
1.3	13 000 000	14 926 000	−1 926 000
1.4	14 000 000	14 926 000	−926 000
1.5	15 000 000	14 926 000	74 000
1.6	16 000 000	14 926 000	1 074 000
1.7	17 000 000	14 926 000	2 074 000

注:列(1)显示的是 2 个月后的即期汇率可能出现的变动幅度。列(2)显示了若公司不进行货币风险对冲的结果。按照列(1)中的交割日即期汇率计算出卖出 1 000 万英镑所得到的美元数量。列(3)显示了如果远期交易中议定的汇率是 GBP/USD1.492 6,美国公司卖出美元总能得到的美元数量。列(4)计算出了列(2)和列(3)美元数量之间的差距。例如,如果两个月后的即期汇率是 1.3,公司不进行远期外汇交易的结果是公司损失 192.6 万美元。

结果示意图

表 2.2 中的结果可以在图 2.4 中加以图示。实线显示出了如果不进行货币风险对冲交易,公司得到的美元数量。虚线显示出了如果进行远期外汇交易,公司将获得的固定美元数量(1 492.6 万美元),这样,通过远期外汇交易,公司的成本利润率为 10.6%,高于 10% 的目标利润率。对冲交易达到了目的。

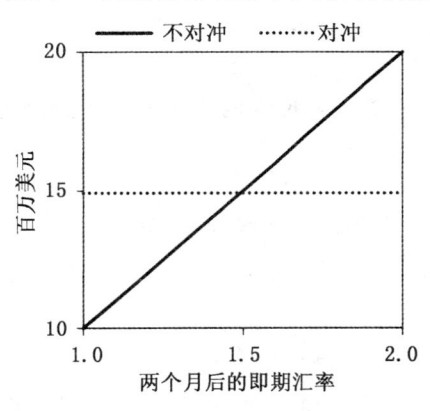

图 2.4　对冲与不对冲的美元所得

远期汇率

运用即期汇率和交易所涉两种货币的利率，可以确定单纯远期外汇交易的理论汇率或公允汇率。事实上，就是进行现金交易核算。

在前一节中，我们假设美国公司按照 1.492 6 的远期汇率卖出英镑，换取美元。这个汇率是否为公允汇率？为了回答这个问题，假设我们可以得到以下更多的市场信息：

(1) 即期汇率 GBP/USD＝1.5；
(2) 美元年利率＝3％，即两个月的利率＝0.5％；
(3) 英镑年利率＝6％，即两个月的利率＝1％。

为了使问题简化，这里，我们假设市场上的资金借入和贷出利率完全相同，而且，买入和卖出英镑的即期汇率也完全相同。在实务中，货币经纪人对买入汇率和卖出汇率的报价是不同的，而且，交易者竞买价（买入价）和要价（卖出价）的报价也不同。两种汇率的差被称为经纪人价差(dealer spread)。

根据所得到的数据，在现货市场上 1 英镑等于 1.5 美元。在两个月期间，英镑可以按照 1％的利率获得投资收益。美元也可以按照 0.5％的利率获得投资收益。图 2.5 显示了在两个月内按照相应的利率，100 英镑和 150 美元的投资结果。

即期市场	两个月后
100英镑	101英镑
150美元	150.75美元

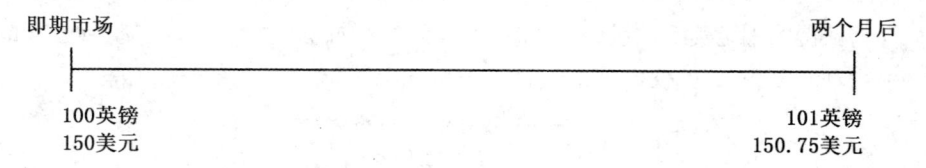

图 2.5　英镑和美元两个月期投资的结果

在即期外汇市场上 100 英镑等于 150 美元。然而，当日的 100 英镑用于投资，两个月后得到 101 英镑。由于美元利率较低，150 美元投资后的增值率较低，两个月后所值 150.75 美元。这就告诉我们，两个月后英镑与美元的对价是：

101 英镑＝150.75 美元

1 英镑＝150.75/101＝1.492 6 美元

因此，两个月远期汇率的理论值是 GBP/USD1.492 6。

远期汇率与套利机会

基于现金交易核算方法,市场中的远期交易必定收敛或接近公允汇率,否则就会出现套利机会。

看一看为什么会这样。在本部分中,我们使用上一节中相同的数据进行分析。这里,计算出两个月远期汇率的理论值是 GBP/USD1.492 6。

假设经纪人准备进行交易,交易中两种货币在两个月后的交换比率不同,比如说,在即期外汇市场上的汇率为 GBP/USD1.5。那么,套利者就会进入市场,并在当日进行以下交易:

(1)按照 1.5% 的利率借入为期两个月的 150 美元;

(2)在即期外汇市场卖出 150 美元,得到 100 英镑;

(3)按照 1% 的利率将 100 英镑存入银行两个月,到期时英镑储蓄加上利息将增加到 101 英镑。

同时,套利者将进行单纯远期外汇合约交易,同意按照 1.5 的固定利率在两个月后卖出 101 英镑换取美元。两个月后,套利者实现以下全部交易:

(1)得到 150 美元的借款,外加利息,所得为 150.75 美元;

(2)收回 100 英镑的储蓄,加上按照 1% 的利率所得,收获 101 英镑;

(3)卖出 101 英镑,按照远期合约的约定条件,所得美元为 $101 \times 1.5 = 151.5$ 美元。

因此,如果不考虑此间汇率的变化,套利者将赚到无风险利润为 0.75 美元(151.5 美元 − 150.75 美元)。如果交易量为 1 500 万美元而不是 150 美元,那么,利润就是 75 000 美元。

> **不存在套利的公平远期汇率**
>
> 上述利润的核算是建立在这样的假设基础上的:两个月后的交割日卖出 1 英镑换得 1.5 美元。如果汇率是公平汇率 1.492 6,套利就会消失。

这个简单例子说明了为什么远期外汇合约会按照或大致按照公平价格交易。如果不是这样,那么,交易者就会大量进入套利交易市场,从而导致实际市场汇率趋向理论值或均衡值。在实务中,交易手续费和交易成本使这种情况变得复杂一些,但是,一般原理仍能站得住脚。

远期点数

在上述例子中,值得注意的是远期汇率的理论值 1.492 6 低于即期汇率 1.5。市场参与者会说,相对于两个月后交割的美元来说,英镑出现"贴水"。换句话说,对照即期汇率,买入更少的美元,这是两种货币的利差导致的结果。英镑利率被假设为 6% 的年利率,而美元年利率被假设为 3%。

用经济学术语,这种情况就可以得到解释。为什么相对于美元投资来说,投资者持有英镑需要得到更高的回报? 原因有很多,其中有两个主要的可能性: (1)英镑标价的资产风险更高;(2)由于英镑比美元面对更高的通货膨胀率,投资者相信英镑资产的真实价值会折损。

还有其他一些原因。例如,国际投资者对于英国货币政策的信任程度较低。

显然,通货膨胀率是受关注的主要因素。如果投资者预期英镑比美元将承受更高的通货膨胀,他们就要求英镑标价的资产有更高的回报作为补偿。另外,既然按照购买力,英镑的真实价值会以更快的速度折损,那么,与即期交易相比,远期交割的英镑对美元就会出现"贴水"。

远期点数的计算

市场交易者常常与即期汇率相比较的"贴水"和"升水"的远期点数对货币远期合约进行报价。例如:

(1)即期汇率=1.500 0;

(2)远期汇率=1.492 6;

(3)贴水=-0.007 4=74 点。

在"电子交易"市场(美元与英镑之间的交易市场)中,1 个点代表的是 1 英镑出现 0.000 1 美元的"贴水"或升水。因此,74 个点的贴水相当于每英镑贴水 0.007 4 美元。

外汇掉期

外汇掉期是外汇交易(一般是为了现值)与反向单纯远期交易的组合。两次交易都是与同一个交易对手达成的,交易中一种货币的数量一般保持固定。如果掉期的首要目的是为了日后的价值而不是为了获得即期市场价值,那么,这种交易就被称为"远期对远期掉期"(forward-forward swap)。

使用前几节中给出的即期汇率和利率,举例如下:

(1)即期汇率 GBP/USD=1.5;

(2)英镑年利率=6%;

(3)美元年利率=3%;

(4)两个月远期汇率 GBP/USD=1.492 6。

假设一个客户与银行订立合约,按照下列条件达成外汇掉期交易:

(1)即期部分。客户卖给银行1 000万英镑,得到1 500万美元(按照即期汇率)。

(2)远期部分。两个月后,银行付给客户1 000万英镑,而客户付给银行1 492.6万美元(按照两个月远期汇率)。

这里,按照远期交易部分,客户仅需还给银行1 492.6万美元,尽管他在即期市场得到了1 500万美元。两个数量之间的差额是74 000美元。

为什么会有这个差额?这是由两种货币之间的利率差决定的。在外汇掉期期间,客户不再持有高收益货币(英镑),而是持有低收益货币(美元),因此,需要得到补偿。事实上,74 000美元是用美元表示的两种货币利率差额(英镑数量保持不变)。

外汇掉期交易产生的现金流(从客户的视角来看)可以用图2.6来描述。

```
即期市场                                           两个月后
  |                                                 |
-1 000万英镑                                      +1 000万英镑
+1 500万美元                                      -1 492.6万美元
```

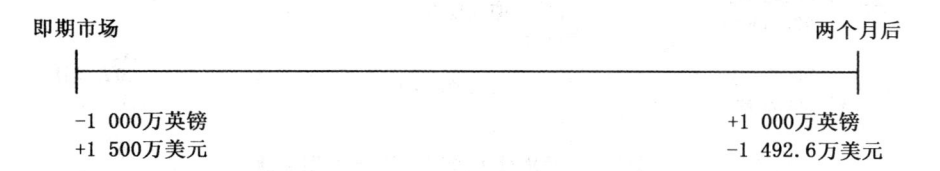

图 2.6 外汇掉期现金流

形成对照的是,如果客户与银行进行外汇掉期交易,从低利率货币变换到高利率货币,远期部分偿付的高利率货币要多于即期部分所得到的货币(假设低利率货币量保持不变)。为了在外汇掉期有效期内得到向高利率货币转换的好处,客户必须向银行提供补偿。

外汇掉期的应用

养老基金管理者可以运用外汇掉期在一系列时期内将资金转变为外国货

币,通过在外国股票和债券市场投资,以提高投资多样化程度,增加收益。在掉期的即期部分,买入外国货币,并在掉期的远期部分转换为本国货币。这样,有助于管理与购买海外资产相关的货币风险。

外汇掉期还被银行用来管理货币和资金市场交易产生的现金流。

例如,在图2.6描述的掉期交易中,商业银行必须在即期市场中支付1 500万美元。注意,在同一交易日,商业银行也得到了1 000万英镑。与其说商业银行借入了美元,不如说,它在外汇掉期的即期部分卖出了超额英镑获得了美元,因此,在即期的交易日解决了现金流问题。外汇掉期的净收益是通过两个月的掉期,转换了银行当前的英镑和美元头寸,而无需在货币市场上真正借入和贷出资金。

外汇掉期交易的效应

掉期交易的结果可以用图 2.7 加以描述。与实际借入和贷出货币不同,外汇掉期不改变资产负债表,因此,它是一个非常有效的交易技术。交易的构成是将即期交易与两个月后两种货币再交换的承诺相结合。

```
即期市场                                          两个月后
├──────────────────────────────────────────────┤

+1 000万英镑 ⎫
-1 500万美元 ⎭        即期现金流

-1 000万英镑 ⎫                        ⎧ +1 000万英镑
+1 500万美元 ⎭        外汇掉期交易       ⎩ -1 492.6万美元
```

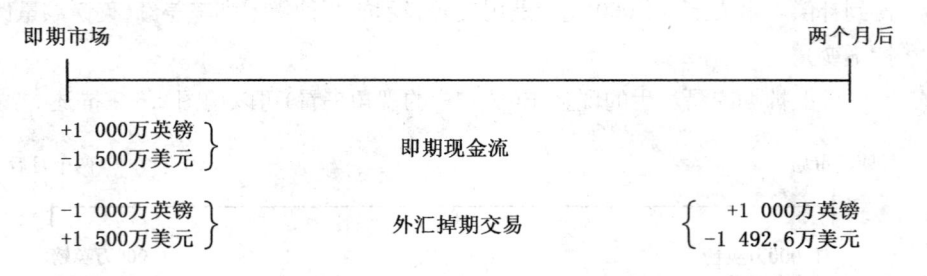

图 2.7 运用外汇掉期管理银行现金流

本章小结

远期合约是交易双方为了在将来某日按照事先确定的价格交割商品或金融资产的合约。有些合约是以现金结算的。

在许多情况下,公平的或理论上的远期价格是通过现金交易核算法进行计算的。其基础是,远期合约卖出者所承担的成本要能够补偿他或她在现货市场购买资产的交易风险成本,再加上持有资产到远期合约交割日期间的持有成本。

如果远期合约价格高于或低于公平价格成为可能(受交易成本影响),就有可能构建一个有利润的套期交易。在公平价格水平上，远期交易的平均收益或预期收益为 0。这一点与期权交易不同，因为远期交易中的任何一方都不会向另一方收取初始期权费。对于那些已腐烂、无法储存或做空的商品来说，现金交易核算法不适用。

单纯外汇远期交易是投资者、银行和公司常用的交易方法，他们用以对冲汇率波动风险。公平远期汇率决定于即期汇率和两种货币的利率。

外汇掉期是外汇交易与反向单纯远期交易的组合。通常，一种货币量保持不变。银行运用外汇掉期去管理不同货币的现金流，而基金管理者希望运用外汇掉期，对冲与外币资产投资相关的投资风险。

第3章 远期利率协议

导 言

　　远期利率协议(FRA)是一种双边合约,合约规定了在协议的将来时期内适用于名义本金的固定利率。合约的一方是远期利率协议买方,另一方为远期利率协议卖方。然而,名义本金绝不会转手,仅仅被用来核算结算额(settlement sum)。

　　(1)远期利率协议买方。如果合约期间参照利率或基准利率高于合约中约定的利率,那么卖方向买方支付结算额。

　　(2)远期利率协议卖方。如果合约期间参照利率或基准利率低于合约中约定的利率,那么买方向卖方支付结算额。

　　因为远期利率协议的价值是由即期市场或货币市场利率,即当前的储蓄和贷款利率而不是将来的储蓄和贷款利率衍生而来的,因此,远期利率协议是一种衍生工具。本章将介绍这方面的内容。

> **远期利率协议的使用者**
> 　　远期利率协议的买方自然是公司,公司作为买方希望对冲利率提高的风险。货币市场投资者希望防止利率下降的风险,他们自然成为远期利率协议的卖方。

　　远期利率协议与(第5章)将要介绍的交易所交易的利率期货合约很相似,不同之处是,远期利率协议是在场外市场交易的。正如我们已经看到的,场外衍生品是交易双方直接达成的合法的、有约束力的协议。它不能自由交易,而且承担着潜在的对手风险——交易对手无法履行义务的风险。另一方面,交易条件是灵活的,可以很容易定制不同的合约。现在,银行将远期利率协议运用于不同的货币交易并且合约期限富有变化。

远期利率协议案例研究:公司借款人

本部分中展示的案例是这样的:一家公司作为借款人身负 1 000 万美元的未偿付贷款。贷款利率每年经过两次重新确定,依据是 6 月期限的伦敦银行同业拆借利率(LIBOR)加上每年 100 基点的溢价(1%)。6 月期限的伦敦银行同业拆借利率是伦敦银行间 6 个月到期的美元贷款利率。

> **伦敦银行同业拆借利率的定义**
>
> 伦敦银行同业拆借利率是在每个伦敦交易日中由英国银行家协会(BBA)确定的关键的基准利率。因为商业银行大致按照伦敦银行同业拆借利率融资,它们就按照伦敦银行同业拆借利率加溢价向客户发放贷款,这样赚取利润并防止违约风险。伦敦银行同业拆借利率成为大量的关键货币(包括美元)报价的依据,适用于各种贷款到期期限安排。

注意,为了简化起见,在下面的例子中,不考虑伦敦银行同业拆借利率条件下利息支付的每日核算方法的影响。

在本案例中,公司锁定了接下来 6 个月期的借贷利率,然而,公司的财务经理关注的是此后期间的利率会变得更高。这将影响公司利润以及对股票价格产生潜在影响。为了抵御这样的风险,财务经理决定从经纪人手中买入远期利率协议。确定的合约条件见表 3.1。

表 3.1　　　　　　　　远期利率协议的合约条件

名义本金	1 亿美元
交易类型	客户买入远期利率协议
合约利率	年利率 5%
合约期限	6 个月后的未来 6 个月
参考利率	6 月期美元伦敦银行同业拆借利率

如果合约期内 6 月期美元伦敦银行同业拆借利率高于远期利率协议的合约利率(即年利率 5%),公司就获得远期利率协议经纪人支付的结算额。如果合约期内 6 月期美元伦敦银行同业拆借利率低于远期利率协议的合约利率(即年利率 5%),那么,公司必须向经纪人支付结算额。结算额的依据是 1 亿美元的

名义本金。交易双方——公司和经纪人——签订远期利率协议,即一份具有法律效力的、必须遵守的协议。英国银行家协会拟定了交易所依据的法律条件。

远期利率协议清算

交易双方都清楚地了解 6 月期限的英国银行家协会发布的美元伦敦银行同业拆借利率可以通过远期利率协议加以抵补。所有的信息都通过市场信息系统发布,比如路透社或彭博新闻社。假设,6 月期美元伦敦银行同业拆借利率为年利率 7％。既然伦敦银行同业拆借利率高于固定的合约年利率 5％,那么,卖出远期利率协议的经纪人就必须向公司(买方)提供补偿。

清算额＝1 亿美元×(7％－5％)/2＝100 万美元

注意,在这个计算公式中,利率是年利率,但是,实际上的远期利率协议的期限是 6 个月。这就是为什么实际伦敦银行同业拆借利率与远期利率协议利率差必须除以 2 的原因。

实际借款利率

于是,公司可以用清算额部分抵补借款的利息支付。公司要按照伦敦银行同业拆借利率加年溢价率 1％负担 1 亿美元的银行贷款。如果其间伦敦银行同业拆借利率为年利率 7％,那么,其间贷款年利率就是 8％减去从远期利率协议中得到的清算额,然而,在此期间,公司的支付如下(再一次忽略每日核算的复杂性):

贷款利息支付＝1 亿美元×8％/2＝400 万美元

减去:远期利率协议的清算额＝100 万美元

借款净成本＝300 万美元

实际借款利率＝300 万美元/1 亿美元＝6 月期利率 3％＝年利率 6％

远期利率协议对冲结果

公司利用远期利率协议在合约期限内将年利率 6％锁定。

这种情况可以用表 3.2 加以描述。表中第一列显示了英国银行家协会设定的美元伦敦银行同业拆借利率在协议期间的变化幅度。第二列计算出了按照伦敦银行同业拆借利率加 1％的公司借款利率。第三列加总了贷款利息支付与远期利率协议的清算额。最后一列显示了实际借款年利率,即含有远期利率协议的清算额的借款利率。

表 3.2　　　　　　　　　　远期利率协议的对冲效应

LIBOR (年利率%)	借款利率 (年利率%)	净成本 (百万美元)	实际利率 (年利率%)
3.0	4.0	3.0	6.0
4.0	5.0	3.0	6.0
5.0	6.0	3.0	6.0
6.0	7.0	3.0	6.0
7.0	8.0	3.0	6.0

表 3.2 中所列出的结果可以通过以下几个例子加以说明:

(1) LIBOR＝3%的年利率。公司的借贷利率为年利率4%,所以,其间的利息就是200万美元。伦敦银行同业拆借利率为年利率2%,低于合约年利率5%。所以,公司必须按照2%年利率的一半支付远期利率协议经纪人1亿美元的利息(合约期为6个月),也就是100万美元。现在,净借款成本就是300万美元,因此,实际上,公司在其间支付的年化利率为年利率6%。

(2) LIBOR＝7%的年利率。借贷利率为年利率8%,所以,其间利率成本就是400万美元。然而,这时公司从经纪人那里得到的远期利率协议清算额为100万美元。因此,公司的净借款成本是300万美元,故其间的实际年利率是6%。

远期利率协议对冲描述

图 3.1 中描述了表 3.2 中的核算结果。横轴显示的是通过远期利率协议交易抵偿未来时期 LIBOR 的可能变化。虚线显示了如果公司买入远期利率协议,其间公司的实际借贷利率。实线显示了不进行远期利率协议交易的借贷利率,即公司不对冲利率风险所要面对的利率水平。

如果买入远期利率协议,公司就锁定其间的融资利率为6%的年利率。这样,就避免了其间利率上升造成的影响。然而,同样的交易,并不能从利率下降中收益。公司要时刻准备着承担这种风险。如果公司锁定了借贷成本,那么,实施商业运作计划就容易得多,因为有一种不确定性被消除了。对冲利率风险还有助于降低收益的波动性,并可能提高股票价格。

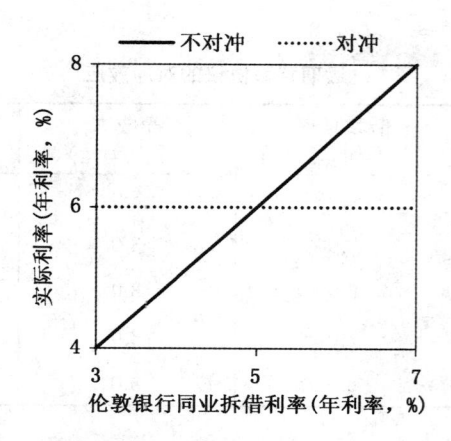

图 3.1 远期利率协议对冲借贷和非对冲交易借贷

远期利率协议期

按照经纪人行话来说，在这个案例中解释的远期利率协议包括一个"6 转 12"（6v12）的期限，也就是说，有一个期限开始于 6 个月后，并于 12 个月后终结。

注意，利息支付通常是顺延的，在这个案例中，利息是在 12 个月后的清算日支付的。但是，远期利率协议的清算额通常是清算时支付的，也就是英国银行家协会确定了合约期的 LIBOR 时就要支付。在这个例子中，远期利率协议的清算发生在 6 个月的清算日。清算额的降低反映了这个事实。及时支付有助于降低信用风险。在 LIBOR 确定后，交易双方都会知道自己的所得，而任何延迟支付都会增大违约风险。

作为两部分支付的远期利率协议

审视远期利率协议的另一个路径是将它看成两个不同支付部分的交易。可以用图 3.2 显示出来。

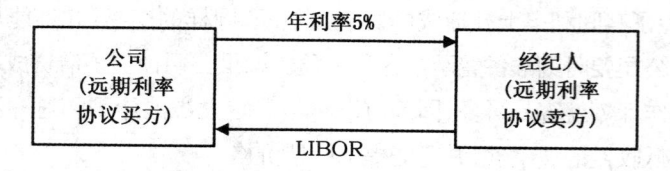

图 3.2 作为两个分离支付部分的远期利率协议

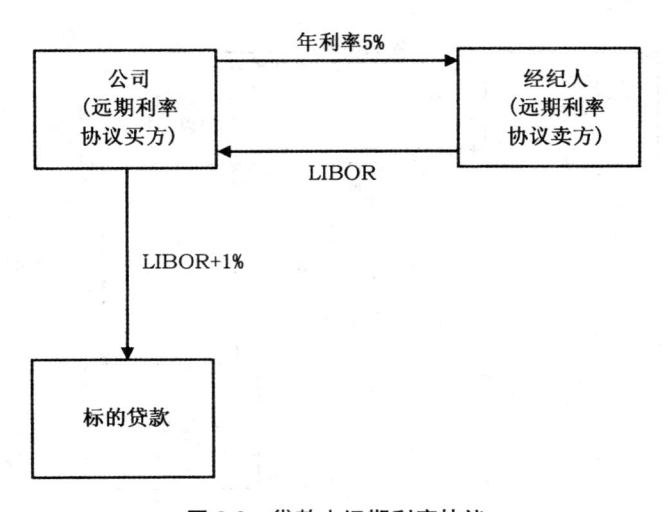

运用这种方式来审视远期利率协议,远期利率协议是具有以下特点的交易:

(1)在 6 个月合约期间,公司按照年利率 5%向经纪人支付 1 亿美元的借款利息;

(2)相应地,同期基于名义本金 1 亿美元,经纪人按照实际 LIBOR 向公司支付;

(3)每一部分的货币数量都核算出来,用现金结算并支付给对方。

例如,假设适用于合约期间的 6 月期美元 LIBOR 被确定为年利率 7%。结算情况如下:

(1)公司应付经纪人:1 亿美元×5%×1/2=250 万美元;

(2)经纪人应付公司:1 亿美元×7%×1/2=350 万美元;

(3)算出净值:经纪人应付公司 100 万美元。

正如上述讨论,清算额通常即时支付而不是延迟支付以至于 100 万美元的支付会按比例减少一部分。

远期利率协议对冲的净头寸

图 3.3 显示了公司试图对冲标的贷款的远期利率协议。在合约期公司实现的借款年化净成本为:

LIBOR+1%-LIBOR+5%=6%

图 3.3 贷款+远期利率协议

远期利率协议是最小化利率掉期的一种类型(参见第 6 章)。它与利率掉期的主要区别是在利率掉期交易中,存在一些将来结算日的支付,而不是仅有一次支付;而且,支付一般是延迟支付的。被用来解释利率掉期交易结构和运用的图示与图3.3极其相像。

远期利率协议交易

在上述的案例分析中,经纪人卖出的是包含了一个开始于6个月期限结束后的合约期,这个合约期是从交易开始日后12个月才终结的。议定的远期利率是年利率5%。如果这项交易只是像介绍交易的书本上的交易,那么,经纪人承担了利率上升的风险敞口。如果LIBOR利率没有高于年利率5%,经纪人就要向远期利率协议买方现金支付清算额。

经纪人也许会有这样的看法,即利率会下降,而且,他们相当认可自己要承担的风险。如果在清算时实际LIBOR低于5%的年利率,那么,远期利率协议买方就要向经纪人支付清算额。但是,如果经纪人无法恰当地判断未来的利率走向,那么,对冲或抵补风险则更好。

这样做的一种方法就是使用交易所交易的远期利率协议对应产品,即利率期货合约(见第5章)。另一种方法就是经纪人将卖出远期利率协议与抵消买入相结合,这种方法的效果可以用图3.4加以描述。

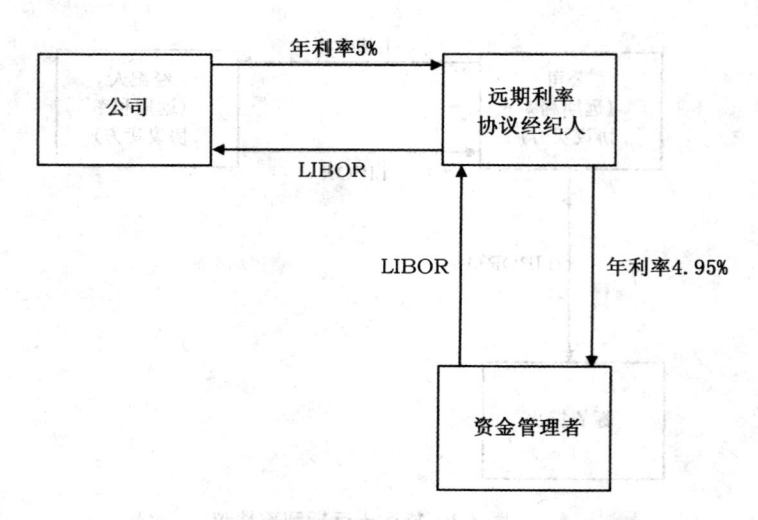

图3.4 经纪人卖出远期利率协议与买入抵消远期利率协议

经纪人的全部头寸

如前所述,经纪人卖给公司的是一个"6 转 12 月"远期利率协议。现在,经纪人还买入了同样期限的远期利率协议,并且名义本金相同。在第二项交易中,客户是资金管理者,关注的是将反向影响资金回报的利率下降风险。

在第二项远期利率协议中,议定的利率是年利率 4.95%。如果协议期 LIBOR 低于年利率 4.95%,那么,根据远期利率协议,资金管理者就会得到补偿,否则,远期利率协议经纪人就会得到补偿。

远期利率协议买入价与卖出价

年利率 4.95% 是经纪人的买入价(bid rate),在这个价位上,他或她买入"6 转 12 月"未来期限的远期利率协议。年利率 5% 是经纪人的要价或卖出价(offer or ask rate)。

其中的价差——5 个基点或 0.05%——是经纪人的价差。一定程度上,经纪人的价差能够保证其获得利润,也有助于防止短期利率波动风险。一般而言,买卖远期利率协议的经纪人不一定进行抵消交易。然而,除非进行抵消交易或有效的对冲交易,经纪人一定处于利率风险之下。

远期利率

远期利率协议的交易双方如何确定一个公平利率?对于这个问题,一个答案是看与套利交易之间的关系。远期利率协议让市场参与者锁定借贷利率,并将所得货币用于再投资直至未来的清算日。例如,一个交易者今天可以进行下列交易:

(1) 按照 1 年期的固定利率借入美元;
(2) 按照固定利率将这笔借入资金存入银行,存款期为 6 个月;
(3) 通过一个再投资过程锁定利率,即卖出"6 转 12 月"的远期利率协议,对 6 个月的存款再延长 6 个月的交易。

如果投资和再投资的美元收益超过了第一次交易中的借贷成本,那么,交易者就构建了"免费午餐"式的交易——套利交易。在有效金融市场上,这种情况不可能长期存在。无套利可能性的假设可以被用于计算公平远期利率或理论上的远期利率,这就是市场交易的"6 转 12 月"的远期利率协议的公平利率,公平利率决定于12个月期限和6个月期限的借款市场利率和贷款市场利率。

> **远期利率协议的利率与利率期货**
> 在实务中,远期利率协议的合约利率通常是基于交易所交易的相关短期利率期货合约的价格而得以确定的(在第5章中将做详细分析)。

因为大量的市场参与者积极交易关键货币的利率期货合约,如美元、英镑和欧元的利率期货合约,所以,他们往往能够对这些货币未来利率的市场预期达成一致。他们习惯了基于未来一定时期的预期利率,对场外交易衍生品定价,这些场外交易衍生品包括远期利率协议和利率掉期合约。

本章小结

远期利率协议是这样的合约,交易双方同意在未来某个时期内,针对一定量的名义本金锁定利率。名义本金是不可改变的。当确立了参照利率,比如LIBOR确定后,基于合约期的合约利率与实际市场利率之间的差额进行现金清算支付。如果LIBOR高于合约利率,远期利率协议的买方就会得到补偿。相反,买方就要向卖方提供补偿。

通常,关注利率提高风险的公司是远期利率协议的买方,而担心再投资收益下降的资金管理者是远期利率协议的卖方。经纪人针对不同货币和合约期报出买入价和卖出价。现货市场利率是远期利率协议的公平合约利率或理论上的合约利率的基础。在实务中,关键货币的合约利率通常基于短期利率期货合约所采用的利率,短期利率期货合约是交易所交易的远期利率协议的对等衍生品。

第4章 商品和债券期货

导　言

期货合约是借助有组织的交易所在将来的某日(或在某个期间)按照协议价格,买入或卖出固定数量的标的商品或金融资产的协议。一些合约最终需要进行标的物的实物交割,另一些合约交易只是现金清算,清算的只是未来某日标的物市场价格与协议价格之间的差价,并进行现金结算。

期货要么以拍卖的方式在交易所的交易场所公开喊价交易,要么基于电子报价系统交易。合并后的芝加哥商品交易所和芝加哥期权交易所 2010 年将两种交易方式联动起来。其他一些交易所,比如伦敦国际金融期权期货交易所(LIFFE)[现在成为纽约—泛欧证交所(NYSE Euronext)的一部分]和欧洲期货交易所(EUREX)(瑞士—德国市场)都采用了完全电子化交易方式。作为会员机构代表的交易所交易者为他们自己的企业进行交易,同时,还代表包括银行、公司、资金管理者和个人进行交易。

期货交易所的主要功能

期货交易所并非靠自己的账户来买入或卖出合约。交易所的主要功能是安排交易、协调交易行为、确保规则得到遵守并且发布达成的交易价格。总的来说,交易所促进价格发现(price discovery),即它帮助买卖双方走到一起,达成双方都愿意实现交易的价格。

当交易达成时,所有交易细节都会进入到交易所的价格报告系统。交易所的数据将通过网站和新闻服务机构(如路透社和彭博新闻社)向全世界发布。今天,交易所的交易场地达成的交易通常会被录入电子设备。

由于期货合约只是未来某日履行义务的一种承诺,交易者不需要首先买入合约,就能卖出合约。如果交易者卖出的合约多于他或她买入的合约,那么,就是期货空头(a short futures position)。如果交易者买入的合约多于其卖出的合约,则为期货多头(a long futures position)。

保证金制度与清算所

与场外市场交易的合约不同,期货合约是重要的标准化合约,因此,能够鼓励活跃的、频繁的交易活动。另外,与交易所相联系的清算所通过担保交易所中的所有交易防止发生违约风险。交易者通过主要金融机构在清算所注册,注册后被称为清算所会员(见第20章)。

不是交易所会员的交易者买卖期货合约必须在经纪人那里有保证金账户,并且,需要在账户中存有初始保证金。这就是绩效债券(也就是担保金),以防止出现交易者无法履行合约义务的风险。清算所要求必须存储最小初始保证金。初始保证金的数量根据合约的类型不同而变化,并根据清算期合约的价值最大变动值来计算最小保证金数量。

> **逐日盯市制度(marking to market)**
> 在每个交易日结束时,交易者的保证金账户都要根据期货合约的收盘价格加以调整。这被称为逐日盯市制度。这样可以避免因交易头寸累积出现大量的损失。

如果在交易日结束时,期货合约价格上升,多头的交易者就会获利,利润被计入保证金账户。空头的交易者就会出现损失,损失额会从保证金账户中减去。在有些交易所中,出现损失的交易者要自动补足准备金,即价格变动保证金,使保证金账户的数量保持在初始水平。另外一些交易所运用保证金维持系统,在补充保证金通知发出之前,合约价值中就会有一定数量的扣除。

总之,保证金制度的效应是为防范违约提供了一个非常必要的措施。第一,交易者在参与交易之前,必须通过经纪人在清算所存储初始保证金。第二,对于所有的公开交易,每一个交易日都实施逐日盯市制度。如果交易者收到补充价格变动保证金通知而未能及时补充所需资金,通常经纪人就会终止交易。

期货合约的交易者

期货合约的终端交易者主要有三种类型,这些机构和个人在不同的环境下运用期货合约所要达成的目的不同。

对冲交易者

对冲交易者运用期货合约是为了避免或对冲商品价格、股票指数、利率、债券价格等的反向变动风险。例如,农场主寻求规避谷物市场价格下跌风险;基金管理者和投资银行对冲股票或债券价格下跌风险;商业银行用以抵补短期利率变动的风险敞口。

投机者

投机者为了从商品价格、利率等的变动中获取利润而买卖期货合约。他们时刻准备接受风险,而对冲交易者则不希望接受风险。他们向市场注入流动性。也就是说,他们有助于通过追逐每日价格而活跃期货市场,任何时候都有买卖双方在市场中进行交易活动。

套期保值者

套期保值者试图利用(例如)期货合约交易和标的资产交易的价格异动获取利润。如果期货合约交易"火爆",也就是说,价格水平较高,套期保值者就会做空高估值的期货,同时,在现货市场上买入(做多)标的资产。

总体来看,既然做空期货的损益将被做多资产的损益抵消掉,那么,套期保值者所做的交易就是标的资产价值一般变动趋势的对冲交易。可是,一旦期货价格恢复到正确的市场价值时,套期保值者就获利了。

商品期货

有些读者可能看过《颠倒乾坤》(*Trading Places*)这部电影,该电影是 1983 年派拉蒙电影公司制作发行的,由丹·艾克罗伊德(Dan Aykroyd)和艾迪·墨菲(Eddie Murphy)主演。电影中有一个关键场景描述了冷冻浓缩橙汁(FCOJ)期货的狂热交易场面。这个交易场景发生在纽约棉花交易所。该交易所的继承者是纽约交易所,在 2007 年被洲际交易所收购,现在的名称为美国洲际交易所(ICE Futures US)。

纽约冷冻浓缩橙汁(FCOJ)期货交易始于 1967 年。目前的合约是 FCOJ-A,交割标的为 15 000 磅固体橙汁。也可以视提供交割标的物的授权仓库在美国的区位,特别约定合约的交割条款。美国洲际交易所的清算所对所有合约的交割提供担保。从 2009 年 7 月开始交易的合约,产品可以从美国、巴西、墨西哥或哥斯达黎加等原产地发送。当前的合约特征可以通过表 4.1 的内容加以说明。

表 4.1　　　　　　　　　FCOJ-A 期货合约的特征

交易单位	15 000 磅固体橙汁
报价	小数点后保留两位数的美分/磅
清算	佛罗里达、新泽西和特拉华授权仓库实物交割
交易月度	1 月、3 月、5 月、7 月、9 月、11 月

资料来源:美国洲际交易所。合约细节时刻变化,读者可以联系美国洲际交易所获得目前的合约特征。

期货合约都有一个共同特点,最终到交割日的合约是很少的。合约会经过许多次买卖,在交割月份到来之前,许多交易者就结束交易了。多头合约的交易者就会卖出合约,空头合约的交易者会买入合约。总体上,在所有交易所中,需要最终交割的合约估计不到 4%,有时会低于 1%。这是很幸运的,因为按照所交易的全部期货合约,这个世界上没有足够的实物商品用于交割。

> **举例:FCOJ-A 期货合约交易**
>
> 即将来临的 2 月 FCOJ-A 期货合约交易价格为 115.00 美分/磅(每磅 1.15 美元)。交易者相信橙汁产量将出现变化,于是买入期货合约。如果交易者看涨的预期果真成为现实,那么,交易所的期货价格就会上升。假设价格提高到 125.00 美分/磅(每磅 1.25 美元),那么,交易者就卖出期货合约。利润是:
>
> (1.25 美元－1.15 美元)×15 000＝1 500 美元每张合约
>
> 交易者会在到期日之前卖出合约。利润以现金的形式得以实现,因此,并不存在实物的橙汁交割。

影响 FCOJ 期货合约价格的主要因素是改变现货市场橙汁价格的市场供求力量。从长期来看,需求有下降的趋势。然而,这个市场中存在一个关键特征,即预测供给是极其困难的,原因是与气候相关的因素(比如冰雹和飓风)所导致的不确定性。这种不确定性会导致价格的剧烈变化。

期货价格与基点

多头或空头期货合约的总量仍未平仓的，以及尚未平仓的，被称为未平仓合约（open interest）。越接近（达到）交割月份，这些合约越接近最大价值。当合约接近交割日时，交易者就开始平仓，交割月未平仓合约价值会下降。希望保持风险敞口的交易者会开下一个交割月的新仓位，从而将期货合约"滚动"下去。

第2章解释了理论上的资产远期价格，它是由现货市场的买入价格决定的，然后，增加了直到未来某日交付给买方的"管理"或持有成本核算方法。持有成本包括融资成本、贮藏成本和保险成本等。虽然期货和远期在运作方式上有些许差异，但是，习惯上，人们将所谓的现金交易法沿用到期货合约的分析。

> **现货升水（backwardation）和期货升水（contango）**
>
> 第2章还解释了作为基于金融资产和一些商品的远期合约公平价格的估值方法，现金交易法表现很好，但是，运用到其他一些合约的估值则未必。例如，在石油市场中，现货价格往往高于远期合约价格，而现金交易法告诉我们的是相反的情况。当这种情况发生时，市场就出现了现货升水。当期货价格高于现货价格时，市场就出现了期货升水。

基点

通常，在期货交易中有一个重要的方面，那就是基点（the basis）——标的物现货市场价格与期货合约价格之间的关系——不是固定的。这意味着从一个交易日到另一个交易日期货合约价格并不是完全遵循标的资产价格变动的轨迹。基点的变化是由"持有"成本变化决定的，比如利率的变化和仓储费用的变化，同时，还受投机交易活动的影响。在有些市场中，一种资产的期货价格要比现金或现货市场价格出现更大的波动。

然而，当期货合约接近交割日时，其价格会收敛于标的物的现货价格，因为在交割日，期货合约交易就成为另一种现货市场交易。交割日的基点——现货价格与期货价格的差额——一定等于0。

这样的事实能够让对冲交易者使用像FCOJ期货合约那样的合约来管理商品价格波动风险。关注橙汁价格上涨的食品加工公司可以买入FCOJ期货合约。如果橙汁价格上涨了，可以在交割日到来之前，再将合约卖给交易所，获得现金利润,用来弥补从现货市场中供应商那里购买橙汁增加的成本。

美国国债期货

债券是政府、银行或公司发行的债务凭证。就像发行人获得一笔贷款一样,只不过债券是可以交易的,也就是说,债券可以卖给另一个投资者。标准的、传统的债券要在一定日期支付固定利息,被称为附息债券,还有在到期日支付面值、等价或赎回的债券。美国国债是美国财政部发行的,被视为安全而又低风险的投资品种。

> **美国国债举例**
>
> 某个投资者购买票面价值 100 000 美元的美国国债,30 年到期。息票利率为年利率 5%,每半年支付一次利息。投资者每 6 个月获得利息 2 500 美元(票面价值 5%的一半)再加上到期日的 100 000 美元。另一种选择是,投资者可以在到期日之前,卖掉债券。

自 1977 年以来 30 年期美国国债期货合约就在芝加哥期货交易所进行交易,从那时起,它就是极其受追捧的投资品种。当前的合约类型见表 4.2。1982 年,交易所推出了国债期货期权合约。从那时起,交易所还推出了一系列其他债券期货合约,包括基于较短到期日的美国国债期货合约。

表 4.2　　芝加哥期货交易 30 年期美国国债期货合约类型

交易单位	美国国债名义面值 100 000 美元,息率 6%
合约到期月份	3 月、6 月、9 月、12 月
报价	期货价格按平价的百分位报价,即每 100 美元对价
最小报价单位	绝大多数合约的最小报价单位(最小价格变动)为 1/32%
基点价值	31.25 美元
交割	合约条款明确写在债券票面之上。只要是从第一个给付月的第一天开始计算到期日不低于 15 年的债券,债券交割日可以有一系列选择
交割日	在交割月份中的任意一个交易日
最后交易日	交割月份中的最后交易日前的七个交易日

资料来源:芝加哥商品交易所集团。

期货合约的卖方(空头方)做出承诺,将按照合约确定的固定价格交付面值为 100 000 美元的美国国债。债券期货合约的买方(多头方)承诺按照固定价格接收债券。交割月份可以是 3 月、6 月、9 月和 12 月份。可以在交割月份的任何一个交易日完成交割,由空头方来选择交割日。

最小报价单位与基点价值

国债期货价格的报价不是采用十进制方法,而是小数点后的美元报价。在绝大多数情况下,报价为美元数量加上每 100 美元面值的 16/32。例如,报价为 105－16,意味着合约交易价格是 105 美元加上每 100 美元面值的 16/32。按照十进制法,这个报价就是 105.50 美元。

表 4.2 中提到的最小报价单位(the tick size)是所报价格许可的最小变动。合约上期货价格一个点的变动价值(基于面值 100 000 美元)计算如下:

100 000 美元×1/32％＝31.25 美元

债券期货的盈亏计算

在实务中,上述分析具有以下含义:

(1)在每一个交易日结束时,多头和空头美国国债期货头寸逐日盯市,基于交易所合约收盘价进行每日结算;

(2)报价中每一个最小报价单位的变动都将导致每份合约 31.25 美元的利润或损失;

(3)如果价格上升(或下降),那么,多头期货的交易者就会获得利润(或损失);

(4)如果价格上升(或下降),那么,空头期货的交易者面对等值的损失(或利润);

(5)每日交易中产生的所有利润和损失都会记入交易者保证金账户或者从交易者保证金账户中扣除。

例如,假设一个交易者某日买入报价为 105－16 的国债期货合约,在交易日结束时合约收盘价刚好提高了一个基点,即 105－17。那么,每张合约交易者获利 1 个基点,价值为 31.25 美元,这个数值被记入他或她的保证金账户。

美国国债期货:交割程序

美国国债期货合约是实物交割合约,这就意味着在交割月期间空头交易者可以决定交付美国国债,将债券交付买方。在交割月,空方拥有在任何一日交割的选择权。债券一旦交付给国债期货的多头方交易者,多头方交易者就必须按照债券票面数量向空头方支付款项。清算所对交割和结算过程进行担保,从而消除了无法交割和无法结算的风险。

在实务中,完成交割过程的交易者相对较少。在交割日到来之前,通过卖出和回购合约,许多空头和多头交易都会平仓。但是,交割也是有可能发生的,确实也不断发生实物交割。

转换因子或价格变动因子

有一点很重要,需要强调,即订立合约的基础是名义的、设想的美国国债。事实上,这样做是非常有益的。如果期货合约基于真实的债券,那么,债券到期后,合约就不能够被交易了。当然,交割设想的资产是不可能的,因此,芝加哥期货交易所发布了可以按照合约进行交割的美国国债名录,另外,还发布了为了适应不同债券按照不同市场价格交易需要而设计的所谓转换因子一览(在伦敦国际金融期货交易所被称为价格变动因子)。

通过估价全部收益率(年收益率)6%的可交割债券,就可以得出 30 年期美国国债期货合约的转换因子。在不考虑转换因子的情况下,所有空头方都将交割低价、低息的国债。当将债券交付多头方时,转换因子改变了空头方所得收益。无论是低息还是高息债券的票面值都会被相应地向下和向上调整。

金边债券期货

现在,在世界市场上,可以交易各种各样的债券期货合约。例如,伦敦国际金融期货交易所推出的金边债券(英国政府债券)期货合约,这种债券期货合约与芝加哥期货交易所交易的美国 30 年期国债相似。每一张合约都是一个承诺,承诺按照固定价格交付或接收附息 6%的面值 100 000 英镑的金边债券。报价方式是按照每 100 英镑面值或名义值的十进制报价法。

期货价格的最小报价单位(最小变动)是每 100 英镑面值为 0.01 英镑。这就意味着,如果交易者买入期货的价格为(比如说)110.00,交易所的报价上升了一个点,即报价为 110.01,那么,交易者获得的合约利润就是 10 英镑。

最小报价单位=0.01 英镑/100 英镑

基点价值=100 000 英镑×0.01%=10 英镑

交易所发布可以按照合约进行交割的英国政府债券名录。空头期货交易者拥有在交割月份内在哪一个交易日以及对哪一种债券进行交割的选择权。实际交割的票面价值会根据价格变动因子(转换因子)加以调整。

最便宜的可交割债券

给定交割月份的债券期货合约有了第一笔交易时,交易所就会发布可交割债券名录和相应的转换因子。当合约开始交易时,转换因子是固定的,不可变动。对于做空债券期货对冲多头头寸的交易者来说,这是非常重要的,因为,他们需要知道转换因子,才能计算出卖出合约的数量。

遗憾的是,制度并非是完美的,凭借转换因子并不能完全做到对可交割的债券的实际市场价值进行调整。转换因子是在相同年收益率的全部可交割债券的估价基础上核算出来的,但是,实际上,到期日不同的债券市场收益率是不同的。

这就意味着,在任何时候都会出现所谓"最便宜的可交割债券"。理论上说,如果这种债券是基于信用而买入,未来又是空头方交割,那么,就可能赚钱最多(或损失最小)。绝大多数空头方倾向交割"最便宜的可交割债券",而多头方希望得到这样的债券,以至于期货合约的交易行为似乎决定于"最便宜的可交割债券",遵循这类债券的市场价值变化轨迹。

> **"最便宜的可交割债券"的变换**
>
> 未交割的"最便宜的可交割债券"可以改变债券期货合约期限。这种转变受市场利率水平的影响。当市场利率低于期货合约中确定的名义债券的附息利率时,到期日越近的"最便宜的可交割债券"的息率越高。在利率水平高的市场环境下,距离到期日越长,息率越低。

在实务中所遇到的难题是非常清楚的。卖出债券期货的对冲交易者目的是为了防止某种债券或债券组合投资出现损失,他们通常计算其必须卖出的合约数量,而计算基于这样的假设,即期货交易随着当时"最便宜的可交割债券"的变化而变化。然而,如果另一种债券变成了"最便宜的可交割债券",期货交易对手就会发生变化,估价行为就会与过去的行为有着显著差异。因此,对冲就不再像预期的那样准确,对冲交易者所要承担的债券损益与空头期货合约的损益就不能很好地匹配。

本章小结

　　期货合约是在有组织的交易所保障机制下所达成的一种承诺,要么承诺在将来的期限内按照固定价格交付或接收一定量的商品或金融资产;要么承诺基于合约的固定价格与到期日标的价值之间的差额进行现金结算。有些合约具有一系列可选择的交割日。交割和结算由交易所所属的清算所进行担保。

　　金融期货合约的公平价格可以运用现金交易法——在现货市场买入标的物的成本加上持有标的物直至未来交割日的净成本——计算出来。然而,期货合约并非按照公平价格交易,这样就增大了套利机会。标的物现货市场价格与标的物期货合约价格之间的关系通过基点来反映。基点并不是固定不变的,它会受到价格变动因子(如利率变化)的影响,也会受到交易所中投机交易活动的影响。

　　债券期货合约是一种承诺,承诺在未来某日或一系列可选择的日期交付或接收某种具有票面价值的债券。交易所会根据已经订立的合约,发布可交割的债券名录以及不同债券的转换因子或价格变动因子,交割日由空头方选择。这些因子的设计旨在按照实际交割时债券的价值对债券票面值加以调整。

　　对于空头债券期货交易者来说,任何时候都会出现"最便宜的可交割债券",而期货合约会循着未交割"最便宜的可交割债券"的价格变动而变动。如果另一种债券变成"最便宜的可交割债券",对冲风险交易就不能很好地起作用,因此,当使用债券期货合约对冲风险时,就会出现问题。但是,未交割"最便宜的可交割债券"的价格变化可以为套期保值者提供套利机会。

第 5 章 利率与股票期货

导　言

　　1981年,芝加哥商品交易所(CME)推出了欧洲美元期货合约。为了对冲资金和投资收益率的变动风险,银行和其他金融机构广泛运用这种合约。交易者也运用这种合约,希望通过市场参与并从短期美元利率的升跌中获得利润。2009年6月5日星期五仅一天的交易数量就有600万张合约,由此对于这种合约的重要性,可见一斑。

> **欧洲美元**
> 　　欧洲美元仅指处在美国境外的、商业银行持有的美元定期存款。大部分欧洲美元市场在伦敦。欧洲美元的前缀"Euro"是历史形成的,而与欧洲单一货币——欧元——没有一点关系。第二次世界大战之后,经年累月,大量的美元积聚于伦敦和美国境外的其他国际金融中心,这个市场便成长起来。

　　因为现金结算而不是商品和金融资产的实物交割,所以,芝加哥商品交易所的欧洲美元期货具有开创性意义。在本章的下一部分中介绍相关技术。
　　目前世界上交易所交易的大量期货合约都采用现金结算。现金结算用于股票指数期货交易,使获利或对冲关键股票市场指数变化成为可能,并不需要实际买入或卖出标的股票。这有助于降低交易成本,并使交易者仅用买卖标的股票成本的很小部分就能够持有股票资产头寸。现金结算还应用于较新型的衍生品,比如气候衍生品(参见第1章)。
　　在欧洲,伦敦国际金融期货交易所交易的基于欧元(全新的单一货币)短期储蓄的期货合约也极其受欢迎。交易所还推出了3月期英镑利率合约。

欧洲美元期货

表 5.1 显示了芝加哥商品交易所交易的 3 月期欧洲美元利率期货合约的特征。

表 5.1　芝加哥商品交易所交易欧洲美元利率期货合约的特征

交易单位	本金为 100 万美元、3 个月到期的欧洲美元定期存款
合约发布	3 月、6 月、9 月、12 月以及其他月份
报价	100.00 减去合约中明确的未来时期的利率
最大最小报价单位	0.01(用利率术语来说,代表 1 个年利率基点,即年利率 0.01%)
最大基点价值	25 美元
结算	现金结算

欧洲美元储蓄指的是将欧洲美元存入银行达到特定的时期,比如 1 周、3 个月或 6 个月。绝大多数交易的到期日大致为 1 年。在此期间,利率是固定的。到期日,偿还本金加利息。

欧洲美元贷款和储蓄的关键参考利率是美元伦敦银行同业拆借利率,该利率在伦敦每一个交易日都是固定的,英国银行家协会根据提供贷款银行提交的利率报告确定美元伦敦银行同业拆借利率。英国银行家协会可以锁定隔夜拆借到一年期利率(第 3 章已经给出了更多的有关伦敦银行同业拆借利率的信息)。

芝加哥商品交易所的欧洲美元期货合约是在将来的特定日期——订立合约那个月份的第三个星期三——开始生效的基于 3 月期欧洲美元储蓄的合约。事实上,名义储蓄额从来不会真正地换手,只是被用来计算期货合约交易的利润和损失。

根据合约涵盖的未来时期内预期利率的变化,每个交易日的合约价值都会发生变化。例如,一张 3 月份合约的价值决定于 100 万美元储蓄从 3 月份第三个星期三开始后 3 个月内的预期利率。当预期利率发生变化,进而合约市场价值发生波动时,多头或空头的交易者将会赚钱或遭受损失。

最终结算价值

合约的最后交易日与其他合约交易是不相同的。在合约月份的第三个星期三之前的两个交易日交易会终止,因为,在这个交易日,英国银行家协会确定合约期的 3 月期伦敦银行同业拆借利率。这样,合约的最终结算价值就确定下来了。在最后交易日尚未清偿的合约都将自动按照这个价值结算。

欧洲美元期货交易

与远期利率协议(参见第3章)不同,欧洲美元期货价格并不是使用利率术语报价的。欧洲美元期货的报价是100.00减去合约未来期限的年利率。这样的报价习惯在交易者看来更加简单,因为,它使欧洲美元期货价格变化很像证券市场现金交易的价格变化,比如美国国债的价格变化。他们知道,如果预期利率上升(下降),就要考虑卖出(买入)利率期货。

表5.1给出了合约的最小报价单位。基点表示的是金融资产价格的最小变动。交易所确定的欧洲美元期货合约价格最大变动基点为0.01。例如,如果价格从98.00变动到98.01,就出现了最大基点变动。最大基点价值为25美元,如下面方框中的内容所述。

最小报价单位与基点价值

欧洲美元期货合约价格的最大基点变化值是0.01。用利率术语来说,它代表1个基点,即年利率0.01%。合约基础是按照3月期伦敦银行同业拆借利率计的100万美元储蓄。合约价格每一个最大基点变动都表示25美元的利润或损失。这就是基点价值。

1个基点价值=100万美元×0.01%/4=25美元

利率之所以要除以4,因为报价中的利率是年利率,而合约期是一年的1/4。

交易盈亏计算

假设交易所正在交易的3月欧洲美元期货合约价格是98.00,从3月开始未来3月期的年利率为2%。

认为同期内将被确定的实际LIBOR会低于这个利率水平的交易者决定买入3月欧洲美元期货合约。如果交易者的观点是正确的,并且在合约的最后交易日英国银行家协会确定的LIBOR是年利率1%。那么,最后交易日合约结算的价值就是100.00－1.00＝99.00,高于交易者买入价格,交易者获利的计算公式如下:

合约价值变动＝99.00－98.00＝100个基点

每张合约的利润＝100个基点×25美元＝2 500美元

另一方面,如果LIBOR高于年利率2%,那么,合约的清算价格就低于买入价98.00,交易者就要承担损失。

用利率术语表达的盈亏

运用利率术语,以98.00购买一张3月欧洲美元期货合约,同时,持这样的看法,即认为3月开始的3个月期限的实际LIBOR将被确定为年利率2%。如果此期间的LIBOR被确定为1%的年利率,交易者每张合约的获利还可以用下列公式计算出来:

名义合约交易量=100万美元

利润=100万美元×(2%－1%)/4=2 500美元

同样,利率之间的差额要除以4,因为,报价是基于年利率的,但是合约期限仅为一年的1/4。

交割日之前的清盘

在实务中,许多交易者会在合约的最后交易日到来之前清盘。但是,交易的基本法则是相同的。

如果交易者按照某种价格买入合约,并预期合约期的实际利率将低于合约价格隐含的利率,那么,交易所交易的合约价格就会上升。这样,交易者就可以再将合约卖出,并以现金的形式获取利润。

利率期货的对冲交易

类似于远期利率协议(参见第3章),欧洲美元期货合约可以被用来锁定借款或用于再投资的现金在未来某日的利率。在本节中,我们将揭示一个典型案例。

假设目前正处在12月中旬,3个月后,有一名投资者必须将100万美元进行为期3个月的再投资。基于目前投资的到期日,这笔资金将来自目前的投资。如果投资者不去做风险对冲,并且利率下降了,那么,投资者将承担投资收益下降的损失。

为了管理风险,投资者买入3月欧洲美元期货合约,价格为98.00。表5.2显示了对冲结果。为了简化,在这个例子中,我们忽略了市场借款与贷款利率差以及逐日盯市补充保证金制度对期货合约的复杂影响。

表 5.2　　　　买入价为 98.00 的欧洲美元期货合约对冲交易

(1) 再投资利率 (年利率%)	(2) 储蓄利息 (美元)	(3) 期货清算 价格	(4) 基点变动	(5) 期货损益 (美元)	(6) 利息＋损益 (美元)	(7) 实际有效 利率 (年利率%)
1.0	2 500	99.00	100	2 500	5 000	2.0
1.5	3 750	98.50	50	1 250	5 000	2.0
2.0	5 000	98.00	0	0	5 000	2.0
2.5	6 250	97.50	－50	－1 250	5 000	2.0
3.0	7 500	97.00	－100	－2 500	5 000	2.0

注：表 5.2 中各列释义如下：列(1)显示了当投资不断滚动下去时,3 月一系列再投资的利率。列(2)基于 100 万美元为期 3 个月的储蓄,计算出了按照相应利率的利息所得。列(3)和列(4)计算出了每种情况下合约清算价格以及从 98.00 价格水平开始的价格变动。列(5)计算出了期货合约总损益(合约期间每个交易日保证金的收支加总)。例如,如果 LIBOR 锁定为 1%,那么,合约终止交易价格为 99.00。高出买入价格 100 基点,所以,利润为 2 500 美元。列(6)和列(7)对表列(2)的利息与表列(5)的合约损益相加,计算出了在 100 万美元 3 个月再投资基础上所获得的实际有效年利率。

欧洲美元期货对冲交易图示

作为期货合约对冲结果,对于从 3 月开始的为期 3 个月的再投资,投资者锁定了 2% 的再投资年利率。这个结果可以反映在图 5.1 中。图 5.1 还显示了如果投资者不进行期货对冲,投资收益会发生变化。

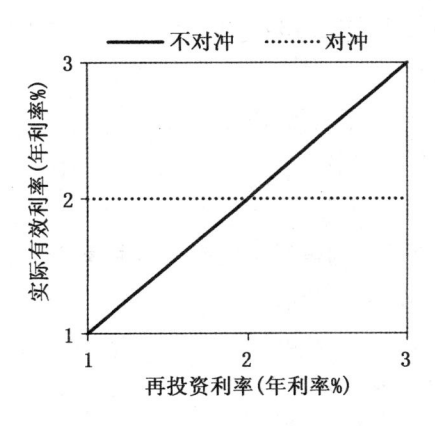

图 5.1　运用欧洲美元期货合约锁定再投资利率

利率期货价格

欧洲美元期货合约可以被用来锁定未来某日到期再投资风险,这样的事实意味着合约的市场价格与现货或现金市场美元利率紧密关联(现货市场是指当前发生的资金借入和贷出市场,而不是将来发生的市场)。如果情况并非如此,就会出现套利机会。

套利交易举例

假设,如前所述,交易发生在 12 月中期,不过这一次在交易所买入的 3 月期货合约价格(比如)为 95.00,而不再是 98.00。这就意味着,如果交易者买入合约,他或她就可以锁定未来 3 月期限再投资的年利率 5%。交易者关注着即期市场美元利率,并发现了以下情况:

(1)6 个月期限借款利率。从现在即 12 月中期开始的 6 个月期限的借入美元的年利率为 1.5%。

(2)3 个月期限的存款利率。从现在开始 3 个月期限储蓄年利率为 1%。

于是,套利交易成为可能。交易者按照年利率 1.5% 借入美元。同时,交易者按照 1% 年利率将这笔资金存入银行。3 个月后,这笔存款得到偿付,同时,还必须做未来 3 个月的再投资,从而 6 个月后得到现金用来偿还借款本金和利息。可是,交易者通过购入(同样在 12 月中期)价格为 95.00 的 3 月欧洲美元期货合约,锁定再投资年利率 5%。

这些交易组合起来,产生了套期交易利润。

(1)前三个月。存款利率是年利率 1%,但是,借款利率为年利率 1.5%,息差为年利率 0.5%。

(2)后三个月。有保证的再投资利率为年利率 5%,同时,借款利率为年利率 1.5%,从而获得的收益为年利率 3.5%。

这里,后三个月的利率收益可称为"所得"大于前三个月的利差,于是,交易者获得了"免费午餐"。

无套利的交易关联

为了消除套利,期货合约价格必须大约为 98.00,这样,3 个月期限再投资的利率大约为 2%。在这种情况下,成本和收益完全抵消。

(1)前三个月。与前述相同,息差为年利率0.5%。

(2)后三个月。这一次的利率收益仅为年利率0.5%(即2%年利率减去1.5%借款利率)。

事实上,如果不存在套利机会,通过买入期货合约,也可以使再投资利率略低于2%的年利率。这是因为不仅可以用借入的初始美元进行再投资,还可以将前三个月所得利息用于再投资。在实务中,还要考虑其他因素,比如交易成本,特别是在期限较长的利率期货交易中。

股指期货

股指期货合约是这样的合约:
(1)交易双方达成的合约;
(2)有组织的期货交易所交易的合约;
(3)交换的是现金结算额;
(4)决定因素是股指水平的变动。

最具流动性的股指期货合约是芝加哥商品交易所交易的S&P500指数期货合约。该合约于1982年推出。目前,既可以在电子系统上交易,也可以在交易所交易。

标的指数是标准普尔公司计算出来的。它代表的是美国500种股票投资组合的价值。每股权重是公司在市值(股票价格乘以流通中的股票数量)中所占的比例。2010年1月15日S&P500指数总市值大约为101 160亿美元。

芝加哥商品交易所交易的S&P500指数期货合约不存在构成指数的股票组合标的实物交割,只存在现金结算程序。对于卖出合约的交易者来说,按照准确的比例交割全部500种股票,简直太困难了。取而代之的是,每1个最大标准普尔指数点位被赋值250美元,指数期货的损益用现金清算。这与存在实务交割的商品和债券期货完全不同(参见第4章)。

芝加哥商品交易所标准普尔500期货报价与基点

与绝大多数衍生品一样,S&P500指数期货合约的报价单位与标的报价单位相同——在这个例子中,标的就是S&P500指数。因此,期货价格是用指数基点报价的。既然标的指数反映的是构成指数的500种股票的现金价值,标的指数就是所谓的现金市场价格。

> **股指期货合约的基点**
>
> 标的现金指数水平变化驱动着交易所交易的期货价格的上升和下降,最终取决于成分股的价值变化。然而,现金市场和期货市场的关系并不是完全稳定的。换句话说,如果现金市场出现了一定指数点的变动,期货价格并非一定出现同等程度的变动。正如我们在前面所见,现金市场价格与期货价格之间的关系反应为"基点"。

基点不是固定不变的,这里有一个技术原因,即持有成本(利率减去构成指数的股票的红利)的变化。

另一个因素是供给与需求。如果市场有下滑的迹象,那么,交易者就会踊跃卖出指数期货,从而常常推动期货价格比标的现金指数价格以更快的速度下降。如果市场重拾信心,交易者开始回购指数期货,停止做空,推动指数期货价格急剧上升。

其他主要的股指期货合约

芝加哥商品交易所还推出了 E-mini S&P500 指数期货合约,主要目标市场是零售市场,可以在电子系统上进行交易。在这种合约中,最大指数基点赋值 50 美元,芝加哥商品交易还基于著名的指数,推出了大量的其他指数期货合约,比如基于日经 225 指数(Nikkei 225)(基点标价既可以用美元,也可以用日元)。

在世界范围内,还有其他一些指数期货合约,包括《金融时报》100 指数(FT-SE 100)期货,基于英国排名前 100 位的普通股核算的指数,该指数期货在伦敦国际金融期权期货交易所(NYSE Liffe)进行交易。德国法兰克福股市 DAX 指数,是德国 30 家最大公司的股票指数,其期货合约在欧洲期货交易所(EUREX)进行交易。

标准普尔 500 指数期货的应用

下面介绍现金清算程序。假设目前正处在 8 月,芝加哥商品交易所 9 月 S&P500 指数期货合约的交易价格将是 1 000 指数点。

一个当日交易(当日平仓)的交易者买入 10 张 9 月的 S&P500 指数期货合约,价格为 1 000 点。交易者相信在交易日结束之前标的市场——现金市场——指数将走强。如果真发生了这种情况,那么,期货价格也将提高。交易者向经纪人发出交易指令,提供所需的初始保证金。正如第 4 章中所讨论的,初始保证金是一种储蓄,交易者履行了合约义务后,初始保证金将归还交易者。初始保证金不是合约成本。

假设交易者的预期是正确的,尔后,9 月 S&P500 指数期货合约价格上升,当日价格上升到 1 050 点,由于标的现金市场出现了强烈反弹,推动了期货价格上升。

于是,交易者在交易所中卖出 10 张 9 月期货合约,撤销多头期货头寸。买入和卖出合约的利润(不考虑经纪人手续费和资金成本)可以计算如下。所实现的利润是现金,而不是交割股票。

利润=10(份合约)×250 美元×(1 050-1 000)点=125 000 美元

股指期货的对冲交易

运用股指期货并非总是为了投机。关注股市下跌导致投资损失的组合投资管理者可以做空(卖出)与组合投资收益变动一致的 S&P500 指数期货合约或其他一些指数期货合约。如果市场下跌,那么,组合投资损失可以通过做空指数期货合约的收益加以抵补。

> **股指期货对冲的缺点**
>
> 这类对冲交易存在缺点。如果市场走强,那么,股票组合投资收益将会被空头期货合约的损失抵消掉。当我们考虑采用这种对冲交易时,时机选择是重要的技术——要知道何时卖出指数期货从而实现组合投资风险管理,同时,还要知道何时离开市场。另外,基金管理者可以买入指数看跌期权。如果市场走低,这些合约就能够产生现金利润,但是,如果市场走强,基金管理者无需承担全部损失。不同于期货,期权需要被称为期权费的预付费用(见第 9 章)。

(英国)《金融时报》100 指数期货合约

正如第 4 章所讨论的,期货交易所及其相关的清算所的功能是安排交易、清算交易、发布价格信息以及保证市场的有序。另外,清算所还担当中间人角色,居于合约买方和买方之间。交易所管理着会员的信用风险,相应地,它也担当了客户交易的中间人(见第 20 章)。

对于不是交易所会员的交易者而言,开立指数期货交易账户,需要在经纪人协助下存入保证金(担保金)。经纪人控制着对清算所的支付和从清算所获得的收入。每一个交易日结束时,交易所实施逐日盯市制度,因而,利润会被加进交易者的保证金账户,损失会从交易者保证金账户中减去。

为了描述保证金增减机制,这一部分中研究《金融时报》100 指数期货合约(FT-SE 100 index futures)的空头交易。交易发生在伦敦国际金融期权期货交易所,交易过程是基于交易所电脑系统进行电子配对的。交易的清算都是由伦敦清算所有限公司(LCH.Clearnet Ltd.)进行的。合约特征可以用表 5.3 显示出来。

表 5.3 《金融时报》100 指数期货合约

标的	英国排名前列的股票构成的《金融时报》100 指数
报价	《金融时报》100 指数基点
基点价值	1 个点赋值 10 英镑
最小报价单位(价值)	0.5 个指数基点(5 英镑)
到期月份	3 月、6 月、9 月、12 月

资料来源:伦敦国际金融期权期货交易所行政与管理部。

交易战:第 1 日

9 月《金融时报》100 指数期货合约为 5 000 指数点。一个交易者决定购入 10 张合约,于是联系他的经纪人。经纪人要求每张合约的初始保证金为 3 000 美元,或者说,整个交易的初始保证金为 30 000 英镑。

交易者将这笔钱委托给经纪人,经纪人将保证金支付给清算所。节假日运用电子单证进行交易,为交易者买入 10 张 9 月《金融时报》100 指数期货合约,价格水平为 5 000 指数基点。交易的另一方就是 9 月《金融时报》100 指数期货合约的买方。一旦达成了交易,清算所就介入了,并充当中心参与人。

在同一个交易日的后来时间里,交易者可以卖出 10 张 9 月《金融时报》100 指数期货合约,结束其多头期货交易。相反,交易者还可以决定保留隔夜头寸。假设在交易日结束时,在现金市场指数期货下跌的驱动下,收盘价格是 4 970 指数点,比最初建仓的价格低了 30 个点。交易者就会收到变动保证金通知,从而弥补 9 月期货合约的买入价与收盘价或结算价之间的差额,即:

可用于支付的保证金变动值 = -30 个点 × 10 份合约 × 10 英镑

= -3 000 英镑

保证金制度的作用是每个交易日兑现交易利润或损失,不让利润或损失出现累积。如果交易者不补充保证金,那么,经纪人就会卖出这10张合约,清盘并扣除3 000英镑的损失和其他费用后,将余下的初始保证金归还给交易者。

在这个例子中,期货合约价格下跌了。变动保证金是从多头交易者那里征集的,而对于空头交易者——卖出《金融时报》100指数期货合约的市场参与者——来说,则是获得信用。注意,每一个最大指数点的价值是10英镑。

交易战:第2日

在第2个交易日里,假设9月期货合约收盘价为5 020基点,这是用来计算当天变动保证金支付的结算价。交易者依然买入10张合约,结算价比昨日的结算价4 970高出了50点。这次交易中,交易者获得的变动保证金为:

所得保证金变动值＝50个点×10张合约×10英镑＝5 000英镑

受《金融时报》100指数上升的驱动,最终是受到成分股价格的驱动,期货合约价格上升了。在这一次交易中,卖出期货合约的交易者要支付保证金。

交易战:第3日

最后,在第3个交易日里,交易者决定清盘,要么发出最高价卖出指令(在市场价位最高时卖出),要么发出限价指令(在不低于给定的价格水平上卖出),总之,就是卖出10张9月合约。假设经纪人卖出合约的价格为5 030点。因为合约卖出价高出最终结算价10个点,因此,交易者获得了最终变动保证金支付。

所得保证金变动值＝10个点×10张合约×10英镑＝1 000英镑

净盈亏的确定

现在,交易完全清盘,所以,交易者可以拿回初始保证金,也就是"信誉"储蓄金。整个交易战所获得的净利润就是变动准备金的支付和所得,即:

净利润＝－3 000英镑＋5 000英镑＋1 000英镑＝3 000英镑

另一种核算方法是,卖出的期货合约价格减去初始买入价格,乘以指数点价值,再乘以交易的合约数量。

净利润＝(5 030－5 000)×10英镑×10张合约＝3 000英镑

注意,表面上,这个利润额是基于30 000英镑的初始保证金而获得的。在指数水平为 5 000 点的市场上,每一张期货合约(每个点价值为 10 英镑)所承担的风险相当于用 50 000 英镑购买《金融时报》100 指数的成分股所承担的风险,这就意味着,在这个例子中,交易者必须在真实股票市场投资 50 000 英镑,才能获得与买入 10 张合约相同的风险收益。因此,初始投资可能会更大,而投资收益要低得多。

交割清算价格

每个交易日都将重复逐日盯市制度,直到《金融时报》100 指数期货交易清仓。合约到期日是合约到期月份的第三个星期五,伦敦时间上午 10:15 交易停止。在到期日,所有未清偿的交易都将按照交割清算价格进行现金结算。

● 交割清算价格决定于最后交易日伦敦证券交易所交易过程中所形成的标的《金融时报》100 指数的现金价值。

● 不存在实物交割机制,这就保证了期货合约价值收敛于到期日的指数现金价值。

如果头寸保持到最后交易日,就会发生基于交割清算价格的最后的变动保证金支付,于是,合约被结清——不存在用股票进行实物交割。

个股期货合约

2001 年 1 月伦敦国际金融期权期货交易所第一次推出了个股期货合约,接着,其他交易所开始推出相似的产品。例如德国—瑞士联合欧洲期货交易所推出了基于不同货币标价的欧洲、美国和其他国家股票的个股期货合约。像股指期货合约一样,绝大多数这类合约都用现金结算,而不是采用股票实物交割。合约买入或卖出的价格与清盘价格之间的差额决定着损益。

在美国,目前重要的市场是芝加哥个股期货交易所(OneChicago),它是由 IB 交易公司、芝加哥商品交易所和芝加哥期货交易所共同组建的联合体。芝加哥个股期货交易所是一个电子化市场。它基于主要股票,比如苹果公司的股票、IBM 公司的股票和 JP 摩根的股票,推出个股期货合约。标准合约单位是 100 股。芝加哥个股期货交易所交易的个股期货合约用实物清算。也就是说,合约是在合约清算后立即按照协议的股票数量进行交付或接收的承诺。

> **个股期货合约的优点**
>
> 运用个股期货合约,交易者交付初始保证金就可以买入或卖出合约,初始保证金仅为买卖股票实际价值的某一百分比(一般为20%)。另外,清算所为结算提供保障。

个股期货合约还便于交易者卖出个股,即如果股票价格下跌,可以通过个股期货合约交易赚钱。如果股票价格下跌了,交易者卖出个股期货合约,就可以在低价位回购股票。如果合约是采用实物交割的,那么,交易者做出的就是这样一种承诺:在将来按照固定价格交付股票。如果股票价格果真下跌了,交易者就可以在现货市场上买入低价股票,同时,将这些股票通过期货合约高价卖出。

在有些市场上,比如英国,个股期货合约和股指期货合约还有税收优惠。这些合约的使用者不需要缴纳政府对标的股票交易征收的印花税。

个股期货合约的未来情势

尽管个股期货合约有其优点,但是,尚未引起投资者非常大的兴趣。一部分原因是不太熟悉这种合约。另外,有些投资者不喜欢期货合约采用的变动保证金机制,这或许因为不方便并需要监控支付。

也许还有心理上的原因。拥有绩效差的股票的交易者或投资者总是希望价格回归,等待更好的时机。因此,认为这样的损失"仅是账面损失"。然而,如果期货合约业绩差,交易者就会收到变更保证金通知,需要追加额外保证金。尽管这带来了不方便,但它实际上是一个很好的交易原则。它能够使交易者关注并考虑减少带来损失的头寸。

本章小结

短期利率期货合约是以将来某个特定日期的名义本金储蓄利率为基础的合约。合约报价是100减去预期利率。如果实际利率高于合约卖出时的合约价格所含利率,合约卖出者就获利。如果实际利率低于买入合约时合约价格所含的利率,合约买入者就获利。

在重要的货币市场中,短期利率期货合约被用来锁定远期利率协议和短期利率掉期的利率。因为利率期货合约可以被用来锁定未来某日的借款和存款利率,所以,利率期货合约的价格非常接近资金市场利率,然而,能够获利的套利机会还是可以出现的。

　　股指期货合约是通过有组织的交易所达成的合约,股指期货合约交易的目的是基于股票指数(比如美国的标准普尔500指数和英国的《金融时报》100指数)获得现金清算额。不存在实物股票的转手。股指期货合约可以被用于基于市场上升或下跌的投机交易。一般所需要的初始准备金只是实际标的股票价值的一部分。在有些市场中,这种交易还具有税收优惠。基金管理者可以通过卖出股指期货合约对冲股票投资组合的损失。

　　近年来,一些交易所推出了基于单一股票的期货合约,即个股期货合约。这类期货合约有些是现金清算的,而有些则是实物交割的,即通过股票的实际转手来实现结算。交易所需的初始保证金(业绩储备)只是合约中确定的标的股票价值的一部分。

第6章 利率掉期

导 言

用一般性的术语表述,掉期合约是交易双方订立的、具有下列特点的合约:
- 同意进行现金流交换;
- 于惯常的日期进行现金流交换;
- 按照不同的基点进行两部分支付核算。

掉期合约是交易双方直接协商的双边场外合约,至少其中一方是银行或其他类型的金融机构。一旦合约达成,合约便不可以自由交易。另一方面,合约是可以变更的,以满足特定交易对手的需要。与其他类型的场外衍生品一样,存在潜在的信用风险——交易对手无法履行合约义务的风险。

> **场外衍生品的清算安排**
>
> 2007～2008 年发生"信用紧缩"之后,美国和其他国家的监管者要求衍生品经纪人重视对场外衍生品交易(如掉期交易)采用集中清算安排。这就涉及将场外交易在清算所登记,于是,清算所就担当了核心参与者的角色,清算所收取保证金并对违约风险提供担保。这个论题将在第 20 章中讨论。

在股票掉期交易(参见第 7 章)中,一部分支付是基于个股价格或股市指数(比如标准普尔 500 指数)水平的。在商品掉期交易中,有一部分支付决定于实物商品的价格,比如石油。在利率掉期交易中,两部分支付均决定于利率。

所有类型的掉期都被公司、投资者和银行用来管理他们的利率风险、汇率风险、股票价值风险、商品价格风险以及贷款违约风险。掉期合约还被用来进行投机交易。

利率掉期结构

绝大多数掉期合约类型都是单一货币的利率掉期合约,交易的一方基于固定利率向另一方提供支付,所得收益取决于可变的或浮动的利率。浮动的利率按照参照利率被定期确定下来,通常的参照利率是伦敦银行间同业拆借利率(LIBOR)。关于 LIBOR 已经在第 3 章中有了较为详细的讨论。

名义本金是不发生转手的,只是被用来基于两部分支付计算结算额。如果在同一日发生两部分支付,名义本金也就失效了,并且交易的一方向另一方支付差额即可。现代利率掉期市场规模是巨大的,并且近年来得到了快速增长(见图 6.1)。

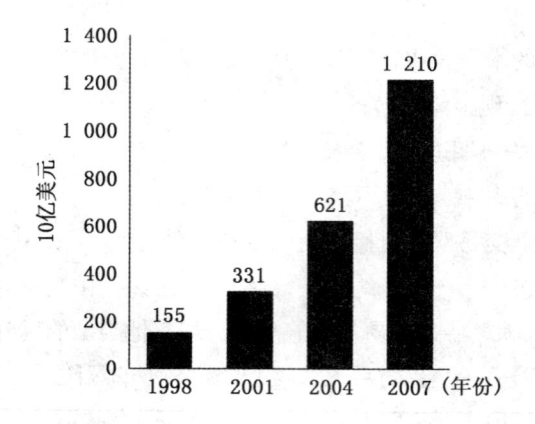

资料来源:基于国际清算银行数据整理,参见 www.bis.org。

图 6.1　每年 4 月全球单一货币利率掉期合约日均交易量

交叉货币利率掉期(cross-currency IRS)是这样一类交易,交易中的支付是用不同国家的货币支付的。支付额可以是固定的,也可以是与浮动利率相关联的。在本章的后面将有一个例子加以说明。

注意,这是与第 2 章中介绍的汇率掉期完全不同的一种交易类型。交叉货币利率掉期合约在一定日期交换两种不同货币的现金流。外汇掉期合约则是在某日(通常在现货市场)交换两种货币并在未来某日进行再交换的合约。

单一货币利率掉期的基础知识

最普通的利率掉期是按照固定利率或浮动利率交易,在交易中名义本金不发生转手,但是,它必须被用来核算利率支付额。本节运用一个简单的例子,介绍利率掉期的基本结构,这里不去考虑因不同的核算日习惯以及支付频率所导致的实务中的复杂性。在这个例子中,交易双方 A 和 B 交易的是 3 年期利率掉期合约,具体细节如下:

(1)固定利率部分。A 同意向 B 支付固定年利率 5%,名义本金为 1 亿美元,即年利息 500 万美元。

(2)浮动利率部分。相应地,B 同意向 A 支付 12 月名义伦敦银行间同业拆借利率,名义本金为 1 亿美元。

名义本金不会发生交换。利息逐年支付,并且逐年结清。总体来看,存在三次支付。第一次支付发生在 1 年后,第二次支付发生在 2 年后,第三次支付发生在 3 年后。这个掉期交易的支付部分可以用图 6.2 来描述。

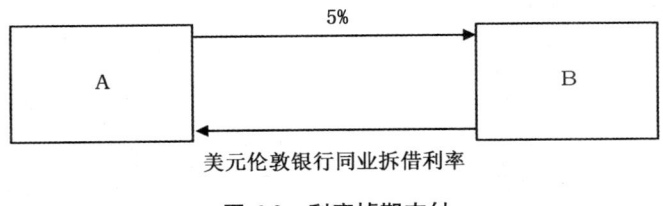

图 6.2 利率掉期支付

1 年后的掉期支付

第一次支付发生在合约订立的 1 年后。事实上,当首次达成掉期协议时,美元伦敦银行同业拆借利率就被确定了。假设美元伦敦银行同业拆借利率被确定为 4.5%,那么,1 年后:

(1)按照掉期合约的固定利率部分,A 需要给付 500 万美元;

(2)按照掉期合约的浮动利率部分(1 亿美元的 4.5%),B 需要给付 450 万美元;

(3)结清所有支付后,A 将支付给 B 的净额为 50 万美元。

从这一时点开始,美元伦敦银行同业拆借利率将被重新确定,从而确定第二次掉期交易的支付,第二次支付发生在掉期开始日的 2 年之后。支付额取决于一年后某日英国银行家协会公布的美元伦敦银行同业拆借利率。假设在一年后的清算日美元伦敦银行同业拆借利率被重新确定为年利率 5.25%。

2 年后的掉期支付

这次支付发生在合约开始日的 2 年后。假设本期的美元伦敦银行同业拆借

利率被确定为 5.25%。在这样的情况下，

(1) 按照掉期合约的固定利率部分，A 需要给付 500 万美元；

(2) 按照掉期合约的浮动利率部分(1 亿美元的 5.25%)，B 需要给付 525 万美元；

(3) 结清所有支付后，B 将支付给 A 的净额为 25 万美元。

从这个时点开始，美元伦敦银行同业拆借利率又将重新被确定，从而确定第三次(最后一次)掉期交易的净支付额。

即期和远期交易打包掉期

了解前述掉期合约的另一种方式是将它作为即期和远期利率的打包交易(在前面第 3 章中，我们已经讨论了远期利率合约)。掉期交易包括三个组成部分。

1. 第一次支付。这次支付发生在 1 年之后。支付额取决于 5% 的年固定利率和掉期开始时的 1 年期美元伦敦银行同业拆借利率。

2. 第二次支付。这次支付是在 2 年之后。支付额取决于 5% 的年固定利率与开始于 1 年结束时的 1 年期远期美元伦敦银行同业拆借利率。

3. 第三次支付。这次支付发生在 3 年之后。支付额取决于 5% 的年固定利率与开始于 2 年结束时的 1 年期远期美元伦敦银行同业拆借利率。

一个掉期交易可以建立在上述几个部分的基础之上，这样的事实使掉期合约可以被定价。简单地说，一张标准的单一货币利率掉期合约中的固定利率是当期美元伦敦银行同业拆借利率和预期未来的美元伦敦银行同业拆借利率的平均值，当期美元伦敦银行同业拆借利率决定了第一次浮动利率支付，贯穿整个交易过程的预期未来的美元伦敦银行同业拆借利率决定接下来的浮动利率支付(附录 A 给出了一个例子)。

图 6.3 中显示了掉期交易中的相关给付日期。这是一个相当简化的例子。然而，在实务中，掉期交易常常以 6 个月或 1 个季度为一个支付期限。

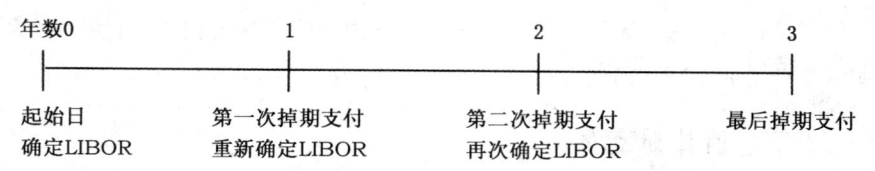

```
年数0              1              2              3
 |----------------|----------------|----------------|
起始日          第一次掉期支付    第二次掉期支付     最后掉期支付
确定LIBOR       重新确定LIBOR     再次确定LIBOR
```

图 6.3　掉期支付日期安排

第 6 章 利率掉期

掉期交易的原理

为什么 A 和 B 要进行前一部分所述的掉期交易？银行和公司常常使用掉期合约来管理利率风险。例如，A 是一家公司，拥有 3 年期未清偿的贷款，贷款利率是可变利率，取决于 1 年期美元伦敦银行同业拆借利率再加 1%。

图 6.4 显示了在贷款上叠加一个掉期合约交易，公司可以有效地将浮动利率义务转变为固定利率义务。这样，借款的净成本被锁定为 6%。它等于 5% 的掉期合约利率加上伦敦银行同业拆借利率的溢价率(即 1%)。

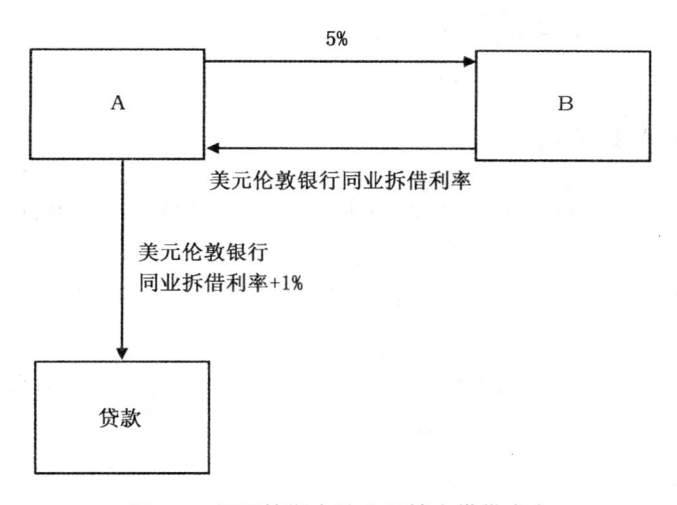

图 6.4　运用掉期合约交易锁定借贷成本

掉期术语与掉期息差

有些市场参与者是固定利率支付者，有些是固定利率所得者。在上述的例子中，A 就是固定利率支付者，B 就是固定利率所得者。其他人可能会称 A 为掉期合约的买方，B 为掉期合约的卖方。

掉期合约通常是采用国际掉期和衍生品协会(ISDA)制作的标准化法律文本签订的合约。交易双方采用国际掉期和衍生品协会的术语签订主协议，于是，他们之间的任何交易都涵盖在合约之中。这就意味着，交易(至少标准化合约交易)可以根据特定术语(固定利率、到期日、支付频次等)迅速达成，这些内容都涵盖在主协议中。

> **掉期息差**
>
> 　　有时,经纪人基于息差或追加收益或接近到期日的政府债券收益对利率掉期合约的固定利率进行报价。这就是所谓的"掉期息差"。例如,如果欧元10年期掉期合约的固定利率是年利率4%,而10年期德国政府债券的利率仅为年利率3.5%,那么,欧元掉期息差就是0.5%或50个基点。

　　与相对能够保证收益的政府债券相比,掉期息差被看成掉期交易市场中附加信用风险的指标。既然绝大多数掉期交易是在银行之间进行的,因此,息差对于银行系统的变化非常敏感。在金融市场面临压力时,掉期息差就会趋于上升。2008年9月银行间信用危机期间,银行可能亏损和银行倒闭的传言不绝于耳,掉期息差飞涨到一个很高的水平。

隔夜指数掉期

　　隔夜指数掉期合约(overnight index swap, OIS)是固定利率/浮动利率的利率掉期之一,浮动利率支付部分与银行间隔夜拆借利率指数相联系。在名义本金的基础上,在到期日,交易的一方向另一方支付固定利率和掉期合约期内隔夜利率平均值之间的差额。

　　LIBOR隔夜指数掉期息差测度的是3月期LIBOR和隔夜掉期利率之间的差额。在市场中,它作为一个指标,被用来测度银行间借贷的现金收益。2008年10月10日,"信用危机"正处于高峰时,美元LIBOR隔夜指数掉期息差上升到365个基点(年利率3.65%)。历史上,一般息差接近10~12个基点。这种情况表明银行间3月期借贷非常勉强,因为大家都高度关注违约风险。这种"担心指示器"反映了人们对银行体系健康程度的担忧。

典型的掉期交易运用

　　掉期合约可以被用于直接盯住利率的交易。例如,相信利率会高于市场普遍预期利率的投机者,可以支付固定利率部分,得到利率掉期合约的浮动利率部分。如果利率果真如预期的那样上升了,合约交易期间的浮动利率部分所得将超出固定利率部分的支出。

　　然而,对掉期合约的绝大多数运用,关注的是对冲利率变动所导致的风险。既然利率掉期合约是交易双方直接订立的合约,合约条款可以具有弹性。经纪人可以调整支付日期,也可以调整名义本金数量以满足对冲交易者的需要。下面列举了四种典型的掉期应用实例。

锁定借款利率

一家公司按照浮动利率借入一笔款项,但是,它关心的是利率将会上升。

解决方案:该公司与一家银行订立利率掉期合约,支付固定利率部分,获得LIBOR变动部分。如果利率上升,LIBOR高于合约的固定利率,该公司可以得到银行的净支付。这笔给付就可以抵补借款成本。另一种选择是,该公司可以终止与银行的掉期交易。如果利率急剧上升,该公司就可以获得巨大的交易清算收益。

资产互换

投资者想要获得的是与货币市场利率相关的回报。然而,货币交易者仅愿意支付 LIBOR 减 $\frac{1}{16}$ 的利率。

解决方案:投资者与银行进行资产掉期交易。实际上,这个交易构成如下:买入一种固定利率债券,同时,与银行达成支付固定利率部分、获得与LIBOR相关的浮动利率部分的利率掉期合约。基于债券的收益或回报(取决于信用风险),投资者可能获得高于LIBOR的净收益。为了获得这个超额收益(即资产掉期息差),投资者要承担债券评级下降或违约的风险。

资产—负债管理(ALM)

银行向借款人提供固定利率抵押贷款,但是,资金来源主要是短期储蓄。如果利率上升,银行的支付增加,支付就会大于抵押贷款所得。这是经典的资产—负债管理问题:银行的资产(其贷款账户)与它的负债(融资账户)出现了不一致。

解决方案:银行与交易者订立支付抵押贷款固定收益中的一部分、获得浮动利率收益的利率掉期合约。浮动利率收益可以被用来抵补融资成本。

固定收益转换

货币市场中的储蓄者关注的是在未来多年里,利率保持在低水平,并且在低通货膨胀环境下,利率会进一步降低。

解决方案:投资者可以订立获得固定利率和支付浮动利率的利率掉期合约。

投资者锁定了固定利率,当货币市场利率下降时,也不会一无所有。

利率掉期变量

在基本的利率掉期中,有许多相关变量。下面列举一些最常使用的变量:

(1)名义本金增加型掉期。在掉期合约期内,名义本金不断增加。

(2)名义本金减少型掉期。在掉期合约期内,名义本金不断减少。这种类型的掉期对于公司非常有用,公司用于对冲分期贷款或债券发行,这样,本金分期偿还,并不断减少。

(3)息率基点掉期。即浮动利率对浮动利率的掉期,其中,两个支付部分采用的是不同的参照利率。例如,一部分按照LIBOR支付,另一部分支付的是与公司短期借款利率相关的现金流。

(4)可赎回的掉期。固定利率支付方可以提前终止合约。

(5)可展期的掉期。交易的一方具有掉期合约展期的选择权。

(6)远期掉期或递延掉期。掉期合约敲定后,固定利率也被确定,但是,双方开始并不交换利息支付,而是安排未来某个日期开始进行交换。

(7)期末支付的LIBOR。作为浮动利率支付部分的参照利率LIBOR在最终支付期间被确定,而不是在期初就被确定下来。

(8)差价掉期。浮动利率等于LIBOR加上差价,而不只是LIBOR。固定利率也会做相应调整。

(9)非市价掉期。固定利率不同于现行市场利率。一方对另一方进行补偿支付。

(10)可提前终结的掉期。固定利率所得者可以提前终止合约。

(11)利率上限掉期。浮动利率支付存在一个最大上限。

(12)过山车式掉期。随着时间推移,名义本金先增加,后减少。

(13)溢价锁定。在远期起始的掉期中,掉期溢价在开始时就被确定了。在掉期开始时,溢价被加入作为固定利率参照的政府债券的收益或回报之中。

(14)掉期期权。固定利率支付者或固定利率获得者进行利率掉期交易的选择权。

(15)零息利率掉期。在固定利率部分不存在支付,只是在到期日进行一次性加总给付。

交叉货币利率掉期

在交叉货币利率掉期交易中,一种货币的现金流在特定日期被交换成另一种货币现金流。本金的交换是按照起初确定的即期汇率进行的,在最终支付日,按照同样的汇率进行再交换。一般利息支付可以基于固定利率或浮动利率核算。

在下面的例子中,AmeriCo 公司是评级很高的美国公司,BritCo 公司是评级相对较低的英国公司。两家公司都想按照固定利率安排 5 年期借款。AmeriCo 公司希望借款 1 亿英镑,为在英国的经营融资,并用英镑支付借款利息。BritCo 公司希望借款 1.5 亿美元,为在美国的经营融资,并用美元支付借款利息。英镑兑美元的即期市场汇率是 1.500 0。表 6.1 给出了每一家公司的借款利率。

表 6.1　　　　　　　　5 年期固定利率的借款成本

借款人	美元(年利率%)	英镑(年利率%)
AmeriCo 公司	5.00	6.00
BritCo 公司	6.50	6.75

AmeriCo 公司在任何一种货币上的借款成本都低于 BritCo 公司,这反映了 AmeriCo 公司较高的信用评级。然而,由于该公司在美国市场拥有较高的"知名度",在美元市场中比在英镑市场中拥有更大的比较优势。相比在英镑市场的比较优势为年利率 0.75%,在美元市场的比较优势则为年利率 1.5%。为了利用这样的优势条件,AmeriCo 公司按照年利率 5% 借入 5 年期借款 1.5 亿美元,因此,每年支付利息 750 万美元。BritCo 公司按照年利率 6.75% 借入 1 亿英镑的 5 年期借款,因此,每年利息账单为 675 万英镑。于是,两家企业找到一个掉期经纪人,达成如下交易。

1. 经纪人与 AmeriCo 公司的掉期交易

(1)经纪人获得 AmeriCo 公司的 1.5 亿美元借贷资金,并交给该公司商业运作所需的 1 亿英镑。

(2)在 5 年后的最终掉期支付日,这些资金将按照相同的汇率进行再交换。

(3)经纪人还同意在接下来的 5 年里,每年按照 5% 的年利率支付 1.5 亿美元的利息,即 750 万美元。相应地,AmeriCo 公司将向经纪人支付 1 亿英镑资金的利息,年利率 5.75%,即 575 万英镑的利息。

2. 经纪人与 BritCo 公司的掉期交易

(1)经纪人获得 BritCo 公司的 1 亿英镑借贷资金,并交给该公司商业运作所需的 1.5 亿美元。

(2)在 5 年后的最终掉期支付日,这些资金将按照相同的汇率进行再交换。

(3)经纪人还同意在接下来的 5 年里,每年按照 6.75% 的年利率支付 1 亿英镑的利息,即 675 万英镑。相应地,BritCo 公司将向经纪人支付 1.5 亿美元资金的利息,年利率 6.35%,即 952.5 万美元的利息。

运用交叉货币掉期的净借贷成本

图 6.5 显示了在上述交叉货币掉期交易中掉期和借款的每年利息支付。

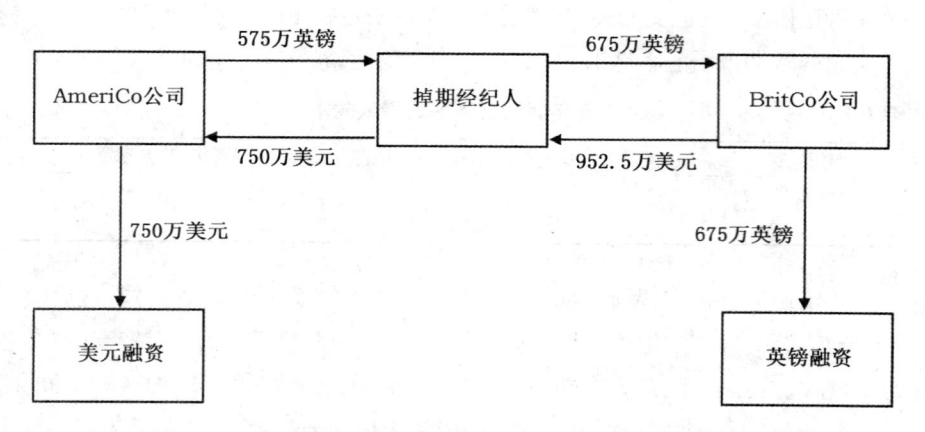

图 6.5 掉期和借款的每年利息支付

(1)AmeriCo 公司。AmeriCo 公司的净成本是 575 万英镑,或按照年利率 5.75% 支付的 1 亿英镑资金的利息,这样,节约了 0.25% 的年利率,或者说,与直接借入英镑融资相比,节约了 15 个基点的成本(见表 6.1)。

(2)BritCo 公司。BritCo 公司的净成本是 952.5 万美元,或按照年利率 6.35% 支付的 1.5 亿美元资金的利息,这样,节约了 0.15% 的年利率,或者说,与直接借入美元融资相比,节约了 15 个基点的成本(见表 6.1)。

掉期经纪人的仓位

对于经纪人来说,掉期开始和结束时支付给 AmeriCo 公司和 BritCo 公司的本金消失了。留在经纪人手里的是从每年掉期支付中获得的现金流,如下所示:

952.5 万美元－750 万美元＝202.5 万美元

575万英镑－675万英镑＝－100万英镑

由于按照净差额，经纪人每年支付英镑，获得美元，所以，存在着剩余货币风险，可是，可以运用远期汇率合约对冲这一风险，具体解释见第2章。交易还可以这样来架构，即让AmeriCo公司和BritCo公司承担部分或全部的外汇风险。

为什么每个人都会赢？

关于这个问题的答案存在于比较优势。表6.1显示了在本国货币（美元）的借贷方面，AmeriCo公司作为一家著名的公司要比BritCo公司具有显著的优势。BritCo公司是一家评级较低的公司，但是，它在英国比在美国更加著名，因此，两家公司英镑借款利率的差距小于美元借款利率的差距。

所以，AmeriCo公司借入美元，BritCo公司借入英镑，就是合理的。这样，（通过经纪人）双方就可以互换其实际需要的货币。

通货膨胀掉期

21世纪开始以来，市场中开始出现了与通货膨胀相关联的衍生品。这类产品主要的用途是将通货膨胀风险从一方（通货膨胀掉期合约接受者）转移给另一方（通货膨胀掉期合约支付者）。

(1)通货膨胀掉期合约接受者。他们暴露在通货膨胀风险之下，希望对冲风险。他们包括向养老金所有者和投保人进行与通货膨胀相关的支付的养老基金和保险公司。

(2)通货膨胀掉期合约支付者。他们拥有与通货膨胀关联的现金流。他们包括公用事业公司、房地产公司以及主权国家。他们可以运用通货膨胀衍生品去对冲通货膨胀率变化风险。

尽管推出了一系列产品，但是，关键的交易工具是零息通货膨胀掉期（zero coupon inflation swap）。基本结构被描述在图6.6中。该产品的交易是交易双方基于双边法律协议的交易。

在图6.6所示的结构中，通货膨胀掉期合约接受者在一个特定的时期（比如5年期）向对方支付固定利率。在掉期合约到期日支付利息，而不是分期支付利息，整个合约期的利息加总支付。通货膨胀掉期合约支付者向另一方的支付额决定于合约期的实际通货膨胀率，运用特定的通货膨胀指数加以测度。这个指数比如说是消费者价格指数（CPI）。

```
┌──────────────┐   合约期的固定利率   ┌──────────────┐
│ 通货膨胀掉期  │ ──────────────────→ │ 通货膨胀掉期  │
│  合约接受者  │                      │  合约支付者  │
│              │ ←────────────────── │              │
└──────────────┘  合约期的实际通胀膨胀率 └──────────────┘
```

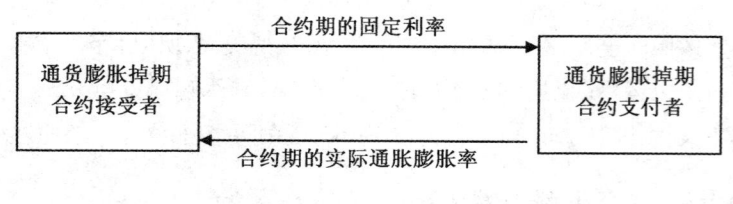

图 6.6　零息通货膨胀掉期

在实务中,掉期支付是净额支付,一方在合约到期日向另一方支付交易净额。例如,如果掉期合约的固定利率是年利率 2%,且实际通货膨胀率大于固定利率,那么,通货膨胀掉期合约接受者将得到通货膨胀掉期合约支付者支付的这个差额部分。

本章小结

一张标准的单一货币利率掉期合约是交易双方直接订立的双边法定合约,通过合约,双方在固定利率和浮动利率的基础上并在特定的日期进行现金流交换。通常,支付是分期给付的,参照的浮动利率是伦敦银行同业拆借利率。第一次浮动利率的给付是在合约达成之时。因此,第一次给付也就决定了将来 LIBOR 的确定。掉期存在潜在的风险。然而,掉期风险是可以降低的,可以借助如交易担保制度等信用管理技术来降低风险。

利率掉期合约的利率报价由主要银行和证券公司的经纪人报价。就单一货币利率掉期而言,合约利率的典型报价是根据固定利率与 LIBOR 的比较。掉期合约的溢价是掉期合约的固定利率与作为参照的政府债券收益在合约到期日的差额。在市场交易中,掉期合约的溢价通常反映了金融机构面对的信用风险总体水平,尽管掉期合约的溢价还会受到其他因素的影响,比如供求状况。

交叉货币利率掉期合约是用两种不同货币进行两部分支付的合约。通常,交易开始进行本金交换,而在合约到期日重新将本金按照相同汇率交换过来。一家公司在某个货币市场具有优势,就在该市场借入资金,并运用掉期合约改变其负债性质,从而获得降低总体借贷成本的可能性。

通货膨胀掉期合约使机构(比如养老基金或保险机构)能够对冲其面对的通货膨胀率提高的风险敞口。

第 7 章　股票与信用违约掉期

股票掉期导论

股票掉期合约是基于指数和单一股票期货的场外交易者之间达成的合约。一张标准的股票掉期合约特征是：

(1)交易双方同意在协议期间的特定时间段交换现金流；

(2)至少有一个支付部分决定于股指或某种股票的价值变动。

如果一项交易是总收益掉期交易，那么，股票掉期支付部分包括标的股票分红的货币量。股票掉期的所得部分可以基于固定利率或浮动利率或另一种股指。有些掉期合约结构中，在合约期内的名义本金是固定的，另一些合约中名义本金则是可变的。一般而言，支付是按每月、每季度、每半年或每一年支付的。典型的期限(到期期限)是 1 年或 3 年。

与利率掉期相比，股票掉期的风险更大，因为标的股指或股票价值的变动可能出现负值。如果这种情况发生，旨在获得股票收益的一方必须向对方支付标的股票价值下降的部分。图 7.1 显示了股票远期合约和掉期合约的增长状况。2009 年 6 月的相关数据还显示了始于 2007～2008 年的"信用紧缩"对这类市场的影响。

当一家公司拥有另一家公司大量的股票时(有时是公司之间的交叉持股)，该公司就可能运用掉期合约，"分期"抛售股票，即分期回收现金。

然而，公司希望在某些时期里获得股票价值变动的风险收益。公司可以卖出股票并进行股票掉期交易，从而在一定的期间获得基于股票价值变动的现金收益。在下一节中，我们将提供这种交易的例子。

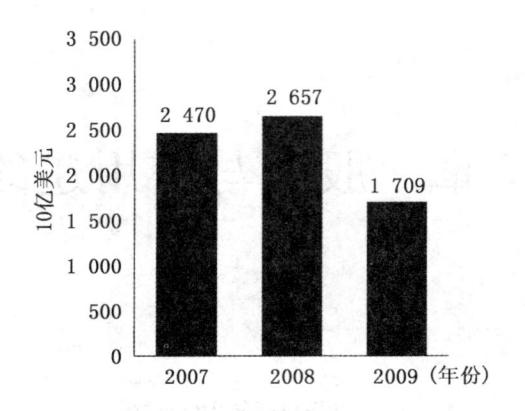

图 7.1　股票掉期和远期合约年中未清偿的名义本金数量

股票掉期案例研究

假设有一家欧洲公司拥有另一家公司 1 亿股的股票。每股价值为 1 欧元，因此，该公司持股总价值为 1 亿欧元。

该公司将股票卖给一家银行，同时，进行 1 年期的股票掉期交易。起初，名义本金确定为 1 亿欧元，后来本金还可以根据股票价值变动进行重新确定。在这项掉期交易中：

(1) 银行按照季度向公司支付股票的总收益(资本所得或损失加上分红)；

(2) 相应地，公司按照季度向银行支付欧洲银行间欧元同业拆借利率(Euribor)。

欧洲银行间欧元同业拆借利率是欧元短期借贷的关键参照利率。由位于布鲁塞尔的欧洲银行联盟(European Banking Federation, FEB)和金融市场协会(Financial Markets Association, ACI)确定欧洲银行间欧元同业拆借利率。

掉期交易的每季度支付机制可以通过图 7.2 加以描述。

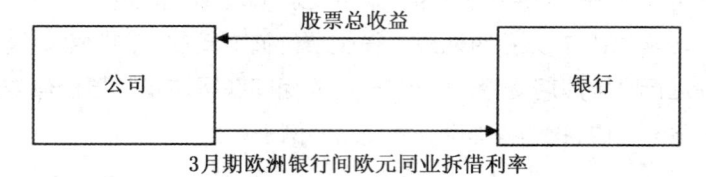

图 7.2　股票掉期支付机制

第一次掉期支付

在掉期交易中,存在着 4 次支付。在掉期开始 3 个月后发生第一次支付。在订立合约之始,第一次支付采用的欧洲银行间欧元同业拆借利率就已经固定了下来。

假设欧洲银行间欧元同业拆借利率被确定为年利率 4% 或季度利率 1%,公司就可以基于这样的利率取得银行提供的 1 亿欧元。再假设在第一次支付日,股票价值为 1.02 亿欧元。那么,由于股票价值从初始价值 1 亿欧元增加到 1.02 亿欧元,所以,银行应付公司 200 万欧元。假设本季度没有分红。于是,全部支付可以表述如下:

(1)公司应付银行 1 亿欧元的利息;
(2)银行应付公司股票价值的增长额 200 万欧元;
(3)支付净值核算后,银行支付公司 100 万欧元。

名义本金和重新被确定的欧洲银行间欧元同业拆借利率有助于计算出第二个季度支付时的现金流(合约开始时的 6 个月后)。为了简化起见,我们假定欧洲银行间欧元同业拆借利率保持不变,年利率为 4%。名义本金被重新确定为 1.02 亿欧元,即股票的当期价值。

第二次掉期支付

假设,在第二次支付日的股票价值为 9 900 万欧元。本季度没有分红。那么,该季度的到期掉期支付计算如下:

(1)公司按照 1% 的利率支付 1.02 亿欧元的利息,应付银行 102 万欧元的利息;
(2)另外,公司应付银行 300 万欧元,因为股票价值从 1.02 亿欧元下跌了;
(3)公司应付银行总额 402 万欧元。

在本次支付后,掉期的名义本金被重新设定为 9 900 万欧元,并成为第三次支付核算的基础。欧洲银行间欧元同业拆借利率也被重新确定。

经济风险敞口

总之,如果在某个季度里股票价值增加了,银行就要向公司支付增长的部分。如果股票价值下降了,公司就要向银行支付下降的部分。如果公司实际持有股票,这就复制了公司承担的经济风险。

> **浮动的和固定的名义股票掉期**
>
> 浮动的或重新设定的名义股票掉期,正如刚才所描述的,复制了固定数量的股票风险。还有一种可能性,即双方同意锁定合约期股票掉期的名义股票数量。固定的名义股票掉期复制的是固定价值的股票风险敞口,这样,如果股票价格上升或下降,投资者为了维持固定数量的股票,就要卖出股票或买入股票。

股票掉期的其他应用

股票掉期是多用途的交易工具,可以被公司、银行和机构投资者用于多种用途。由于股票掉期合约是交易双方直接协商的场外交易合约,合约可以修订或定制以满足客户的需要。假如可以发现某种对冲方式,或至少能够消除交易风险的方式,经纪人通常愿意支付各种股票篮子的回报。

这是有用的。比如,对于愿意获得一篮子外国股票风险收益,但又面对所有权特定约束的投资者来说,就是有用的。掉期经纪人同意在一个固定期限内每个月或每三个月支付(正的和负的)股票收益。相应地,投资者愿意按名义本金支付浮动的或固定的利率。这样,交易就能够达成,所有支付都通过相同的货币,比如美元或欧元。

在这个例子中,可能的情况是,如果投资者实际购买了标的股票,那么,作为一个外国人,分红收入就会被课税。如果是这样,投资者就可以与不纳税或可以获得税收返还的某经纪人达成股票掉期交易。经纪人借钱买入股票,同时,在掉期交易中经纪人向投资者支付股票总收益,包括全部分红。相应地,投资者向经纪人支付基准利率,经纪人用其中的一部分支付贷款利率,另一部分就是交易所得利润。

全部收益的股票掉期

在这类掉期交易中涉及一系列交易,如图 7.3 所示。在这个掉期交易中,银行用美元向投资者支付股票的全部收益。投资者向银行支付欧洲银行间美元同业拆借利率加上 0.25％的年利率。

银行借钱购买股票,并采用掉期合约中的欧洲银行间美元同业拆借利率来偿还借贷利息。假设银行能够按照伦敦银行间同业拆借利率借款,交易中银行就获得了 25 个基点(0.25％的年利率)。

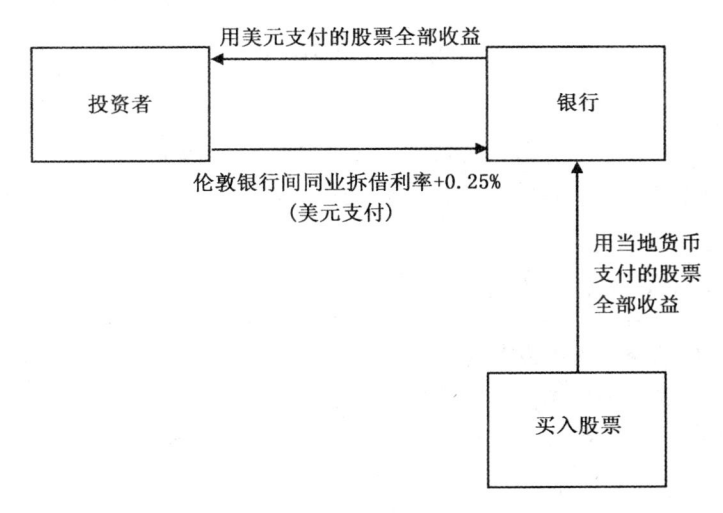

图 7.3　含全部分红的股票掉期支付

不只是为了获利,银行也需要这样的交易。但是,由于对冲不可能是完美的,所以,必须进行风险管理。例如,尽管银行同意支付某一篮子股票的全部收益,也可能为了节约交易成本,决定买入一篮子股票中的次篮子股票来对冲。还必须管理货币转换风险,因为掉期支付是用美元支付的,而标的股票的收益则是以当地货币获得的。

> **基于股票掉期的空头交易**
>
> 　　对于客户来说,运用股票掉期合约很容易进行单一股票或一篮子股票的空头交易,比如,从股票价格下跌中获利。客户同意向掉期经纪人支付(正的和负的)股票价值的变动量。如果股票价值下降了,客户将获得经纪人的支付额;如果股票价值上升了,客户就要向经纪人支付上升的额度。从经济学意义上说,这是空头交易的对等交易。

当然,还可以借助股指交易和单一股票期货交易进行股票空头(和多头)交易(见第 5 章)。掉期的好处是,掉期合约可以定制,以满足客户的需要。

另一方面,期货合约是由清算所担保的,而掉期交易是场外交易,因此,存在着潜在的对手违约风险。正如前面所讨论的,关于未来的场外衍生品交易是否应该受清算规则的约束,比如支付应得到清算所的担保,目前存在争论。在本书写作时,立法者正讨论一个建议,即大多数场外交易合约应当标准化并且简明化

(见第 20 章)。

股票指数掉期

在一份标准股票指数掉期合约中,合约的一方同意向另一方定期支付股票指数价值的变动量(正的或负的)。相应地,按照名义本金,获得固定的或浮动的利率收益。掉期合约可以构造为在交易期间的名义本金保持不变,或者,名义本金根据指数水平的变化而变动。

> **被用于股票掉期的典型指数**
>
> 这些指数包括美国的标准普尔 500 指数,德国位居前 30 位的股票构成的 DAX30 指数,法国的 CAC40 指数,日本的主要股票所构成的日经 225 指数以及英国的《金融时报》100 指数。

(德国)DAX 股票指数掉期

假设一名基金经理人希望在接下来的年度进行策略性资产配置,于是,增大在德国股票市场中基金投资的风险敞口。预计的风险敞口资金量为 1 亿欧元。经理人决定同经纪人达成基于 DAX30 指数的股票指数掉期交易,而不是卖出既有资产。固定的名义本金是 1 亿欧元。基金经理人的操作如下:

(1) 按季度支付一年期的 3 个月欧洲银行间欧元同业拆借利率加手续费;
(2) 按季度获取一年期 DAX30 指数的收益(正的或负的)。

掉期的支付额是净额。例如,假设在第一季度的交易中,DAX30 指数上升了 5%,那么,基金经理人基于掉期合约的股票部分,获得 500 万欧元的现金给付。净所得是从这笔给付减去经纪人所得的利息。

然而,如果在这个季度里,指数下降了(比如说)5%,那么,在股票交易部分,基金经理人就应当支付经纪人 500 万欧元。另外还要向经纪人支付利率部分的所得。

这样的交易可以表示为图 7.4。注意,DAX30 指数是总收益指数,意味着要进行分红被再投资于更多的股票的收益核算。

掉期交易还可以这样构造,即基金经理人支付固定利率而不是浮动利率。在固定利率和浮动利率掉期两种选择之间的转换是不难做到的(参见第 6 章中关于利率掉期的具体介绍)。

第 7 章 股票与信用违约掉期

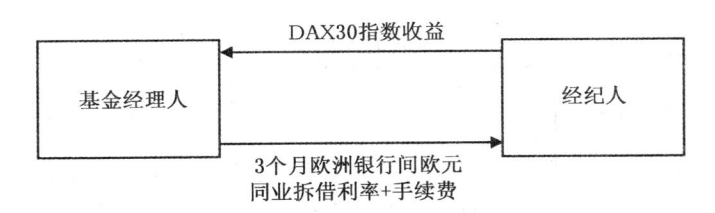

图 7.4 DAX30 指数掉期交易支付

股票指数掉期的对冲交易

在上述的例子中,经纪人事实上所做的是 DAX30 指数空头交易。如果指数下跌,经纪人就可以从基金经理人那里获得支付。如果股票市场价格上升,经纪人就必须向基金经理人提供给付。

> **运用指数期货对冲股票掉期**
>
> 经纪人可以通过买入 DAX30 指数期货进行风险对冲(参见第 5 章对指数期货合约的具体介绍)。如果指数上升,掉期交易导致的经纪人支付可以被期货合约的利润冲抵掉。然而,经纪人必须买入刚好与掉期支付日期相匹配的期货合约,而且存在期货合约成本昂贵的风险,比如交易的合约价格高于其公平价格。在实务中,构造使用期货合约完美对冲的交易,则是不太可能的。

作为对使用期货合约对冲的一种替代,经纪人可以借入货币,并买入吻合 DAX30 指数的一篮子德国股票。经纪人可以用与欧洲银行间欧元同业拆借利率关联的掉期所得,去弥补用来买入股票的贷款的利息支付。这种对冲可以通过图 7.5 显示出来。

通过图 7.5 中的对冲交易,经纪人可以消除 DAX30 指数上升的风险,如果进行这样的对冲交易,那么,掉期交易中的股票部分的支付刚好与买入的股票获利相匹配。当然,相反的情况也是存在的。如果 DAX30 指数下跌,经纪人在掉期交易中的股票部分的所得刚好与为了对冲买入股票的损失相匹配。

对冲掉期的盈利

如此,经纪人是如何赚钱的呢?再看一看图 7.5。

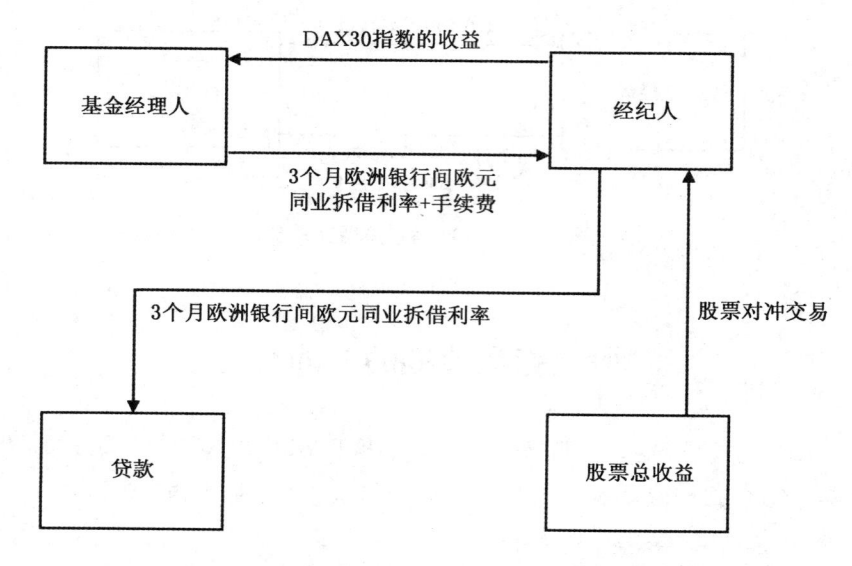

图 7.5　在资金市场中对冲 DAX30 指数股票掉期

（1）在利率部分，经纪人得到欧洲银行间欧元同业拆借利率加上手续费（利息的附加值）。

（2）假设前提是，在对冲交易中，经纪人能够按照欧洲银行间欧元同业拆借利率借入一笔钱，去买入股票。

（3）这样，通过掉期交易和对冲交易，经纪人获得了欧洲银行间欧元同业拆借利率之外的手续费，这就是经纪人的利润。

在实务中，按照上述方式进行的对冲交易，需要考虑的是存在着交易成本，还要考虑掉期交易中潜在的对手风险，比如基金经理人不能履行其合约义务。为了防范对手风险，可以要求基金经理人存放一笔担保金。这种对冲交易还有一个假设前提，即买入的股票组合的损益恰好与 DAX30 指数变动相匹配。

信用违约掉期

一般而言，信用衍生品是价值决定于一个公司或一个主权国家的信用的衍生产品。有时，信用衍生品的价值决定于一篮子实体的信用。最流行的信用衍生品是信用违约掉期合约（CDS）。

根据国际掉期和衍生品协会（ISDA）提供的信息，到 2007 年末，信用违约掉期合约的交易量超过了 62 万亿美元。这个数字超过了全球实际债务总量。但是,到2008年末,这个数字下降到38.6万亿美元。国际掉期和衍生品协会为信用违约掉期合约制定并公布了标准法律术语。

> **信用违约掉期的定义**
>
> 信用违约掉期是被用来在交易双方之间进行信用风险转移的合约交易。"保护"的买方向"保护"的卖方支付规定的保证金或佣金。相应地,一旦合约中确定的影响参照实体的信用事件发生,"保护"的卖方就要进行有条件的支付。掉期交易还可以基于不同参照实体的一篮子信用。信用违约掉期合约最常见的到期期限是5年。

在信用违约掉期合约中,参照实体可以划分为买入和卖出"保护"的公司或其他机构。参照义务是指一旦发生违约风险,按照合约可以交割的用来确定参照实体资产的某种证券。通常,这种证券是资产结构中的优先支付的无担保层级的证券(见下面的框图)。

> **资本结构与次级资产**
>
> 次级资产所指的是一个公司获得偿付的债务序列。序列如下:(1)优级有担保债务;(2)优级无担保债务;(3)优级次级债;(4)次级债务。

信用事件是信用违约掉期合约中所确定的事件,一旦事件发生,就触发"保护"卖方向"保护"买方的有条件支付,比如,如果参照实体宣告破产或无法履行特定债务义务,就会发生这样的支付。从经济意义上说,持有的头寸与买入承担风险的债务资产是对等的,所以,"保护"卖方有时被称为"信用风险的多头"。

信用违约掉期:基本结构

图7.6显示了一种信用违约掉期的基本结构。掉期保证金(佣金)按照协议费率定期支付。市场标准支付日是每个季度最后一个月的20日,分别为3月20日、6月20日、9月20日和12月20日。例如,如果掉期本金是1 000万美元,且信用违约掉期合约保证金年率为2%,那么,每季度的支付额为50 000美元。

事实上,信用违约掉期合约保证金就是参照实体买入应对违约的保险成本。

信用违约掉期的实物清算

绝大多数信用违约掉期合约都是实物清算的合约。这意味着,如果信用事

```
          按规定日期支付保证金
"保护"买方 ─────────────────→ "保护"卖方
          ←─────────────────
       如果合约规定的影响参照实体的
       信用事件发生，便产生支付
```

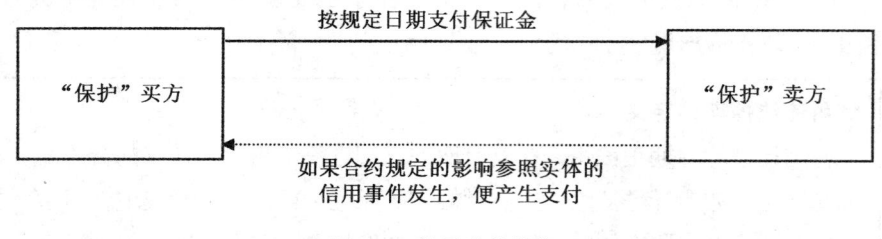

图 7.6　信用违约掉期

件发生了，"保护"买方有权将参照实体的一定量的债务资产交付"保护"卖方，即所谓的可交割义务。相应地，"保护"卖方要按照债务资产的平价或账面价值支付"保护"买方。在前述的信用违约掉期合约交易的例子中，支付额为1 000万美元。

可交割义务涵盖了各类债券、贷款或其他类型的债务。然而，它们一定不是合约中确定的参照义务中的从属义务。

如果信用违约掉期合约清算机制启动了，那么，"保护"卖方的损失就是按照平价支付资产价格减去所交割资产的回收价值，比如，参照实体回收这些资产所花的钱。在信用事件发生时，"保护"买方向卖方支付信用违约掉期保证金。

信用违约掉期的现金清算

有些信用违约掉期合约是现金清算的。如果信用事件发生，"保护"卖方向"保护"买方支付的是现金。例如，假设掉期本金为1 000万美元，并且发生了信用事件。参照实体每100美元面值可以得到的最小交割资产价值为40美元，即获得面值的40%。"保护"卖方按照资产面值的损失补偿买方，总额为600万美元。

在有些情况下，信用违约掉期合约是基于合约中确定的数量进行现金结算的。这类合约有时被称为"二项信用违约掉期合约"。

信用事件

信用违约掉期合约是为承担某类违约风险的特定参照实体提供保护而设计的。由于信用违约掉期合约是场外交易产品（比如，交易双方直接达成交易），一系列信用事件可以被确定下来。在实务中，一些特定的信用事件得到普遍认可。

（1）破产。参照实体无法清偿债务。

（2）支付能力丧失。参照实体无法支付债务的本金和利息。

(3)债务重组。债务结构发生变化,某种程度上影响了信用水平,比如到期日或息票率发生变化。

(4)义务追加/违约。在初始确定的到期日之前,参照实体违约和(或)债务义务再约定。

(5)拒付/延缓偿付期。参照实体否认债务义务和拒绝偿付。

信用违约掉期的应用

也许,信用违约掉期合约最明显的运用表现为投资者或商业银行为避免债券或借贷等负债资产的损失而买入信用违约掉期合约。事实上,信用违约掉期提供了一种形式的保险,而成本是支付保证金。

这里,重要的是做出选择。运用信用违约掉期合约抵补全部债券组合违约风险的投资者将得到接近于国债的收益(实务中,由于存在交易成本,可能达不到国债的收益)。

对于交易者和对冲基金来说,信用违约掉期合约也是非常宝贵的。信用违约掉期合约可以让他们了解借款人的信用风险变化,无需通过进行实际的债券交易去了解。标准的信用违约掉期是没有资金基础的交易结构,这意味着,与买入实际的债券不同,投资者不需要有初始支付(尽管投资者需要储蓄保证金作为信用保证)。

> **审视信用风险**
>
> 交易者认为,公司(参照实体)的信用度会恶化。所以,交易者运用信用违约掉期买入"保护",并支付年利率为1%的保证金。如果公司的信用风险果真上升了,那么,交易者就可以卖出对同一参照实体的"保护",从而获得更多的保证金。另一种情况是,如果信用事件发生了,交易者就可以在市场中低价买入参照实体的债券,并按照信用违约掉期合约交割,从而获得全部面值。

信用违约掉期合约还具有另外的优点,即在特定的到期日,具有高度流动性。交易者还可以看到跨期违约风险,这在标的债券交易中是不可能的。

最后,金融机构,比如保险公司,可以获得额外收益,而且通过卖出信用违约掉期合约也可以使其经营活动多样化。但是,如果违约风险水平上升,则损失像滚雪球般增大。美国保险业巨人美国国际集团不得不在2008年9月接受政府救助,原因就是信用违约掉期合约交易中出现损失以及向银行提供各类借贷担保出现损失,正如第1章中所讨论的,如果美国国际集团无法履行义务,就会出现金融系统的系统性风险,所以美国联邦当局决定救助美国国际集团。

> **2010年的希腊金融危机**
>
> 2010年3月德国总理安吉拉·默克尔谴责(投机者)运用信用违约掉期合约交易赌希腊政府债券违约。其他人则认为,希腊金融危机的原因是经济基本面和财政存在问题,尤其是,希腊政府的超额借贷,他们指出,与作为标的的希腊政府债券的交易相比较,信用违约掉期合约交易并不是那么重要的原因。

信用价差

定期支付的信用违约掉期合约保证金与参照实体发行的现金买卖的债券信用价差存在关联,但是,通常并非完全相同。债券的信用价差是投资者获得的额外收益,即投资者从投资的资产获得的、高于无信用违约风险资产(比如国债)收益的额外收益。现金债券(cash bond)是市场中交易的、公司和政府发行的实际债券的一种称谓,而衍生品的价值是在这些标的资产基础上衍生而来的。

例如,假设一家公司发行的5年期美元债券,年收益率为5%,而美国5年期国债的年收益率为4%。那么,公司债券的信用价差就为年利率1%(100个基点)。信用价差幅度决定于信用违约的可能性,同时,还决定于其他因素,比如一旦违约事件发生,回收率(recovery rate)的大小,即投资者可以从公司发行者那里重新获得多少美元。

资产多元化的、富有保障的机构发行的债券,交易中的信用价差较小。富有风险的实体发行的垃圾债券,其交易中的信用价差较大。

亚当·斯密就已经充分认识到了违约风险与借款人所要求的补偿性收益之间的相关性。在《国富论》(第一卷,第11章)中,他指出:

最低的普通利率必须……达到大于能够充分补偿借款承担风险损失的水平,甚至非常谨慎的借款人亦如此。如果说还有更多的因素,友善或友谊可能是仅有的借款动因。

信用违约掉期保证金与信用价差

用市场中的行话来说,信用违约掉期交易中的"保护"卖方是信用多头,即承担的是参照实体发行的债券的信用风险。因此,"保护"卖方应当获得一笔保证金,它反映了资产违约风险以及回收率——与信用价差相关联。

为了了解这样做的原因,我们可以设想一名投资者拥有 XYZ 公司发行的债券。投资者决定从信用违约掉期合约经纪人那里买入"保护",以防范违约风险。投资者的情况可以通过图 7.7 加以显示。

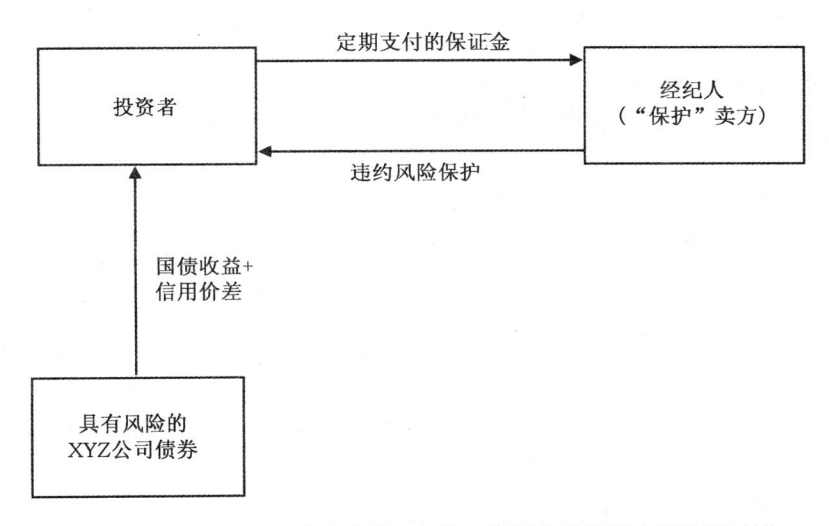

图 7.7 投资者拥有风险债券并买入基于信用违约掉期合约的"保护"

既然图 7.7 中的投资者消除了信用风险,在通过信用违约掉期合约交易买入"保护"后,他或她得到的大约是无风险收益率,即相当于国债的收益。这就意味着,支付的掉期保证金应大致等于 XYZ 公司债券的信用价差。

最便宜的交割选择权

理论上说,信用违约掉期保证金应当接近于标的现金债券资产所得的信用价差。然而,在实务中,受信用违约掉期合约交易方式与现金债券投资的差异影响,情形是复杂的。例如,信用违约掉期交易中"保护"的卖方将得到"保护"买方从大量的债券中选择出来的一种债券,而保护买方倾向于选择一种最便宜的债券。这就有了所谓的"最低价的交割选择权"。

另外，信用违约掉期合约要比现金债券更具有流动性，尤其是那些标准到期日和频繁交易的信用违约掉期合约流动性更强。这种情况对交易保证金会产生影响。在目前发达的市场中，由于信用违约掉期价差被用来确定交易价格和标的现金债券的收益，出现了"本末倒置"现象(the tail wags the dog)。

对手风险与信用违约掉期合约

信用违约掉期合约还承载着潜在的对手风险。这是因为合约是交易双方直接达成的，每一方都有可能无法履行责任。例如，如果信用事件发生了，"保护"卖方会不愿意或无力完成清算程序。正如前面所讨论的，监管者鼓励经纪人在信用违约掉期中重视运用集中清算安排(参见第20章)。

信用违约掉期价差定价模型

确定信用违约掉期合约交易公平价差的方式有很多。一种方式是基于信用价差或资产信用程度的历史纪录，对合约中参照的债务资产违约概率建模。信用评级机构会公布不同信用评级的资产在历史上的信用违约率和回收率。它们还发布"转换矩阵"，提供具有相似信用程度的资产信用评级下降的历史数据。

下面给出运用违约概率和回收率定价法进行信用违约掉期合约定价的一个简单例子。这种定价法的基本理念是，信用违约掉期价差应能够补偿预期损失。

信用违约掉期价差的确定

假设，一名投资者拥有XYZ公司发行的债券，并从信用违约掉期合约经纪人那里购入违约保护。1年后债券到期，债券面值为100万美元。如果没有发生违约情况，1年后XYZ公司向投资者支付的面值为100万美元。然而，如果XYZ公司发生了违约情况，信用违约掉期合约经纪人就要买进投资者的债券，并向投资者支付100万美元。对于这项信用违约掉期合约交易来说，公平价差是多少呢？

假设，经纪人了解到违约概率为2%，且一旦违约发生，回收率将为40%。这意味着，如果发生违约，经纪人将支出100万美元购买债券，而其从XYZ公司的资产中回收的价值仅为100万美元的40%，即40万美元。

当发生违约时，经纪人的损失将是60万美元。发生这种损失的概率估计为2%。因此，对于信用违约掉期合约经纪人来说，预期损失是60万美元×2%＝

1.2万美元。所以，经纪人应当向投资者索取大约1.2万美元的信用违约掉期价差，以补偿预期的交易损失。对于100万美元的交易来说，价差率就是1.2%。

信用违约掉期指数

还有一种交易可能，就是基于信用违约掉期合约价差的指数交易。在欧洲，其中的关键产品是Markit集团公司(Markit Group Limited)旗下的iTraxx欧洲指数，该指数的基础是排名前125位的欧洲投资级企业或参照实体的信用违约掉期价差。每一个参照实体在指数中的权重为0.8%。

指数的构成会滚动式不断修订，在每年的3月份和9月份经过每六个月修订一次，修订的基础是经纪人投票选出的交易最活跃的信用违约掉期合约。投资组合中的特定信用违约掉期合约确定后，新的排列也就创造出来，于是，还被用来作为场外信用违约掉期指数交易的基础(Markit集团公司还拥有Markit CDX指数，该指数涵盖了北美和新兴市场)。

信用违约掉期指数举例

假设，在发行的既定指数序列中，某交易者以现金从交易对手(类似于信用违约掉期合约交易中的"保护"卖方)那里买入2 500万欧元的5年期iTraxx欧洲指数，价差年率为1%。价差年率的基础是指数中125个参照实体信用违约掉期合约价差。交易将进行实际交割。

卖方将在5年内每季度向买入者支付2 500万欧元的年价差，价差率为1%。如果在5年内没有影响任一参照实体的违约事件发生，那么，买方将向卖方提供给付。如上所述，每一个参照实体的指数权重为0.8%。所以，给付额是：

2 500万欧元×0.8%＝20万欧元

相应地，卖方交付违约参照实体债券的面值20万欧元。于是，信用违约掉期指数交易的名义值重新设定为2 480万欧元。卖方继续支付1%的价差，直至到期日，除非有影响指数中的其他参照实体的信用事件发生。

信用违约掉期指数交易的应用

银行和机构投资者可以运用信用违约掉期指数交易，对冲贷款或债券投资组合风险。市场交易者可以运用该产品，基于指数构成中的一篮子参照实体进行投机。他们还可以通过买入一种指数、卖出另一种指数，构造各种价差或相对价值交易类型。

通常，买入信用违约掉期指数相对于买入指数中的单一参照实体的信用违约掉期合约，交易成本较低。还可能进行信用违约掉期指数的期权交易，这类交易以掉期期权为人们所知。与事先确定价格的违约保护的买方一样，掉期期权的拥有者有进行信用违约掉期合约交易的权利，但是，没有义务这样做。

篮子信用违约掉期

一般而言，在包括第 n 项违约的篮子掉期支付中，保护卖方向保护买方的支付是由于篮子中第 n 项参照实体的违约而触发的。一旦发生支付，则掉期终止。在到期日之前，或在影响第 n 项资产的信用事件发生之前，保护的买方向卖方定期支付价差。合约可以现金清算，也可以实物清算。下面讨论的是最常用的合约类型。

首次违约(FTD)篮子信用违约掉期

在首次违约篮子信用违约掉期交易中，$n=1$。也就是说，篮子中的第一个参照实体违约，就将触发清算机制。

例如，假设某一交易者卖出由 5 家公司构成的首次违约篮子信用违约掉期保护。本金为 1 000 万美元，期限为 5 年。保护买方支付价差 200 个基点，或 2% 的年率。如果参照实体的其中之一发生违约，保护卖方必须接受违约实体发行的债券，面值为 1 000 万美元，并按照债券面值向保护买方提供支付。一旦完成支付，首次违约篮子信用违约掉期交易即行终止。本来到合约终止或期限终结前保护买方支付的价差也将提前终止。该交易可以通过图 7.8 显示出来。

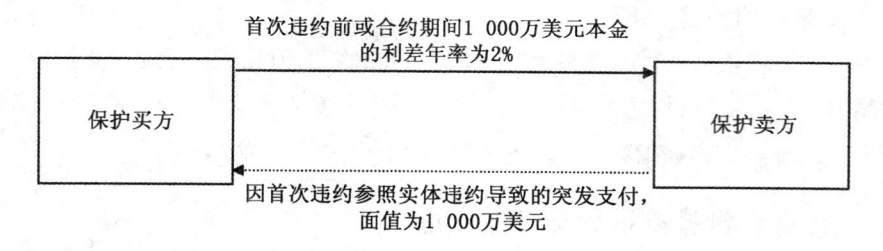

图 7.8　首次违约篮子信用违约掉期

确定首次违约篮子信用违约掉期价差是一个复杂问题，需要运用数学模型。

某些方面的问题要比另一些方面的问题直接得多。例如,当其他因素相同时,篮子中的参照实体数量越多,信用程度越低,则价差越高。篮子中的参照实体越多,在首次违约篮子信用违约掉期交易中,越有可能发生某一参照实体违约。

然而,首次违约篮子信用违约掉期定价还需要这样的假设条件,即篮子中各种资产的所谓"违约相关系数"。它测度的是各种资产同时违约和共生的趋势。

第二次违约(STD)篮子信用违约掉期

在第二次违约篮子信用违约掉期交易中,$n=2$。首次信用事件发生时,并不发生支付。因此,该交易就变成篮子中余下的参照实体的首次违约篮子信用违约掉期交易。

在第二次违约篮子信用违约掉期交易中,较高的违约相关系数表明保护卖方的风险增加,因为,一个参照实体违约,另一个参照实体很可能跟着违约。这样,就会增加价差。相反,较低的违约相关系数会使第二次违约篮子信用违约掉期价差降低,因为篮子中的参照实体不太可能同时违约。就直觉而言,篮子中的参照实体会受到不同的市场因素影响。

本章小结

股票掉期是交易双方的协议,旨在于未来日期交换现金流。其中,至少一部分支付取决于单只股票或股票组合的价值。交易的名义本金可以是固定的,也可以是浮动的。运用股票掉期交易,交易者或投资者能够进行股票空头和多头交易。在股指掉期交易中,一部分支付取决于股指,比如标准普尔500指数。可以通过指数期货交易或买卖指数中的标的股票,对冲交易风险。

在信用违约掉期交易中,保护买方向保护卖方支付价差。一旦信用事件发生,无论该事件在合约中是否明确,只要合约中确定的参照实体受到影响,保护买方都将获得支付。参照实体可以是公司、金融机构或政府。信用事件可以是破产或债务违约。

信用违约掉期的价差不仅决定于信用事件发生的概率,而且决定于一旦信用事件发生,从参照实体回收的货币数量。保护买方包括基金经理人和商业银行,他们寻求降低债券或贷款投资组合的信用风险。保护卖方包括银行和保险公司的经纪人。

在指数违约掉期交易中,如果指数构成中的一个或更多的参照实体发生违约,保护卖方就要向保护买方提供支付。相比之下,在首次违约篮子信用违约掉期交易中,篮子中的第一个参照实体发生违约,就会触发保护卖方向保护买方的支付,此后,合约便终止。

第19章将进一步讨论信用违约互换在创造结构化证券以及证券化中的运用。

第8章　期权基础知识

导　论

第1章中介绍了已经存在很多年的商品期权,比如,大米、石油和玉米期权等。尽管自20世纪80年代以来,金融资产期权迅速发展,但是,金融期权仍是比较新的事物。

本章将介绍期权基本概念。这里运用"搭积木"的方法,描述期权基本策略,这些期权基本策略将被运用于以下各章的不同交易构成中。这里将解释期权市场中使用的"行话",比如看涨期权与看跌期权、执行价、到期日、保证金、内在价值和时间价值、实值状态(in-the-money)、平值状态(at-the-money)或虚值状态(out-of-money)、盈亏平衡点,等等。对于这些概念,本章中都将运用实例加以解析。本章将演示四种基本期权策略的收益状况,这四种期权策略分别是买入看涨期权、卖出看涨期权、买入看跌期权、卖出看跌期权。基于买卖标的股票获得的利润和损失,这些期权策略可以加以比较。

定　义

标准的或"普通的"金融期权合约的买方拥有权利但不负有义务,具体情况如下：

(1) 买入(看涨期权)或卖出(看跌期权)；

(2) 议定的特定金融资产数量,被称为标的；

(3) 特定的价格,被称为执行价或行权价；

(4) 合约结束于未来特定日期,被称为到期日。

为了获得权利,期权合约买方需要向合约卖方支付一笔费用,被称为期权费。在交易中,期权费是合约买方可能损失的最大数量的货币。另一方面,合约卖方面对的损失将是无底线的(除非运用对冲交易)。这是因为,是否兑现期权合约的决定权在于买方。

外汇期权不仅是主要的标准化合约,而且,清算得到了与交易相关的清算所担保。场外交易的期权合约是交易双方直接达成的合约,交易的一方通常是银行或证券交易所,因此,合约可以变通,以满足客户的特定需要。然而,这样的合约不能够自由交易,而且存在潜在的违约风险,即交易对手无法履行义务的风险。

正如前面所述及的,(监管者)因类似于2008年9月大投资银行雷曼兄弟倒闭的冲击而清醒了,已经启动对场外衍生品信用风险的控制。

期权类型

期权合约的主要类型有两种:
(1)看涨期权。有权利但无义务按照敲定价格买进标的资产。
(2)看跌期权。有权利但无义务按照敲定价格卖出标的资产。

所谓"美式期权"就是可以在到期日或到期日前兑现的期权。所谓"欧式期权"就是只能在合约到期日实现交割的期权。事实上,这样的标签是历史原因导致的,与期权交易的实际发生地无关。无论场外交易的期权发生于何地,通常都是欧式期权。由于美式期权赋予了额外的权利,因此,至少其等价于对应的欧式期权。

百慕大期权

对于那些热衷于提前交割的弹性安排,但不愿意支付美式期权全部费用的交易者来说,市场创造了另类期权合约,即百慕大期权。这些期权可以在到期日前的某个特定日期执行,比如每月执行一次。

在实务中,很少有期权被执行。外汇期权的买入者只是为了在合约变得更有价值时,再将期权卖出,而不是真正执行合约。期权作为权利性资产被买卖,众多交易者只是试图通过买卖价差获利。无论如何,几乎所有的期权合约到期后,都毫无价值。

期权交易的基本策略

在以下部分,我们将探讨四种期权交易基本策略的收益和风险特征:(1)买入看涨期权；(2)卖出看涨期权；(3)买入看跌期权；(4)卖出看跌期权。

本节从讨论看涨期权开始。合约的具体内容可以通过表8.1来刻画。

表8.1　　　　　　　　　　　看涨期权合约

期权类型	美式看涨期权
标的股票	XYZ
股票数量	100股
执行价	每股100美元
到期日	即日起的1年内
当前股票价格	100美元
期权费	每股10美元

合约买方有权利但无义务按照敲定价格或执行价每股100美元，在1年后的到期日或到期日前，买进100股XYZ公司的股票。为了这个权利，买方必须向合约卖方提前支付每股10美元的期权费。

内在价值

表8.1中期权可以称为平值期权。就是说，它是执行价与现价或市场现金股票价格完全相同的期权。平值期权的内在价值为0。

对于美式期权来说，内在价值就是立即执行期权就能够获得的货币量。期权买方从来没有义务在存在损失时执行合约，因而，内在价值要么为0，要么为正值。因为合约赋予的权利是每股买入价为100美元，而现价也是100美元，所以，表8.1中看涨期权具有的内在价值为0。立即执行合约，则得不到任何货币收益。

相反，如果市场上现行股价为每股120美元，那么，执行价为每股100美元的看涨期权就是实值看涨期权(ITM)。每股将具有20美元的内在价值。看涨期权合约的持有者可以行使权利，按照执行价每股100美元买入股票，并立即按照市场现金价格每股120美元再卖出。在不考虑融资和交易成本情况下，合约行权后所实现的价值将是每股20美元。

如果当前股价是每股80美元，那么，执行价为每股100美元的看涨期权就是内在价值为0的虚值期权(OTM)。股票价格升幅超过20美元，执行期权才有价值。

时间价值

表8.1中的期权内在价值为0,但是,该期权仍然具有价值,这就是之所以合约卖方收取期权费的原因。高于内在价值的期权价值被称为时间价值。

表8.1中的期权具有时间价值,因为,(顾名思义)在到期日来临前,还有时间。在本例中,拥有1年的到期时间。时间价值反映的是在到期日前期权可以变成实值期权的机会,从而具有行权价值。同时,还反映了这样的事实,即看涨期权买方能够锁定交易价并在期权行权前获得利息收益。

期权总价值

期权总价值等于内在价值加上时间价值。换一种表述,内在价值减掉期权费就是时间价值。既然表8.1中的期权内在价值为0,时间价值一定是每股10美元。也就是说,在本例中,期权费就是全部的时间价值。这是为了获得机会或可能性的支付,在到期日接下来的1年里,某个时点期权可能会有行权价值。

买入看涨期权:到期回报描述

基于到期日的获利或损失,即支付的初始保证金净值,是考察期权策略的有用方式。在到期日,期权卖方所要做出的决策是简单的,要么履约,要么因合约无价值而放弃权利。换句话说,如果到期日的期权是实值期权,则到期日的期权具有正的内在价值;如果到期日的期权是虚值期权或平值期权,则内在价值为0。这时,期权已经不具有时间价值,因为已经到期了。

假设,某交易者买入了图8.1中所示的平值期权。支付给期权合约卖方的期权费为每股10美元。交易价为每股100美元。这是买入看涨期权的交易。利润来自于标的股票价值的上升。为了简化,以下的分析不考虑融资成本和交易成本,其中包括无论后来是否执行合约都将事先支付的期权费。在这样的前提下,图8.1显示了到期日标的股票(每股)不同的收益水平。

在到期日,当标的价格高于交易价格时,看涨期权的拥有者可以行权。例如,在到期日,股票的市场交易价格为90美元,那么,看涨期权的持有者可以不行使按照每股100美元的固定价格买入股票的权利,因为他用现金购入股票更便宜。如果不履行期权合约,则损失掉初始期权费每股10美元。然而,到期日的标的股票价值大于100美元,那么,执行看涨期权合约就是合理的。期权合约

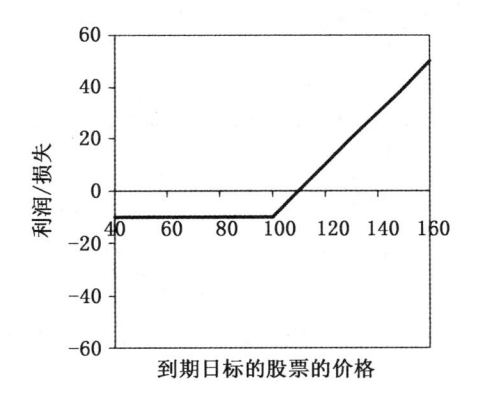

图 8.1 买入看涨期权的到期日收益状况

就具有了正的内在价值。

> **盈亏平衡点**
>
> 当每股市场交易价格为 110 美元时,就达到了买入看涨期权的盈亏平衡点。在这个价格水平上,10 美元的初始期权费就完全被买入看涨期权的 10 美元内在价值所抵消。看涨期权赋予的每股 100 美元的买入权利刚好与现货市场每股 110 美元等值,行权后可以得到每股 10 美元。

下行风险与上行风险

在期权市场的行话中,(有这样的说法)买入看涨期权,下行风险有限,而上行风险无限。换句话说,最大损失仅限于支付的初始期权费,因为,当到期日的期权处于虚值状态时,买方无义务行权。相反,看涨期权买方能够获得无限的利润。(理论上)标的股票价格能够上升到任何水平,看涨期权买方有权利按照敲定的价格买入股票。

买入看涨期权与现金头寸

买入看涨期权似乎极具吸引力(风险有限、收益无限)。可是,权利的获利可能性要付出净成本,即初始期权费。例如,除非买入价值大于平值状态的期权,交易者只能按照市场价每股 100 美元买入标的股票。因此,如果股价上升到每股 110 美元,交易者则获利每股 10 美元,然而,支付了每股 10 美元的初始期权费,故仅仅达到了盈亏平衡点。

图 8.2 比较了买入看涨期权的到期盈亏状况与现货市场每股 100 美元买入标的股票的状况。

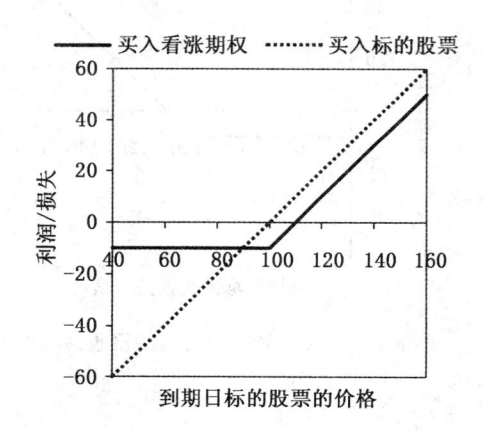

图 8.2　买入看涨期权与买入标的股票的比较

图 8.2 中忽略掉的一个因素是买入看涨期权的初始期权费远远小于买入实际股票的成本。这就是说，期权具有杠杆收益。例如，如果股价翻一番，看涨期权的内在价值就是每股 100 美元。这样，买入合约支付的每股 10 美元初始期权费就具有了更大的收益率。

卖出看涨期权：到期回报描述

本节从合约卖方的视角出发审视图 8.1 中执行价为 100 美元的看涨期权。所得初始期权费是每股 10 美元。这就是合约卖方在交易中能够获得的最大货币量。如果期权到期日处于虚值状态，合约买方将不行权，合约卖方的利润就是初始期权费。然而，如果到期日合约处于实值状态，合约买方就会行权，他们有权按照每股 100 美元的价格买入股票，而股票在现货市场具有更高的价值。

图 8.3 显示了到期日卖出看涨期权的收益状况。因为没有做对冲交易，这种情况有时被称为"裸空头期权"(naked short option)。如果看涨期权买方要求行权，合约卖方必须按照现行价格在现货市场买入股票，并按照每股 100 美元的固定价格交付股票。在实务中，看涨期权合约卖方通常对冲风险，有时运用期权对冲，有时买入标的资产进行对冲。

裸空头看涨期权是危险的，因为这样做，上行空间有限(仅限于所得的初始期权费)，而潜在的下行空间无限。

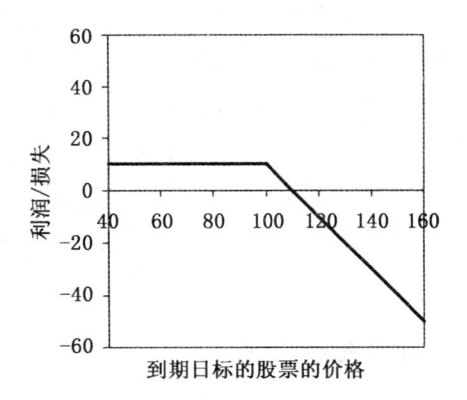

```
         60
         40
利        20
润/
损        0
失      40   60   80  100  120  140  160
        -20
        -40
        -60
              到期日标的股票的价格
```

图 8.3　执行价为 100 美元的卖出看涨期权的到期日收益状况

有些期权合约是现金清算的,而不是通过标的资产的实物交割来清算的。在这种情况下,合约卖方在到期日向买方支付内在价值。例如,如果看涨期权的交易价格是 100 美元,到期日标的股票价值是 120 美元,那么,合约卖方将向买方支付 20 美元。如果到期日每股价值(比如说)80 美元,则合约卖方不需要支付。

买入看跌期权:到期回报描述

本节讨论看跌期权买方的情况,比如,买入看跌期权。合约可以通过表 8.2 刻画出来。合约的执行价格为 100 美元。看跌期权买方有权(但无义务)按照每股 100 美元的价格买入 100 股 XYZ 公司的股票。每股的期权费为 10 美元。买入看跌期权是"熊市"的投资立场,当标的价格下降时,才能赚钱。合约买方的最大损失是向合约卖方事先支付的期权费。

表 8.2	看跌期权合约
期权类型	美式看跌期权
标的股票	XYZ
股票数量	100 股
执行价格	每股 100 美元
到期日	即日起 1 年内
当前股价	100 美元
期权费	每股 10 美元

表 8.2 中的期权合约是平值看跌期权合约,因为,即期(现货)市场价格与执行价格完全相同。合约的内在价值为 0,立即行权,则没有任何货币收益。

相反,如果市场上当前的股票价格(比如说)为 80 美元,那么,执行价格为 100 美元的看跌期权就是实值期权。每股就具有了 20 美元的内在价值。看跌期权的持有者就可以在现货市场以每股 80 美元买入股票,然后,行使期权合约权利,按照每股 100 美元卖出股票,行权所得是每股 20 美元。当然,当期权合约买入时,期权就是实值期权,内在价值表现为期权费。

买入看跌期权到期回报情况

图 8.4 显示了前述买入看跌期权在到期日的损益状况,就每股而言,就是初始期权费的净支付。如果在到期日标的股票的市场交易价格低于 100 美元,行权就是合理的,因为期权具有了内在价值。当股票市场交易价格为 90 美元时,就达到了盈亏平衡点。这样,行权所得的 10 美元利润就抵消了 10 美元期权费。如果到期日标的股票的市场交易价格高于 100 美元,期权就没有价值而废止,看跌期权的损失就是 10 美元期权费。

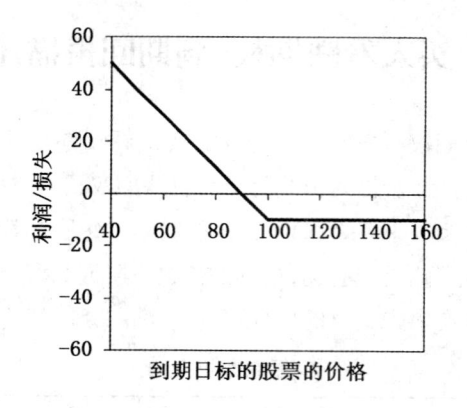

图 8.4 买入看跌期权到期日的收益情况

买入看跌期权与卖空股票的对比

买入看跌期权是"熊市"策略,但是,它要比卖空标的股票的风险小得多。理论上,对于卖空者来说,潜在风险是无限的,因为,卖空者必须回购股票,再将这些股票按照现行市场价格交付初始拥有者,而现行市场价格可能远远高于卖出的价格。图 8.5 对执行价格为 100 美元的买入看跌期权收益与按照 100 美元卖空标的股票的收益状况进行了比较。

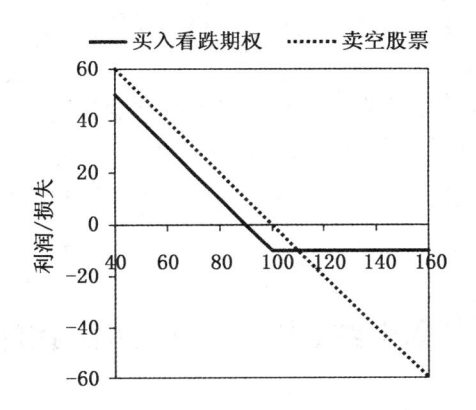

图 8.5　买入看跌期权与卖空标的股票的比较

卖出看跌期权：到期回报描述

图 8.6 显示了表 8.2 中的看跌期权到期日收益状况，但是，这里是从合约卖方的角度来审视的。执行价格是每股 100 美元。

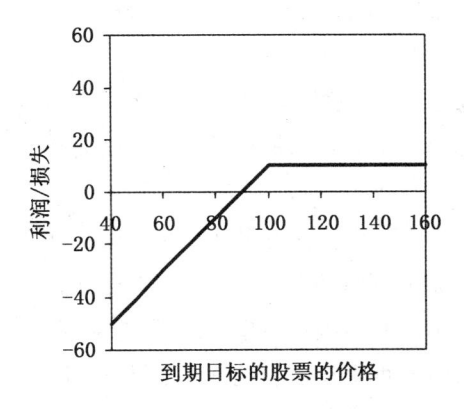

图 8.6　卖出看跌期权到期日收益状况

看跌期权合约卖方（每股）最大利润只是 10 美元期权费，最大损失是 90 美元。如果到期日股票价格等于或高于执行价格，期权合约买方将不会行权，合约卖方就获得了 10 美元利润。相反，如果股价低于 100 美元，看跌期权合约持有者就会行权。

当股票交易价格为 90 美元时，就达到了盈亏平衡点。在盈亏平衡点上，卖方按照 100 美元卖出的股票,在现货市场上的价值是 90 美元,于是,出现 10 美元的损失,这个损失刚好被初始期权费所抵消,如果股价低于 90 美元,就意味着出现净损失。

图 8.6 还显示了"裸"卖空看跌期权的收益状况,也就是说,不进行对冲交易。考虑到交易风险,合约卖方一般都会通过交易其他期权合约或卖出标的股票进行风险对冲,通过风险对冲交易,当股价下跌时,就可以获得利润,从而抵补看跌期权损失。

本章小结:内在价值与时间价值

(1)美式看涨期权的内在价值为 0,但是,标的资产的当前价格减去执行价格将大于 0。

(2)美式看跌期权的内在价值为 0,但是,执行价格减去标的资产的当前价格将大于 0。

(3)严格来说,到期日欧式期权的执行价格应当与标的股票的远期价格进行比较,因为,欧式期权只能在到期日行权(按照执行价格给付)。在实务中,许多人却忽视了这一点,他们运用标的资产的当前价格来核算欧式期权的内在价值。缩短到期日的期权,区别也许不会很大。

(4)期权合约要么具有正的内在价值,要么具有零内在价值。从定义上来看,内在价值不可能为负值,因为,期权买方不可能被迫行权,并因行权而遭受损失。

(5)如果是美式期权,可以在到期日之前行权,从而实现合约的内在价值。然而,期权的当前价值应能够包含合约具有的内在价值。

(6)即使期权合约不具有内在价值,如果距离到期日还有一定的时间,标的资产价格会发生波动,从而期权合约就具有了时间价值。

(7)站在期权合约卖方的角度来看,时间价值反映了按照固定价格交付资产(卖出看涨期权)或接受资产(卖出看跌期权)所涉的潜在风险。

(8)当其他所有条件相同时,期权合约的到期时间越长,则时间价值越大。与期限短的期权合约相比,期限长的期权能够为期权合约拥有者提供更多的获利机会。

(9)期权费成本是由内在价值(如果存在)加上时间价值所构成的。换句话说,期权费减去内在价值就是时间价值。

最后,表8.3归纳了本章所讨论的四种基本的期权策略特征。第9章将探讨运用期权进行对冲交易的一些关键策略。

表8.3　　　　　　　　　　　关键全球策略总结

策　略	期权费	特　征
看涨期权买方	支付	拥有按照执行价格买入标的的权利
看涨期权卖方	获得	如果行权,有义务交付标的
看跌期权买方	支付	拥有按照执行价格卖出标的的权利
看跌期权卖方	获得	如果行权,有义务接收标的

第9章 期权对冲交易

导 论

期权可以被组合起来,也可以将期权与标的证券的仓位加以组合,从而构造众多不同的交易策略和风险管理对策。本章探讨一种期权基本的运用方法,即保护性卖权策略(the protective put)。这种策略是运用看跌期权来对冲标的证券仓位的潜在损失。

保护性卖权可以与卖出看涨期权组合,从而构造一个双限策略(a collar strategy)。如果在一个恰当的水平上看跌期权和看涨期权的执行价格被确定下来,两种期权的期权费则刚好抵消,于是,该策略就成为零成本双限策略。另外,还可以运用非标准化的或称为"奇异的"期权合约来构造保护性卖权,即所谓的障碍性期权(a barrier option)。这种策略节约了期权费,但是,无法在特定环境下进行对冲操作。

期货对冲交易回顾

贯穿本章的案例是,某个投资者拥有一只股票,当前的交易价格是100美元。由于股市的搅动,投资者关注的是股票价值短期下降的可能性。

当然,投资者可以卖掉股票,在货币市场将所得货币储备起来,或者将股票转换成其他类型的金融资产。但是,这样做将承担交易成本,而且会触发纳税义务。另外,因为短期问题,投资者可以将股票持有更长的时间,并不倾向于对资产进行简单的转换。再者,如果投资者进行未到期的资产转换,就会有机会成本损失,也就是说,如果股价上升而不是下降,利润损失程度就会提高。

期货对冲交易的后果

投资者可以卖出单一股票期货或通过交易股票掉期合约(见第 5 章和第 7 章),从而对冲风险敞口。这样,如果股价下降,投资者将因期货或掉期的收益而得到补偿。这种类型的策略之不利之处是还存在相反的情况,股票的利润可能会被投资者的期货合约或掉期合约的现金支付全部抵消掉。

图 9.1 描述了期货对冲的结果。为了简化,这里假设期货合约价格为标的现货市场价格(在本例中即 100 美元)。

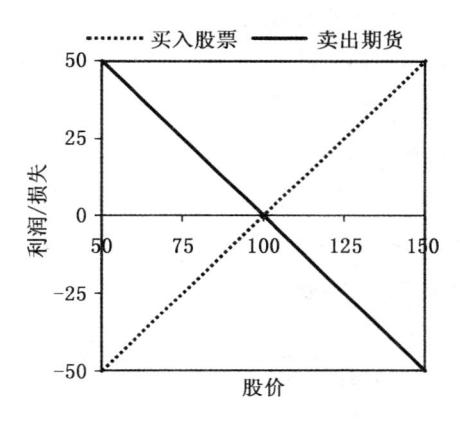

图 9.1 卖空期货对冲股票多头仓位

保护性卖权

还有一种选择,就是投资者可以采用保护性卖权策略。这种策略将买入(卖出)标的资产与买入(卖出)看跌期权组合起来。这种组合策略旨在提供所谓的下行风险保护(downside risk protection)。也就是说,对冲标的资产价格短期下降。

如果看跌期权是实物行权的合约,那么,当标的股票价格下降到期权执行价格以下时,就会出现行权。于是,按照执行价格卖出标的股票,从而消除进一步的损失。

如果看跌期权是现金清算的合约,那么,因标的股票价格下降到期权执行价格以下的任何损失都将得到补偿,损失的补偿来自看跌期权合约卖方所得到的现金给付。对于那些希望持有股票并希望避免短期损失风险的投资者来说,现金清算的期权是非常有用的。

> **保护性卖权的优点**
> 　　运用看跌期权来抵消买入股票资产风险的优点,也就是投资者能够获得下行风险保护,同时,还可以因股价上涨而获得收益。

保护性卖权举例

在本章考虑的例子中,投资者拥有的股票的市场交易价格为 100 美元,但是,投资者关注的是股价可能出现短期下降。假设,投资者寻找经纪人,并同意买入 3 月期欧式看跌期权,执行价为 95 美元。议定的期权费为每股 3.5 美元。

图 9.2 描述了期权到期日股票和看跌期权的损益。图中的数据以美元为单位,图中显示了到期日标的资产不同价格的变动幅度。注意,在这个例子和后面的例子中,为了简化,没有考虑货币的时间价值,而事实上,期权费是事前支付的,而行权收益则是在 3 个月后才能够实现的。另外,在本章中采用的期权费是人为设定的,只是为了使盈亏平衡核算简单化。

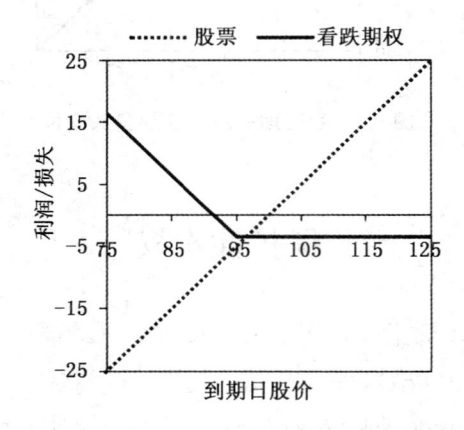

图 9.2　到期日标的股票和看跌期权的收益

图 9.2 表明,对角线所表示的股票损益在现货市场股价 100 美元的点上被截断。如果股价上升,投资者就会在股票上获利,否则,他或她就会遭受损失。

图 9.2 还表明到期日买入的看跌期权损益。看跌期权的最大损失是每股 3.5 美元的期权费。期权合约只能在到期日行权,尽管股价已经下跌到 95 美元的执行价格以下了。股价低于执行价格,看跌期权就是实值期权。在看跌期权损益线与零损益线相交的点上,就是看跌期权的损益,即执行价格减去期权费,

也就是95美元－3.5美元＝91.5美元。

接下来的图9.3表明了运用执行价格为95美元的看跌期权对冲股票仓位的组合收益状况。比较而言,该图还表明了被对冲的标的股票的损益情况。

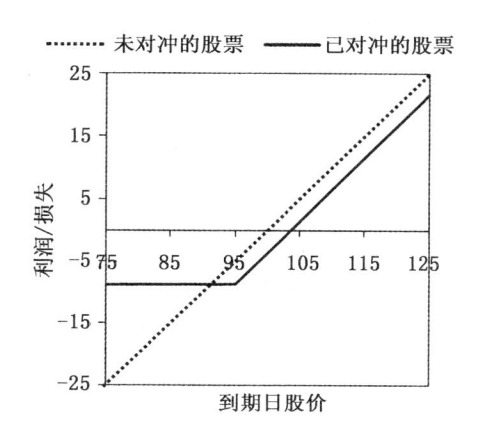

图9.3 运用执行价格为95美元的看跌期权构造的对冲交易

保护性卖权的最大亏损

在图9.3中,处于对冲情况下的每股最大损失为8.5美元。这是以下情况组合起来的结果:看跌期权的期权费3.5美元(这是到期日的沉没成本,无法收回)加上初始的100美元股价与期权执行价格95美元之间的差额。看跌期权初始是虚值期权,在保护前实际承担的标的资产价格下降了5美元。

如果看跌期权是用现金结算的,那么,股价低于95美元所遭受的损失将被期权合约卖方所得的现金支付抵偿。

其他盈亏平衡水平

有趣的是,在图9.3中还有另外两个可供参考的盈亏平衡点。如果股价上升,而未运用看跌期权进行保护,情况会怎样？这里的问题是,在初始期权费支付之前,股价上升到103.5美元。这种情况与未对冲的股票资产形成对照,如果股价上升到100美元以上,就处于盈利状态。

第二,在图9.3中对冲线和非对冲线相交于股价为91.5美元的点上。这种情况表明,两种策略(对冲与非对冲)均遭受损失8.5美元。对于投资者来说,这是非常显著的水平。如果股价位于91.5美元以上,投资者实际上从非对冲中受益了,即因未买入看跌期权而受益。

> **看涨期权组合**
>
> 注意,图 9.3 中的对冲收益状况也反映了买入基于标的资产的看涨期权收益状况,这是期权的共同特征。它们可以通过不同的方式被组合起来,常常用来复制(至少在某些方面)其他类型期权。

平值看跌期权的对冲交易

买入虚值看跌期权对冲股票风险就像购买便宜的保险单一样,相对而言,买入期权的费用不高,但是,保护水平也不是特别好。

投资者可以通过按照现货市场价格 100 美元买入平值看跌期权来改善这种情况。可是,这样做的费用更高一些。设想,为此每股的期权费为 5.5 美元。图 9.4 显示了组合对冲资产头寸(买入股票,同时买入执行价为 100 美元的看跌期权)的到期日损益状况。

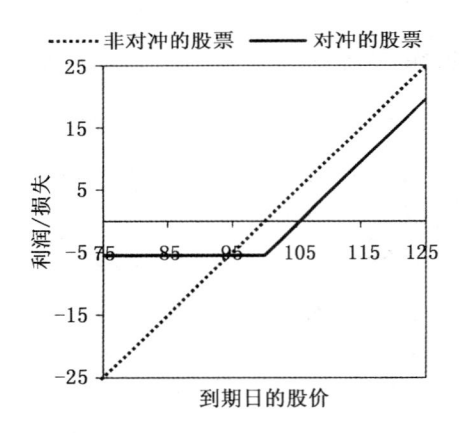

图 9.4　运用平值看跌期权构建的对冲交易

与每股期权费为 5.5 美元之前的情况相比,这时的最大损失要大得多。然而,如果股票价格上升而不是下降,那么,到期日的看跌期权价格必须上升到 105.5 美元,才能抵补较高的期权费。执行价格为 95 美元的看跌期权相应的期权费和看跌期权价格分别为 8.5 美元和 103.5 美元。

买入实值看跌期权,投资者通过资产组合(收敛于 0)可以进一步降低最大损失,尽管股价可能上升到盈亏平衡点(收敛于无穷小)。事实上,买入实值看跌期权就像卖出标的资产,因为,看跌期权行权、出售标的股票的可能性非常大。

卖出持有标的物的看涨期权

按照所持股票的数量,卖出看涨期权,投资者可以获得额外收益。这就是人们所熟知的卖出持有标的物的看涨期权策略,或买进—卖出策略。而且,期权费收入还可以为股票价格下降提供一种"缓冲"。

为了描述这种策略,本部分中运用前述的同样的例子:一名投资者拥有一只股票,现值为 100 美元。这一次,投资者决定基于其所持有的股票,卖出 3 个月虚值看涨期权,敲定价格为 105 美元。每股所得期权费为 4.5 美元。图 9.5 描述了在期权到期日股票多头和执行价为 105 美元的看涨期权空头的盈亏情况。

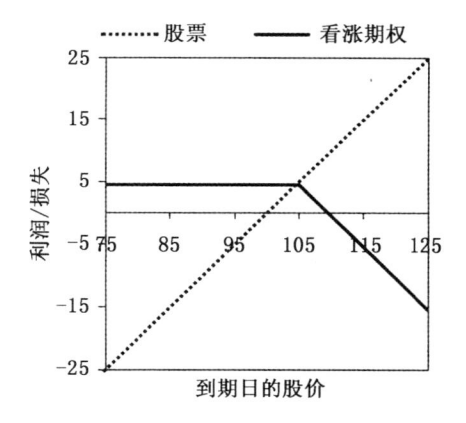

图 9.5 股票多头和到期日的虚值看涨期权空头

在图 9.5 中,看涨期权收益线在执行价加上期权费的点上分割了零利润线和损失线,也就是说,此时股票的交易价格是 105 美元＋4.5 美元＝109.5 美元。在这样的价格水平上,投资者卖出股票,将损失 4.5 美元,这就抵消了最初所得到的期权费收入。

图 9.6 描述了组合式安排——股票多头、看涨期权空头(执行价格为 105 美元、每股期权费为 4.5 美元)——的损益状况。为了比较起见,最初买入的股票也被显示出来。

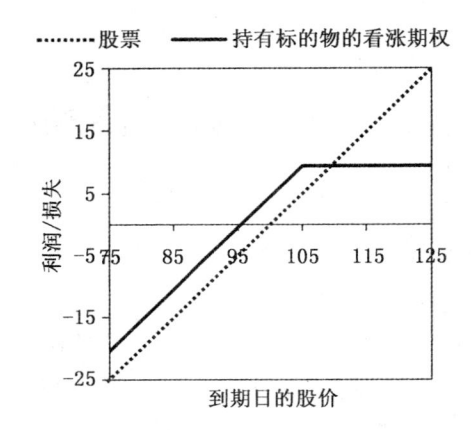

图 9.6 持有标的物的看涨期权到期日损益情况

持有标的物看涨期权的最大收益

在图 9.6 中，采用持有标的物看涨期权策略，每股的最大利润是 9.5 美元，当股票的交易价格为 105 美元时，获得最大利润。在每股 105 美元时，卖出看涨期权，这样，投资者获得每股 4.5 美元的期权费。此外，投资者做标的股票的多头交易，每股获利 5 美元。

然而，股票价格高于 105 美元时，利润线呈水平状态。如果卖出的看涨期权是实物交割的，那么，一旦股价超过 105 美元，就会被执行，投资者必须交割股票，接受敲定的固定价格为 105 美元。如果看涨期权是现金结算的，那么，投资者因标的股票高于 105 美元的所得利润将支付给看涨期权购买者。

因为投资者最初获得了每股 4.5 美元的期权费，在股价从 100 美元下降到 95 美元之前，持有标的物看涨期权策略不会出现损失，这就是持有标的物看涨期权策略的一个优点。还要指出的是，图 9.6 中持有标的物看涨期权状况反映的是卖出看跌标的证券的组合交易。

持有标的物看涨期权的运用

投资组合经理人常常基于他们所持有的股票卖出看涨期权，从而为基金创造额外收益。这种做法在一个"风平浪静"的市场中特别有用，在这样的市场中，没有超额风险，也就很难获得可观的收益。与卖出"裸"看涨期权相比，持有标的物看涨期权交易的风险要小很多。通常来说，执行价格是虚值状态，这样，执行合约的风险会受到限制。如果执行合约的风险上升，那么，基金经理人可以回购期权，并再卖出虚值看涨期权。

证券报酬区间

在前面探讨的保护性看跌期权策略中,投资者按照 95 美元的执行价格买入看跌期权,每股的费用为 3.5 美元,从而实现了标的股票资产损失的对冲。这种策略主要的缺陷就是期权费负担。如果股票价格上升,至少上升 3.5 美元,投资者才能够实现盈亏平衡,期权费净额才能得以补偿。

投资者可以做出的一种选择是,买入股票保护性看跌期权的同时,再卖出股票看涨期权,二者的到期日完全相同。这样,投资者可以获得看涨期权的期权费,用以抵偿看跌期权的费用。这种组合策略即所谓的"证券围领策略"(equity collar)。

假设投资者每股花费 3.5 美元,买入执行价为 95 美元的看跌期权,同时,卖出执行价为 105 美元的看涨期权。看涨期权的期权费每股为 4.5 美元,这样,两种期权组合后的期权费所得就是 1 美元。

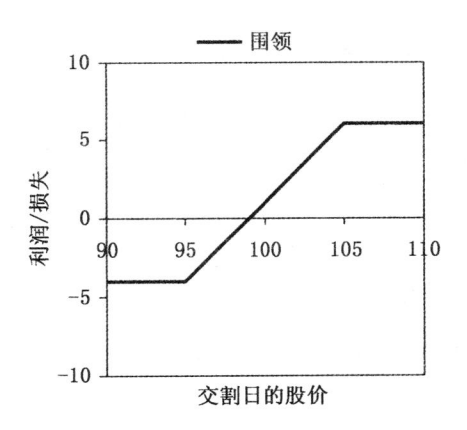

图 9.7 围领策略到期日的损益状况

图 9.7 显示了组合期权在到期日的损益状况——在两种期权日,不同水平的标的物的围领策略净损益。最大损失是 4 美元,达到了买入看跌期权的执行价。最大利润是每股 6 美元,这也达到了卖出看涨期权的执行价 105 美元。

零成本证券围领策略

零成本证券围领策略是一种对冲策略,即根据标的股票仓位,买入一份看跌期权,同时卖出一份看涨期权,两种期权的执行价决定了两个期权费刚好抵消。

假设,如前所述,投资者根据持有的现值为 100 美元的股票,买入执行价为 95 美元的看跌期权,但是,同时卖出执行价为 107.5 美元的看涨期权。看涨期权所得期权费为每股 3.5 美元,刚好抵消看跌期权的期权费,这样,净所得期权费为 0。零成本围领策略到期日的损益情况如图 9.8 所示。

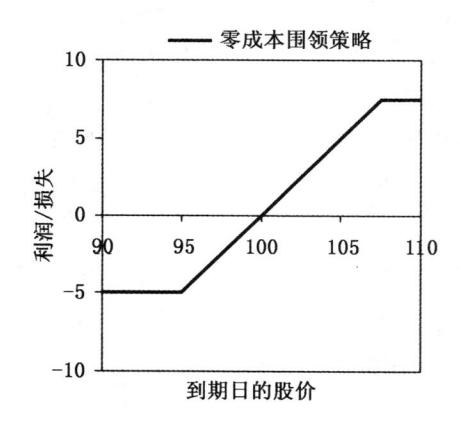

图 9.8　零成本围领策略到期日的损益情况

两种期权的净期权费为 0,因此,在图 9.8 中的组合策略的损益图与零损益线在 100 美元处相交。图 9.8 还显示了在卖出的看涨期权行权之前,投资者在标的股票上能够赚取的最大利润是 7.5 美元。在保护性看跌期权按照执行价 95 美元行权之前,投资者在标的股票上可能承担的最大损失是 5 美元。

投资者普遍运用零成本围领策略,原因是显然的,即没有净期权费(期权费差额)。然而,这一策略存在着潜在的机会成本——如果股价超过卖出的看涨期权的执行价,投资者的收益就受到限制,他或她的业绩就会逊色于未采用围领交易策略的投资对手。

障碍期权的保护性卖权交易

在本章的案例研究中,投资者面对的问题是如何以合理的成本来对冲股票收益损失的风险。无论如何,所有的策略都具有自身的优点和缺点。

(1)卖出远期合约。这种策略不花费初始期权费,但是,如果股价上升,投资者也不能够获得收益。在市场行情上涨的情况下,业绩低下的风险是无法接受的。

(2)买入实值看跌期权。期权费相对高昂,因此,如果股价上升,投资者就要承担降低市场业绩的风险。

(3)买入虚值看跌期权。期权费相对低廉,但是,起不到像买入实值看跌期权那么大的保护作用。

(4)构造一个围领策略。这种策略节约了期权费,但是,却以限制了股票的潜在收益为代价。

然而,无论如何,这些策略都是可选策略。新一代的"奇异期权"创新增大了策略的可选范围。其中,有一种创新产品是障碍期权(the barrier option,见表9.1所示的不同类型)。障碍期权是一种合约,其收益决定在期权有效期内特定时期内,标的价格是否达到了特定的临界水平(障碍点)。

(1)下档保护(knock-in)看涨期权或看跌期权仅存在于标的价格冲击障碍点的情况下。

(2)上档保护(knock-out)看涨期权或看跌期权仅存在于标的价格达到障碍点的情况下。

表 9.1　　　　　　　　　　障碍期权

障碍期权类型	特　征
上升+上档	如果标的价格上升并逼近障碍点,则终止。上档期权合约。
上升+下档	如果标的价格上升并逼近障碍点,则成立。下档期权合约。
下降+上档	如果标的价格下降并逼近障碍点,则终止。上档期权合约。
下降+下档	如果标的价格下降并逼近障碍点,则成立。下档期权合约。

下档保护期权的障碍点有时被称为执行价内点(the in-strike)。上档保护期权的障碍点有时被称为执行价外点(the out-strike)。有些合约兼具上档保护期权和下档保护期权双重特征。通常,如果合约是上档保护期权,买入者可获得初始期权费的折扣。

障碍期权术语

假设投资者通过接触经纪人,发现有一标准化的3月期看跌期权合约,执行

价为 95 美元,每股花费 3.50 美元。另外,经纪人按照下列条件卖出一份 3 月期"上升＋上档"看跌期权:

(1)期权执行价＝95 美元;

(2)障碍点＝105 美元(执行价外点);

(3)向经纪人支付的初始期权费＝每股 2.30 美元;

(4)折扣:0。

障碍期权合约确立后,在此后 3 月期内的任何时间,如果标的股票价格达到 105 美元,期权即行终止,同时,经纪人向投资者无折扣给付。然而,如果这种情况没有发生,就要像标准化看跌期权那样执行合约,执行价为 95 美元。

优点与缺点

障碍期权的优点是明显的:相对于一份标准看跌期权合约的期权费为 3.50 美元而言,障碍期权的期权费仅为 2.30 美元。如果投资者认为在今后 3 个月内股价不会上升,那么,将障碍期权特征植入合约,他或她会感到非常适宜。

如果在今后的 3 个月内股价上升并且逼近障碍点,风险就出现了,合约就会终止。对于相继而来的股价下降,投资者将没有任何保护(并且会损失期权费)。

障碍期权的交易行为

障碍期权的运作是有趣的。图 9.9 显示了上一节中所讨论的"上升＋上档"看跌期权的价值(实线部分)会因标的股票的即期或现金价格的随时变化而变化。这种变化不是到期日价格的变化,而是 3 个月内的变化直到到期日,并且其他所有期权定价因素总是保持不变。图 9.9 表明,标的股票的即期价格尽管存在差异,但是,一份标准的或"普通的"看跌期权价值仍是执行价 95 美元。同样,这种情况维持 3 个月,直到到期日结束。

图 9.9 显示,当标的股票即期价格上升到 105 美元的障碍点时,"上升＋上档"看跌期权价值下降到 0。这是因为期权终止的可能性增大。在较高的股价水平上(股价迅速转变为虚值状态),普通的看跌期权也会丧失价值。然而,它仍会继续存在(不会终止),且价值损失更为缓慢。

图 9.9 还显示了,在较低的股价水平下,普通的看跌期权和"上升＋上档"看跌期权具有几乎相同的价值。在这样的情况下,"上升＋上档"看跌期权不可能逼近 105 美元的障碍点,因此,其交易行为就像一份标准的看跌期权。

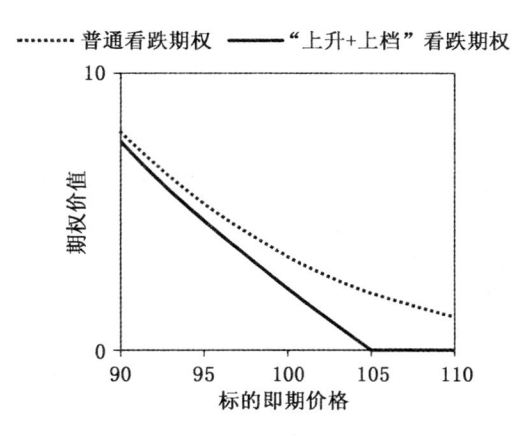

图 9.9 障碍期权与普通看跌期权的价值

本章小结

为了对冲潜在风险，拥有股票的投资者可以卖出期货合约，或者进行股票掉期交易。问题是潜在收益也同时消失，或者受到严重限制。作为另一种可能选择，投资者可以买入保护性看跌期权。这是某种类型的保险。如果股价下跌，看跌期权的利润可以用来弥补股价损失。如果股价上升，看跌期权并非必须执行。遗憾的是，买入看跌期权需要支付期权费，从而削减了投资业绩。

对冲风险的另一种方法是构造一个证券围领策略，这样，所要支付的期权费净额为 0。该策略的构成是，在标的股票持仓的同时，买入看跌期权，同时卖出虚值看涨期权。围领策略决定了最大损失，但是限制了利润。

运用看跌期权对冲风险，进一步节约期权费的又一个方法是买入具有障碍特征的看跌期权，如果股价上升到固定的水平，这种看跌期权便终止（不复存在）。然而，如果期权终止，对冲也就不复存在。障碍期权合约可以确立为一旦终止，买方获得折扣，但是，这将影响初始期权费。

第 10 章　交易所交易的证券期权

导　论

基于私人公司股票的看涨期权和看跌期权可以同经纪人进行场外交易(OTC)，或在主要的衍生品交易所进行交易，这些交易所有欧洲证券交易所、纽约证券交易所和芝加哥期权交易所。在交易所中，交易越活跃的合约，对市场价格越不会产生很大的影响。此外，合约清算受到与交易所相关联的清算所保障，从而有效地消除了交易对手的违约风险(可见第 20 章有关清算的介绍)。

有些交易所推出了所谓的"弹性期权"合约(FLEX option)，允许投资者就合约的某些条款进行取舍。然而，绝大多数交易所交易的期权是标准化的合约。一系列执行价和到期日可以加以选择，但是，基于小公司股票的期权交易一般不具有可能性。

相反，在场外交易市场中，交易者可以买卖基于各种各样标的股票的期权，从而他们可以发现管理所涉风险的方式。另外，场外交易市场经纪人提供了大量的、各式非标准合约，即为众人所知的"奇异期权"。附录 B 描述了奇异期权的一些主要类型。

基本概念

对于一些交易所交易的期权来说，买方在交易之初并不需要支付全部期权费。取而代之的是，买方仅需存入一部分初始期权费。然而，如果期权合约被执行，则必须支付全部期权费。

另外一些情况下，比如下面将讨论的在纽约证券交易所交易的、基于个股的期权，则需事先支付全部期权费。然而，期权合约的卖方必须遵从期权费支付规程。交易一旦开始,初始期权费就必须存入清算所,如果资产头寸出现损失,还必须追加期权费。初始期权费取决于交易所涉风险程度,风险程度的核算基于一些因素,比如期权合约的价格、标的物波动程度以及到期时间。

衍生品交易所还提供股指期权合约,比如美国的标准普尔500指数、英国的《金融时报》100指数、法国的CAC40指数、德国的DAX30指数期权合约等。股指期权合约主要有两种类型。有些是股指期货期权,行权后会产生多头或空头期货头寸。另一些合约是按照标的指数的现金价格清算的合约。如果执行看涨期权,那么,指数水平的现金价格减去执行价格就是支付额。如果执行看跌期权,执行价格减去指数水平的现金价格就是支付额。

股指期权和其他类型的一篮子股票期权还可以在场外市场通过经纪人进行直接交易。

备兑权证

还有一种选择是备兑权证,不同于特定衍生品交易所交易的股票期权合约。主要不同是,备兑权证通常在证券交易所上市,在证券交易所的买卖方式完全与股票相同。这样,对于小额投资者更有吸引力。

备兑权证的界定

备兑权证是金融机构发行的较长期限的期权,其发行基础是另一家公司的股票。交易方式与其他证券相同,投资者可以买进和卖出。术语"备兑"的意思是,发行人发行期权合约并通过标的股票交易来对冲所涉风险。

机构投资者和小额投资者均会买入备兑权证(在历史上,德国的此种市场非常活跃)。备兑权证可以是看涨期权,也可以是看跌期权,可基于个股,也可基于一篮子股票。当执行合约时,有些是现金清算,其他的则是标的股票实物交割达成的清算。

芝加哥期权交易所的股票期权

芝加哥期权交易所是美国股票挂牌期权的主要市场。为了帮助解析这些期权合约的交易运作,表10.1显示了芝加哥期权交易所2009年12月中旬谷歌公司股票期权的交易价格。那时的数据显示,谷歌公司股价为592美元。

表 10.1　芝加哥期权交易所谷歌公司股票期权：标的股票交易价格为 592 美元

到期日	执行价（美元）	看涨期权费（美元）	看跌期权费（美元）
2009 年 12 月 19 日	580	14.90	1.80
2009 年 12 月 19 日	600	3.30	10.90
2010 年 1 月 16 日	580	24.00	10.20
2010 年 1 月 16 日	600	12.70	21.00

表 10.1 中的期权费是用美元标示的，而且每股以美分为单位，但是，合约是以 100 股为单位。这也是美国挂牌股票期权的常用单位。这些合约都要用实物清算，这就意味着，每一份期权合约的执行结果就是 100 股标的股票的清算。

从表中可以得到下列信息：

(1) 2009 年 12 月价格为 580 美元的看涨期权。这是实值期权。它转让了每份期权 580 美元的股票购买权，而每份期权的当前价格为 592 美元。期权费为 14.90 美元。期权的内在价值为 12 美元，所以，时间价值为 2.90 美元。

(2) 2009 年 12 月价格为 600 美元的看涨期权。这是虚值期权。3.30 美元的期权费就是全部时间价值。

(3) 2010 年 1 月价格为 600 美元的看涨期权。这也是虚值期权。但是，它的成本大于 2009 年 12 月价格为 600 美元的看涨期权。它具有更大的时间价值，因为拥有更多的时间使股价上升。

表 10.1 中执行价为 600 美元的看跌期权是实值期权，因为它给出的谷歌股票卖权高于现期市场价格 592 美元。比较而言，执行价为 580 美元的看跌期权是虚值期权。2010 年 1 月执行价为 580 美元的看跌期权显然比 2009 年 12 月执行价为 580 美元的看跌期权贵得多，这是因为在更长的时间里股票价格降到更低水平的机会要多得多。

到期日损益状况

图 10.1 显示了表 10.1 中 1 月份执行价为 600 美元的多头（买入）期权的收益状况。这里的假设是，买入的期权费为 12.70 美元，并且持有期权直到到期日。当到期日标的股票的交易价格为 612.70 美元时，达到盈亏平衡点。在这个水平上，看涨期权的内在价值抵补了初始期权费 12.70 美元（图 10.1 中的价值是以每股为单位标示出来的）。

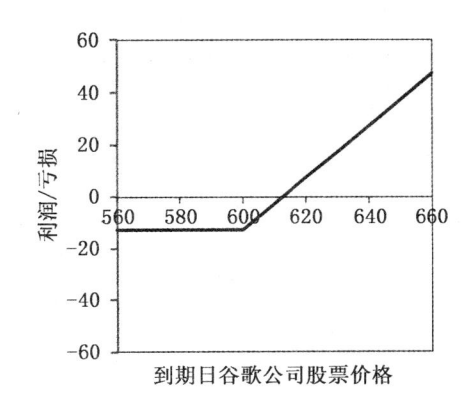

图 10.1 谷歌股票多头看涨期权的到期日收益状况

提前执行

芝加哥期权交易股票期权是美式期权,可以在到期日之前的任一交易日执行。然而,在实务中,看涨期权很少提前执行。仅仅赚取内在价值,并且在交易过程中终止期权合约,则损失了时间价值。相反,按照即期市场溢价卖出期权,既可以获得内在价值,也保留了时间价值。

当标的股票在将来有分红时,就会出现上述规则的例外情况。在这种情况下,提前执行看涨期权,买入股票,保证分红,则是合理的。

纽约泛欧交易所集团旗下的伦敦国际金融期货交易所英国股票期权

纽约泛欧交易所集团旗下的伦敦国际金融期货交易所交易的绝大多数英国股票期权的合约单位是 100 股,而且是以英国便士/股标示期权费。

表 10.2 显示了英国能源公司旗下的 BP 公司的股票期权的报价。这些价格是经纪人给出的买入价或卖出价,显示在纽约泛欧交易所集团旗下的伦敦国际金融期货交易所的电子交易系统上。这里挂牌的期权合约报价一旦给出,将维持 5 个星期,直到到期日。此时,BP 公司的股价是 576 便士(5.76 英镑)。

表 10.2　　纽约泛欧交易所集团旗下的伦敦国际金融期货交易所交易的
　　　　　BP 公司股票期权价格：标的股票交易价格为 576 便士

执行价(便士)	看涨期权费(便士)	看跌期权费(便士)
560	29.38	11.00
580	15.88	20.38
600	8.38	32.88

从表中可以得到下列信息：

● 执行价为 560 便士的看涨期权。这一期权为实值期权。每股期权费为 29.38 便士。内在价值为 576－560＝16 便士，因此，每股的时间价值是 13.38 便士。

● 执行价为 560 便士的看跌期权。这一期权为虚值期权。每股期权费为 11 便士。内在价值为 0，所以，期权费就是全部时间价值。

● 执行价为 600 便士的看跌期权。这一期权为实值期权。每股期权费为 32.88 便士。内在价值为 24 便士，所以，时间价值为每股 8.88 便士。

表 10.2 仅仅显示了 BP 公司股票期权执行价的小部分样本。绝大多数市场参与者喜欢交易实值期权。一旦标的股票价格发生波动，交易所会创设更多的执行价，这样就保证了合约的充足性，一定能够投买卖者之所好。

未平仓合约

有些交易者喜欢跟踪交易所发布的未平仓合约数据。未平仓合约显示的是还有多少没有结算的多头和空头合约。过量的看跌期权交易表明投资者和投机者对于标的股票市场持"熊市"观，并且在股价急剧下跌的预期下，积极从经纪人那里买入看跌期权。过量看涨期权交易表明的情况恰恰相反。

执行特征

纽约泛欧交易所集团旗下的伦敦国际金融期货交易所交易的个股期权是美式期权，这意味着期权持有者(多头方)在到期日前包括到期日在内的任一交易日都可以执行合约。如果给定执行价和到期日的看涨期权提前执行，清算所将提名或"指定"其中一家市场中的空头方，被提名或指定的空头方有义务交割标的股票，并接受执行价格。

公司行动与提前执行

交易所交易的股票期权的交易条件将因公司行动而加以调整,公司行动包括增资扩股、拆股以及某些特殊红利。

增资扩股是指公司向既有持股人出售新股。当股价变得非常高时,公司就会拆股,这样会阻止一些投资者。公司按照每股配售特定数量的新股给既有持股人。与增资扩股相比较,拆股的不同在于公司不出售新股,也就是说,公司不去筹集更多的资本。

但是,股票期权交易条件不会因常规分红派息而加以调整。当一只股票被宣布"派息"时,宣布日后的购买者无权获得将来的派息。派息归卖出者所有。因此,股票的市场价格会下降,同样,基于该股票的看涨期权价值也会下降。为了获得股票红利,并且不去承担期权价值下降的风险,通常最优的选择是在派息日前执行实值美式看涨期权合约。

芝加哥商品交易所标准普尔 500 指数期权

交易所交易的股指期权方便了交易者和投资者针对股票投资组合价值变动的投机或风险对冲。不像个股期权,这些合约都是现金清算,而不是股票实物清算。

表 10.3 给出了芝加哥商品交易所标准普尔 500 指数期权特征。这里的标的是标准普尔 500 期货合约。与往常一样,清算所扮演着买卖双方的中间人。

表 10.3　　　　芝加哥商品交易所标准普尔 500 指数期货

标的	一张标准普尔 500 指数期货合约
指数点位价值	每一指数点位 250 美元
到期月份	3 月、6 月、9 月、12 月,另外序列月份
通常最小报价单位(价值)	0.1 指数点位(25 美元)

资料来源:芝加哥商品交易所集团。

标准普尔 500 指数期权是美式期权,可以在任一交易日执行合约。如果期权所有者执行合约,卖出期权的任一市场参与者都可能被随机指定履行合约。

(1)如果是看涨期权合约,空方将需要按照期权执行价在期货市场中拥有空头仓位;

(2)如果是看跌期权合约,空方将需要按照期权执行价在期货市场中拥有多头仓位。

期权费

芝加哥商品交易所标准普尔500指数期权是用指数点位报价的。期权费的美元价等于所报价格乘以每点250美元。

表 10.4　　　　　芝加哥商品交易所标准普尔500指数期货:
标的期货价格为 1 101.20

执行价	看涨期权费(美元)	看跌期权费(美元)
1 090	31.20	24.00
1 095	28.20	26.00
1 100	25.40	28.20
1 105	22.70	30.50
1 110	20.20	33.00

资料来源:芝加哥商品交易所集团。

表10.4显示了2009年12月中旬买入、2010年1月到期的标准普尔500指数期权收盘价样本。标的物是2010年3月标准普尔500指数期货合约。

标的物即2010年3月标准普尔500期货合约的收盘于1 101.20点,从而得到表10.4显示的日交易数据。这些信息可以被用来解释表中所列的期权费。

(1)1月执行价为1 090的看涨期权。相对于期货价格而言,这是实值期权。内在价值为11.20点,所以,时间价值为31.20－11.20＝20点。用美元计算,每份合约的期权费总额为7 800美元。

(2)1月执行价为1 110的看涨期权。这是虚值期权,并且20.20点的期权费就是全部时间价值。

(3)1月执行价为1 090的看跌期权。这是虚值期权,并且24点的期权费就是全部时间价值。

标准普尔500指数看跌期权:到期日收益状况

图10.2显示了买入执行价为1 090的1月份看跌期权的到期日收益状况。图中显示了每份合约的损益,单位为指数点位。盈亏平衡点是1 066点,也就是说,执行价加24点的期权费。

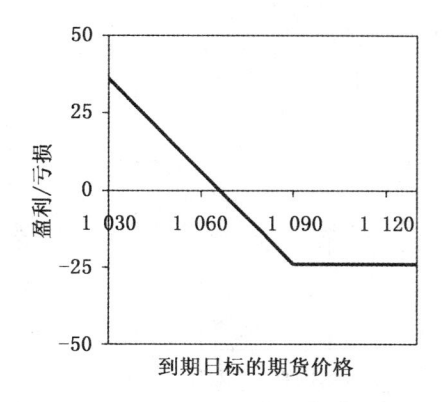

图 10.2　买入执行价为 1 090 的 1 月看跌期权的到期日损益状况

(英国)《金融时报》100 指数期权

《金融时报》100 指数期权(欧式期权)的合约特征可以通过表 10.5 显示出来。看涨期权和看跌期权价格是用指数点位标价的,最小报价(最小价格变动)是 0.5 个指数点位。1 个指数点位的价值是 10 英镑,等于《金融时报》100 指数期货合约的价值。

表 10.5　纽约证券交易所—伦敦国际金融期权期货交易所
交易的《金融时报》100 指数期权欧式履约状况

点位价值	每一指数点位 10 英镑
到期月份	3 月、6 月、9 月、12 月外加额外月份
最小报价单位(价值)	0.5 指数点位(5 英镑)
报价	指数点位
到期日	协议月份的第三个星期五

资料来源:伦敦国际金融期权期货交易所行政与经营管理部。

基于指数点位标价的期权费易于进行盈亏平衡计算。例如,假设执行价为 5 200 的《金融时报》100 指数期权的期权费是 100 点。每份合约就是 1 000 英镑。图 10.3 显示了卖出这类期权到期日的收益状况。在不考虑交易成本的情况下,如果《金融时报》100 指数期权不得不以低于 5 100(期权执行价减去期权费)的点价交易,交易就会出现亏损。

当《金融时报》100 指数期权到期时,所有未结清的合约都将按照标的指数进行现金结算。如果是实值合约到期,期权多头交易者将得到每点 10 英镑的内在价值。反之,合约到期后,将一文不值,持有者将损失掉期权费。

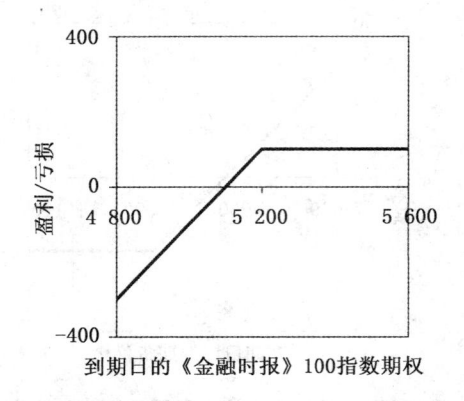

图 10.3 做空《金融时报》100 指数看跌期权到期日损益状况

本章小结

股票期权持有者有权利,但无义务,按照确定的价格买入或卖出标的股票或一篮子股票。基于个股的期权执行(个股股票期权)导致股票交割。在场外市场上的合约将是现金清算的。

对于正常分红的股票来说,股票期权交易条件是不可调整的。在特定的例外条件下,比如拆股和增发股票,交易条件是不可调整的。美式合约可以在到期日之前行权,但是,这样做将减少既有的时间价值。在大多数情况下,在市场上持有或卖出实值期权,则更好,而不是行使合约权利。例外情况包括某些实值看跌期权和某些快到分红日期的看涨期权。

交易所交易的股指期权,要么按照标的指数水平进行现金结算,要么导致指数期货合约的多头或空头部位。股票指数期权一方面提供了多样化投资大量股票的机会,同时,也提供了杠杆机会,投资收益要远远大于构成指数的真实股票的投资收益。另一方面,丧失了红利再投资的机会,并且期权寿命是既定的。

备兑权证是交易所交易的股票期权的一种替代品。它是经纪人发行的较长时期的期权。通常股票交易所公布并按照证券形式进行交易。它可以是基于个股、一篮子股票或指数的看跌或看涨期权。可以现金清算,或者标的股票交割。在一些国家,备兑权证还出售给投资散户。

第 11 章 货币与外汇期权

导 论

标准的或"普通的"货币或外汇期权是:(1)权利而非义务;(2)按照固定汇率(敲定的汇率)交换两种货币;(3)未来某日或协议的日期(到期日)进行交换。

合约要么是在场外交易市场经交易双方直接协议达成,要么通过有组织的衍生品交易所达成交易。欧式期权只能在到期日行权,但是,美式期权可以在合意的日期提前行权。在绝大多数情况下,行权涉及两种货币的实际交换,但是,有些外汇期权是现金清算的。在本章的最后,将举例说明现金清算的合约。

外汇期权合约结构

外汇期权与股票期权几乎没有差异。这是因为,合约中卖出一种货币的权利也就是买入另一种货币的权利。试想一份外汇期权合约设定了卖出1 000万欧元的权利而非义务,相应地,得到1 500万美元。在这个例子中,(1)合约是欧元看跌期权合约(卖出欧元的权利);(2)同时,也是美元看涨期权合约(买入美元的权利);(3)敲定汇率是欧元兑美元比价1.500 0,也就是说,如果期权行权,则1欧元买进1.5美元。

货币期权的交易者

公司、机构投资者、对冲基金、贸易商、商业和投资银行、中央银行和其他金融机构广泛利用货币期权。货币期权可以被用于:(1)限制货币汇率反向变动导致的损失风险;(2)对冲持有外国货币标价的股票或债券资产导致的外汇风险;(3)增加外国货币投资收益;(4)基于货币汇率变动的投机。

第 2 章中解释了在将来某一时日获得一笔固定外国货币的企业可以通过远期外汇市场交易消除因即期外汇市场波动出现的风险暴露。这就出现了在未来某日按照固定汇率交换两种货币的义务。这样一来，不再拥有货币选择权的灵活性。外汇期权则无需行权，如果外汇期权合约的买方发现即期市场的汇率更有利，就不会行使权利。当然，也存在缺点，即买入期权方将付出期权费。

近来，更高级的或称为"奇异"货币期权已经发展起来。一定程度上，因为拥有了高级"金融工程"技术，使这些产品得以创造出来，同时，专家们也发展了金融风险管理技术。

然而，驱动创新的主要动力是银行、证券公司对创新产品的需求，这些创新产品可以用来解决客户投资需要。商业活动和投资活动日益全球化，货币交易量呈爆炸式增长。货币风险管理问题越来越重要，也越来越复杂。相应地，解决方案变得更加复杂。

运用期权对冲外汇风险：案例研究

本节将介绍一个典型的对冲案例。该案例是一家美国公司将商品出口到欧元区，所得为欧元。公司将在三个月后的确定日期获得 1 000 万欧元的支付。目前欧元/美元的即期汇率为 1.500 0。该公司可以等三个月后按照当时的即期汇率卖出欧元。然而，如果欧元相对于美元走弱，该公司就会得到少于预期数量的美元，出口交易就会出现损失。

该公司有一个变通方式，即与一家银行订立 3 月远期合约，卖出 1 000 万欧元，获得固定数量的美元。问题是，即使三月后的即期市场存在更有利的汇率，该公司也有义务按照协议进行交易。另外，如果因某些因素公司没能够获得欧元，依然有义务清算远期外汇合约。

对于该公司来说，还有一种选择，就是基于 1 000 万欧元，买入 3 月期欧元看跌期权（美元看涨期权）。这样，就拥有了三个月后按照固定汇率（敲定的汇率）卖出 1 000 万欧元的权利而非义务，相应地，获得固定数量的美元。设想，该公司从一家银行买入欧元看跌期权，敲定汇率为 1.500 0。每欧元的期权费为 3 美分，或者说，1 000 万欧元期权费为 300 000 美元。

对冲绩效

表 11.1 分析了看跌期权对冲交易及其潜在的收益和缺点。

表 11.1　　　　　　　　　　　外汇对冲策略的绩效

(1)到期日欧元/ 美元汇率	(2)非对冲收益 （百万美元）	(3)对冲收益 （百万美元）	(4)对冲汇率
1.300 0	13	14.7	1.470 0
1.400 0	14	14.7	1.470 0
1.500 0	15	14.7	1.470 0
1.600 0	16	15.7	1.570 0
1.700 0	17	16.7	1.670 0

注：第(1)列显示了三个月后欧元/美元即期汇率的一系列可能性；

第(2)列显示了美国公司如果不做货币风险对冲交易，按照相应汇率卖出1 000万欧元所获得的美元数量；

第(3)列显示了如果美国公司进行对冲交易，即买入敲定汇率1.500 0的欧元看跌期权，减去初始期权费300 000美元后可以得到的美元数量；

第(4)列显示了对应于第(1)列中的即期汇率，公司买入欧元看跌期权对冲外汇风险后得到的实际汇率。

举例来说，如果欧元/美元三个月后的即期汇率是1.300 0，那么，该公司按照即期汇率卖出欧元，将获得1 300万美元。与此不同，如果公司买入敲定汇率为1.500 0的看跌期权进行对冲交易，那么，期权行权后，公司卖出欧元，可以获得1 500万美元。减掉300 000美元期权费，净美元所得为1 470万美元。所得到的实际汇率为1.470 0。

实际汇率＝1 470万美元/1 000万欧元＝1.470 0

换一种方式表达：实际汇率＝1.500 0－0.03＝1.470 0

再举一个例子。如果欧元/美元三个月后的即期汇率是1.700 0，那么，该公司按照即期汇率卖出欧元，将获得1 700万美元。如果公司买入敲定汇率为1.500 0的看跌期权，期权到期日将一文不值，公司会选择适当的即期汇率，卖出欧元，换成美元。所得到的1 700万美元必须减掉300 000美元的期权费，这样，对冲头寸的净美元所得是1 670万美元。因此，欧元/美元的实际汇率是1.670 0。

对冲头寸与未对冲头寸图示

图11.1显示了表11.1中的结果。虚线显示了无对冲交易、按照即期汇率所得到的美元。实线显示了通过看跌期权对冲交易所得到的美元。

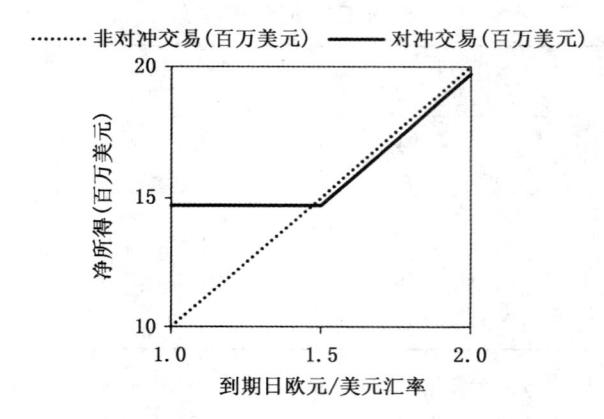

图 11.1　对冲与非对冲的外汇风险暴露

当即期汇率为 1.500 0－0.03＝1.470 0 时,图 11.1 中的两条线相交。在这个汇率水平下,即期市场上欧元可以卖到 1 470 万美元。如果看跌期权行权(减掉已经支付的期权费),所得美元净额同样是 1 470 万美元(注意,这里的分析没有考虑交易成本和融资成本)。

当然,买入看跌期权也存在缺点,即期权费,尽管公司会认为这是货币风险管理的合理付出。如果公司希望节约期权费,它可以选择虚值期权。例如,与敲定汇率 1.500 0 完全相同的数量,敲定汇率为 1.400 0 的合约将仅仅花费 27 000 美元期权费。然而,这只能保证三个月后卖出欧元获得最少 1 397.3 万美元,相比之下,敲定汇率为 1.500 0 的合约所得则为 1 470 万美元。

基于零成本收益区间的对冲交易

在前一部分中讨论了公司削减期权费的一种方式是构造一个零成本区间。这涉及在同一个到期日、按照相同的敲定汇率,买入一份看跌期权,同时卖出一份看涨期权,这样期权费就相互抵消了。

设想,公司就以下期权组合与经纪人达成协议。如前所述,欧元/美元的即期汇率为 1.500 0。两种期权均为 3 月期的欧式期权,且协议金额均为 1 000 万欧元。

(1)买入看跌期权的敲定汇率＝1.450 0。每欧元支付的期权费为 0.010 7 美元,或者说,总期权费为 107 000 美元。

(2)卖出看涨期权的敲定汇率＝1.552 0。每欧元得到的期权费为 0.010 7 美元,或者说,总期权费为 107 000 美元。

图 11.2 显示了三个月后一系列可能的即期汇率,以及(实线表示的)公司如果运用零成本区间对冲所获得的美元。图 11.2 还显示了(虚线表示的)任由风险暴露,不进行对冲,公司将得到的美元。

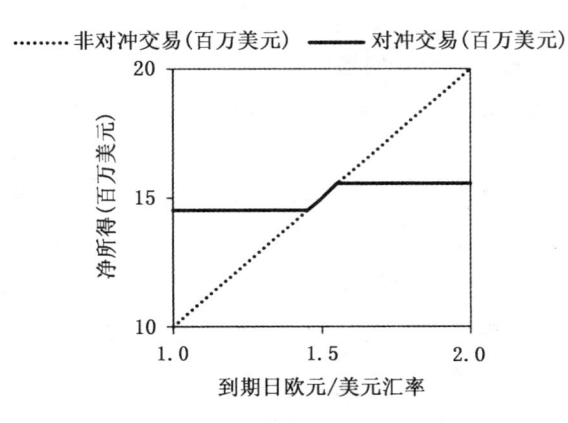

图 11.2 零成本区间与非对冲风险暴露

零成本区间的运作如下:

(1)如果到期日的即期汇率处于 1.450 0～1.552 0 的区间内,期权就不会被行权,公司就会按照即期汇率卖出欧元,换取美元。

(2)如果汇率低于 1.450 0,公司就会对看跌期权行权,按照敲定汇率 1.450 0,卖出欧元,相应地获得 1 450 万美元。

(3)如果汇率高于 1.552 0,看涨期权就会被从公司手中买入期权的经纪人行权。公司将必须交割 1 000 万欧元,相应地获得 1 552 万美元。

> **零成本?**
>
> 在某种程度上,不支付初始期权费的区间是零成本区间,但是,在一定程度上,并非如此,作为交易的结果,公司不可能无损失。如果三个月后的欧元/美元即期汇率高于 1.552 0,欧元走强的收益将受到限制。然而,公司为了对冲而获得无期权费的合理保护,应当准备接受这种可能性。

降低外汇对冲交易期权费

在运用外汇期权对冲货币风险方面,人们采用大量的谋略去发现降低期权费或至少使期权费成本令人满意的方法。在前一部分中已经涵盖了一种方法，即构建一个零成本区间。然而，按照敲定汇率卖出看涨期权，则即期汇率收益就会被限制。

障碍期权

对于公司来说，首先想到的是购入敲定价为1.500 0的三月期欧元看跌期权。遗憾的是，期权费需要30万美元。另一种选择是采用障碍期权(第9章对于这类产品有更具体的论述)。合约可以设计为敲定价为1.500 0的见涨即止期权(up-and-out)，障碍线设定(例如)为1.530 0。如果合约有效期内即期汇率达到1.530 0，那么，期权即行终止。

公司会做出这样的理性选择：如果欧元走强，就不会对看跌期权行权(公司只是在即期市场卖出欧元，换取美元)。因此，公司意在将障碍特征置入期权合约，从而达到降低期权费的目的。

在相同的交易数据下，敲定价为1.500 0的普通看跌期权，见涨即止的障碍线设定为1.530 0，期权费大约降低到20万美元。进一步降低障碍线或终止行权线，期权费还可以进一步降低。对于公司来说，风险是欧元走强时，期权终止，尔后，欧元又再次走弱，而保护不再存在。有一种方法可以降低风险，即构造这样的合约，如果在特定的时期即期汇率达到障碍线，期权才能终止。

后付期权

还有一种可能性将对公司具有吸引力，即后付期权费期权或有期权费期权。这类交易，除非期权被行权，否则，无需支付期权费。如果期权到期日处于虚值状态，则交易结束。但是，到期日期权是实值状态，如果执行合约所得的内在价值低于期权费，则必须执行合约，并支付期权费。

分期付款期权

交易双方可以通过协议达成期权费分期支付。这种情况还可以附加一个特征，即允许期权买方提前终止合约而无需再分期支付期权费。然而，如果合约持续至到期日，分期支付的期权费总量要大于标准期权合约或普通期权合约所支付的期权费数量。

复合期权

近年来,有一种奇异期权被创设出来,即复合期权。这是一种期权的期权。这类期权合约注定被企业或投资者所钟爱,用于对冲货币风险暴露,主要有两种类型:

(1)看涨期权的看涨期权。这是在日后的某日按照固定价格买入看涨期权的权利。

(2)看跌期权的看涨期权。这是在日后的某日按照固定价格买入看跌期权的权利。

当公司需要参与货币交易,并认识到如果要成功地对冲货币风险,就需要买入看涨期权或看跌期权时,就会普遍运用这类期权。然而,公司还不能确信能够赢得交易,并且不希望支付期权的全额期权费。

对冲交易的应用

这里,假设一家美国公司在欧元区拓展新的商务,但是,交易尚未达成。但是,潜在的客户要求按照固定的欧元价格报价。该公司发现在一个月后竞价能够成功。如果是这样,该公司将在三个月后获得客户的支付。

再假设即期货币市场的欧元兑美元汇率是1.500 0,公司关于新商务对潜在客户的报价为1 000万欧元,公司确信这是具有竞争性的报价。按照即期市场汇率,相当于1 500万美元,这不仅能够收回成本,还可以获得可观的利润。然而,如果报价是1 000万欧元,而此后三个月内欧元走弱,这笔交易中公司将承担损失。卖出欧元,获得美元,则无法收回成本。

该公司可以考虑下面的对冲策略:

(1)外汇远期交易。按照固定汇率,三个月后卖出1 000万欧元。问题是公司并不知道能否在货币转换中获得成功。无论发生了什么情况,公司都将履行远期交易。

(2)买入欧元看跌期权。采用本章前面部分的估价,敲定价格为1.500 0的1 000万欧元的三月期看跌期权,期权费成本为30万美元。可是,对于期权来说,这是一大笔钱,如果公司不能从货币交易中获利,这就是无谓的支付。

(3)买入复合期权。一份恰当的合约可能是欧元看跌期权的看涨期权——买入欧元看跌期权的权利而非义务。如果公司在货币交易中获利,则可以对复合期权行权,于是,拥有了标准欧元看跌期权合约。

复合期权结构

举例来说,公司可以买入第一个敲定价为每欧元 0.03 美元看跌期权的看涨期权,换句话说,1 000 万欧元的期权费为 30 万美元。第二个敲定价为每欧元 1.500 0 美元看跌期权的看涨期权,换句话说,1 000 万欧元的期权费为 1 500 万美元。第一份期权的到期日为一个月后,第二个期权的到期日为三个月后。

合约有效期的不同阶段如下所示:

(1)现阶段。公司认可合约条款,并对复合期权支付初始期权费 9 万美元。

(2)1 个月后。公司必须决定是否对复合期权行权,是否买入看跌期权的标的物。如果行权,则必须支付第一次敲定的价格(追加期权费),即 30 万美元。

(3)3 个月后。如果买入了看跌期权,公司相应地需要决定是否行权。如果行权,则公司必须交付 1 000 万欧元,并按照第二次敲定的价格收取 1 500 万美元。

在一个月后的第一次到期日,公司决定是否对复合期权行权,决定于所在阶段看跌期权标的物的价值。如果看跌期权价值大于第一次敲定价格的购入成本——本例中为 30 万美元,则复合期权就应当被行权。否则,不应当行权。

诚然,这种策略存在一个明显的缺陷。如果公司在货币转换中获利并对复合期权行权,它就对所需要的看跌期权支付的总额为 90 000 美元+300 000 美元=390 000 美元,从而复合期权终止。在第一种情况下,公司花去了 30 万美元买入期权。这就是所谓的弹性价格。

交易所货币期权

尽管货币期权合约还可以在纽约证券交易所、芝加哥商品交易所和费城证券交易所(目前 NASDAQ 的构成部分)进行交易,但是,绝大多数货币期权交易是经纪人之间的场外交易。

市场规模

按照国际清算银行的统计,2009 年 6 月底,交易所交易的外汇期权未结清名义数量为 1 039 亿美元。国际清算银行的统计数据可见于 www.bis.org。

芝加哥商品交易所货币期权

芝加哥商品交易所既提供关键货币的外汇远期交易和期权合约交易,也提供目前重要性不断增强的货币交易,比如中国人民币和巴西里亚尔。它不仅提供欧式期权合约,而且提供美式期权合约。交易所的所有交易都由芝加哥商品交易所清算中心提供担保。

芝加哥商品交易所的货币期权都是基于期货的期权。这意味着,如果美式看涨期权的持有者提前行使合约权,则就变成按照敲定价格买入期货资产头寸。如果看跌期权的持有者行权,则变成卖出期货资产头寸。实值外汇期权到期日自动行权。虽然有一些外汇期货合约采用现金结算,但是,芝加哥商品交易所的绝大多数外汇期货合约在到期日都将涉及两种货币的实际交换。

费城证券交易所(PHLX)全球货币期权

费城证券交易所提供关键货币对美元的、美元清算的欧式期权合约,这些关键货币包括英镑、日元和欧元。期权费用美元支付,合约用美元现金清偿,而不是通过外国货币的实际交割。

例如,假设欧元兑美元的即期汇率为1.500 0,交易者在费城证券交易所买入10月份看涨期权,敲定价为150(意味着每欧元换1.500 0美元)。期权费为每欧元3美分。合约量是10 000欧元,因此,要支付的期权费总额如下:

期权费=0.03美元×10 000=300美元

设想,在期权到期日,欧元兑美元的汇率是1.550 0。交易者对看涨期权行权,或者在市场上卖出看涨期权合约,从而获得美元标价的内在价值。在这个例子中,内在价值计算如下:

内在价值=(1.550 0−1.500 0)×10 000=500(美元)

对于交易者来说,净利润就是500美元减去期权费300美元,合约的净利润就是200美元。所得金额用美元现金清算,并不涉及欧元的实际转手。

本章小结

买入一种货币期权或外汇期权,得到的是按照固定汇率交换两种货币的权利而不是义务。买入一种货币(比如欧元)的权利,同时也是卖出另一种对应货币(比如美元)的权利。与场外交易不同,交易所交易的期权一般是标准化的合约,尽管交易所推出的合约允许在敲定价、到期日和报价方式上有一定的弹性。一些外汇期权只是现金清偿,而无需两种货币的实际交换。

外汇期权可以被用来对冲货币风险。因为它们不需要行权,可以对汇率的逆向变动起到保护作用,同时,汇率出现了有利的方向变动,还可以获得一定程度的收益。缺陷是期权费成本。对于外汇期权对冲来说,减少或消除期权费成本的一种方法是构造上下限策略。这种策略可以实现零期权费支付。这种策略的不足是货币变动的收益被限制于既定水平。另一种减少期权费的方法是买入对冲货币风险的期权,同时将障碍特征设置于期权合约中。

期权合约还可以这样设计,即分期支付期权费。一家公司所进行的商业交易中包含货币风险,可以买入复合期权。如果对复合期权行使权利,该公司就拥有了标准的看涨期权或看跌期权,于是,可以用来对冲交易中的货币风险。

第 12 章　利率期权

导　论

　　第3章到第6章讨论了远期利率协议(FRAs)、利率期货、债券期货和利率掉期。这些金融产品被银行、交易商、公司和投资者用来管理利率变动风险(或用来进行投机)。然而,这些产品的潜在收益与潜在损失往往持平。

　　利率期权的情况则不同。对于买方来说,期望收益(忽略期权费)是正的,因为,在不利的情况下,无需对合约行权。这样的弹性是有代价的,即期权费。期权费在期权买方与期权合约卖方之间保持平衡。

　　本章所讨论的这类金融产品涉及以下内容：
　　(1)场外交易的和交易所交易的、基于短期利率的期权；
　　(2)利率上限、利率下限和利率上下限；
　　(3)掉期期权(买入或卖出利率掉期的选择权)；
　　(4)债券期权(买入或卖出长期债券或债券期货的选择权)。
　　本章将探究这些产品的市场报价,并运用短小的案例研究,弄清楚这些产品的实际运用。第14章中有一节将讨论利率期权的估价问题。

场外交易利率期权

　　自20世纪60年代开始,全世界的政府和中央银行逐渐放松或取消了货币汇率的控制措施。因此,短期利率也就成为政府和中央银行应对通货膨胀的主要武器,有时还被用作使本国货币升值或贬值的工具。这导致利率波动率不断增加,因此,需要复杂的工具来管理利率风险。利率期权就是达成这一目的的一种具有灵活性的工具。

> **远期利率协议对冲交易**
>
> 关注利率上升的一家公司借款人可以通过买入远期利率合约实现风险对冲(参见第3章)。可是,这也存在缺陷。如果利率下降,远期利率合约的买方必须向卖方支付结算额。当然,买方标的债务的低利率成本抵消了一部分损失,但毕竟承担了机会损失。如果不做远期利率合约对冲,远期利率合约的净清算支付额、实际买入成本就会更高。

对于买方公司来说,可以采用另一种策略即买入场外交易的或交易所交易的利率期权,用以对冲利率风险。场外交易的利率看涨期权本质上是买入远期利率合约的选择权。

(1)如果在期权到期日,合约期的伦敦银行同业拆借利率高于合约设定利率(敲定利率),公司就会对看涨期权行权。

(2)公司将从期权卖方那里得到现金清算额。支付额的计算方法与标准远期利率合约支付额的计算方法完全相同。

(3)然而,如果伦敦银行同业拆借利率等于或低于敲定利率,那么,期权合约将毫无价值地终止,期权卖方也不再有任何给付。

由于期权买方拥有在有利条件下行权的优待,或者,在不利的条件下让期权毫无价值地终止的权利,所以,买方必须向合约卖方提前支付期权费。

> **场外交易的利率看跌期权**
>
> 担心利率下降的投资者可以买入场外交易的利率看跌期权。实际上,这是将远期利率合约卖给期权交易对手(通常指银行)的权利而非义务。如果在期权到期日,合约期的伦敦银行同业拆借利率低于期权敲定利率,看跌期权就会被行权。投资者持有的是现金清算的被出售的远期利率合约,也就是说,投资者从交易对手那里获得一笔现金清算额。如果伦敦银行同业拆借利率等于或高于敲定利率,那么,期权合约将毫无价值地终止,投资者损失的只是初始期权费。

场外交易利率期权案例研究

利率看涨期权被用于利率上限的构成部分(这将在本章后面的内容中加以讨论),因此,利率看涨期权时常作为利率上限为人们所知。

本部分讨论一个案例。在这个案例中,一家公司从经纪人那里买入欧式利率上限(远期利率合约的看涨期权)。合约特征呈现在表 12.1 中。作为标的的远期利率合约与第 3 章中讨论的远期利率合约相同,第 3 章还讨论了远期利率合约的清算以及如何在清算过程中运用伦敦银行同业拆借利率。与在第 3 章中讨论的一样,计算伦敦银行同业拆借利率的日核算方法,因其复杂性,在本例中不考虑。

表 12.1　　　　　　　　利率上限合约的特征

名义本金	1 亿美元
交易方式	公司买入利率看涨期权(利率上限)
敲定利率	年利率 5%
远期利率合约期限	6 个月后的未来 6 个月期间
参考利率	6 月期伦敦银行同业拆借美元利率
到期日	6 个月后
行权方式	欧式,即利率上限仅在到期日行权
期权费	年利率 0.25%

利率上限期权赋予公司按照固定年利率 5%,买入名义本金为 1 亿美元的远期利率合约的权利而非义务。6 个月后利率上限期权到期。在那个时点,公司必须决定是否对期权行权。如果行权,公司就获得了按照远期利率合约买入资产的权利。当利率上限期权到期时,作为标的的远期利率合约的有效期便开始了,这个期限在 6 个月后结束。

尽管标的远期利率合约含有 6 个月的期限,但是,表 12.1 中利率上限期权的期权费仍采用年利率表示出来。按照美元计算的利率上限期权的期权费成本如下:

利率上限期权的期权费=1 亿美元×0.25%/2=125 000 美元

上限交割与清算

公司将期权费交付经纪人,尔后无需再做任何事情,直至六个月后。届时,合约期内伦敦银行同业拆借美元利率将被英国银行家协会确定下来。

假设伦敦银行同业拆借美元利率实际设定为年利率 6%。在这种情况下,公司将对上限期权行权,公司将按照合约年利率 5%,买入远期利率合约。事实上,这就意味着,公司将从卖出上限期权的经纪人那里得到一笔结算额。对于远期利率合约采用通常的方式核算。在此例中,核算基于年利率6%和年利率5%之间的差额和6个月期间的名义本金。

清算额＝1亿美元×(6%－5%)/2＝500 000美元

更准确地说,实际的清算支付是期权购买日后的12个月的清算支付,因为利息支付的基础是利率的习惯报价。正如第3章中所讨论的,标准的做法是在合约期的伦敦银行同业拆借利率公布后立即清算远期利率合约,而不是延后,打折或降低清算额反映了这个事实。在此例中,上限期权到期日清算就发生了,也就是说,在期权购买日的6个月后。

在6个月后的上限期权到期日,如果伦敦银行同业拆借美元利率锁定在5%的年利率,或低于年利率5%,那么,公司将任由合约到期终止。交易的任何一方都无需支付清算额。然而,卖出上限期权合约的经纪人获得了收益,买入合约的公司就遭受了损失,损益就是125 000美元的初始期权费。

运用上限期权对冲贷款风险

在上一节讨论的案例中,公司为什么会买入上限期权呢?一个可能的原因是,公司借钱,且偿还贷款的利率是变动的。假设公司存在1亿美元的贷款,并且贷款利率按照伦敦银行同业拆借美元利率＋1%每六个月重新设定一次。这意味着,每六个月所要支付的利率是英国银行家协会公布的伦敦银行同业拆借美元利率加上固定年利率1%。再假设下一次重新设定利率的日子在6个月后。

显然,如果美元利率上升,公司将面对更高的借贷成本,其总体盈利可能性将受影响。公司可以买入远期利率合约来对冲风险。如果利率上升,公司可以得到一笔现金清算额。然而,正如第3章中所表明的,坏消息是得自远期利率合约的收支相抵或无法相抵。换句话说,如果利率下降,公司就不得不向远期利率合约的卖方进行清算支付。

对冲的结果

如果公司买入上限期权,敲定年利率为5%,这样的期权可以对将来利率上升风险起到抵御作用,同时,如果利率下降,公司仍可以获益。考虑下面的一些情形有助于弄明白其中的原因。这里给出了三种可能的伦敦银行同业拆借利率,运用上限期权可以锁定合同期的利率水平。

(1)伦敦银行同业拆借利率＝年利率4.25％。这样,公司将不对远期利率合约行权。公司借款的全部成本是4.25％年利率加上作为伦敦银行同业拆借利率溢价的1％年利率,再加上作为上限期权费的0.25％年利率。总成本是年利率5.5％。

(2)伦敦银行同业拆借利率＝年利率5.25％。公司将对远期利率合约行权,并得到按照年利率0.25％核算的清算额。公司借款的全部成本是5.25％＋1％＋0.25％－0.25％＝年利率6.25％。

(3)伦敦银行同业拆借利率＝年利率6.25％。公司将对远期利率合约行权,并得到按照年利率1.25％核算的清算额。公司借款的全部成本是6.25％＋1％＋0.25％－1.25％＝年利率6.25％。

上限期权涵盖的六月期公司借款总成本被限定为年利率6.25％。然而,如果利率下降,公司仍将被锁定在这个高利率水平上,因为公司不对上限期权行权。

图12.1描述了这种情况。图中显示了如果公司买入上限期权的全部借款成本(实线所示),还显示了不进行风险对冲时公司的全部借款成本(虚线所示)。当合约期内伦敦银行同业拆借利率被设定为5.25％的年利率时,两条线相交。

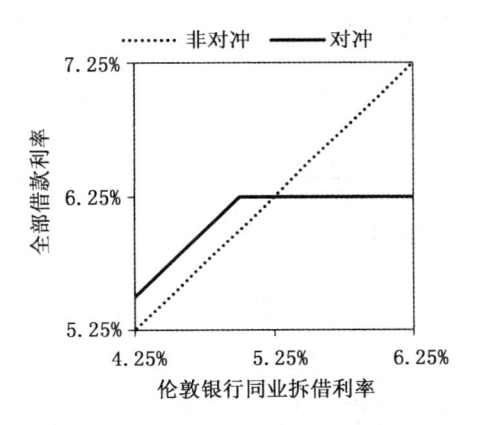

图12.1 非对冲风险暴露与上限期权对冲交易的对比

上限期权特征小结

上限期权是按照固定利率即所谓敲定利率,买入远期利率合约的权利而非义务。期权未必需要行权。如果合约期的利率高于敲定利率,期权的买方将得到一笔清算额。相反,上限期权到期终止,不存在结算支付。不利的一面是,上限期权的买方必须向期权合约卖方支付初始期权费。当期权合约终止时,这就成了"沉没成本",不可收回。

利率封顶期权

上一节中探讨的上限期权对公司借款利率的限定仅仅局限于合约规定的未来六个月期限。公司还希望在后续的贷款偿还期限内防范利率上升的风险。为此,公司应当买入一系列或一组上限期权合约。

如前所述,第一份上限期权合约覆盖的利息支付时限为 6~12 个月(6 个月后开始的 6 个月期限);第二份上限期权合约覆盖的利息支付期限为 12~18 个月(12 个月后开始的 6 个月期限);以此类推。一组具有相同敲定利率水平的利率上限期权被称为利率封顶期权(interest rate cap)。

> **买入利率封顶期权**
>
> 顾名思义,利率封顶策略被用来封顶或限定未来一系列利息支付期限内的借款人实际融资利率。如果在任一利息支付期限内实际伦敦银行同业拆借利率高于敲定利率,那么,利率封顶期权买方就可以从合约卖方那里得到一笔现金补偿。利率封顶期权的期权费是一系列上限期权期权费的简单加总。期权费要么在开始时一次性总付,要么分期支付,通常在利息支付日按照借款人的贷款标的核算。

上限期权与封顶期权的定价

上限期权定价是与远期利率协议相关的,或者说,与合约所涵盖的未来时期的预期利率相关。如果在未来年度市场预期伦敦银行同业拆借利率上升,而且远期利率将高于现金市场利率。这将意味着,因为按照即期利率确定敲定利率,封顶期权(一系列上限期权)的期权费成本会很高。

封顶期权的卖方不得不考虑这样的可能性,即必须在合约有效期内向买方做一系列清算支付。换句话说,封顶期权的期望收益是高的,收益就是收取的期权费。通常在这种情况下,为了节约期权费,封顶期权的敲定价格高于即期利率水平。

利率上下限期权

借款人会选择将买入封顶期权与卖出敲定利率较低的下限期权组合起来。

通常期权经纪人愿意达成这样的打包交易。这种组合策略被称为利率上下限期权(collar)。

如果在偿付期限内被确定的伦敦银行同业拆借利率高于封顶期权敲定利率，借款人就可以从经纪人那里得到一笔清算额。然而，如果在偿付期限内被确定的伦敦银行同业拆借利率低于下限期权的敲定利率，借款人就必须向经纪人支付一笔清算额。利率上下限期权的作用就是为借款人确定最大融资利率和最小融资利率。如果封顶期权和下限期权的敲定价格设定得恰当，则期权费可以相互抵消，可以做到交易的净期权费支付为0。这样的合约结构被称为零成本利率上下限期权。

零成本利率上下限期权案例研究

假设，一家公司按照浮动利率借款1亿美元。每六个月支付一次利息。每一期的利息支付额按照每一期伦敦银行同业拆借利率加1%的年利率核算。

公司与经纪人达成了签订零成本利率上下限期权的协议。在这个交易中，

(1)公司买入一份封顶期权，敲定价格为年利率5%；

(2)公司卖出一份下限期权，敲定价格为年利率4%；

(3)在以上两个交易案中的名义本金都是1亿美元。

为了与公司借贷利息支付相匹配，零成本利率上下限期权的收益也将每六个月清算一次。

图12.2显示了零成本利率上下限期权交易策略的结果。由于存在对冲，零成本利率上下限期权涵盖的每六个月期间公司最小借款成本为年利率5%。这等于下限期权的利率水平4%加上超过伦敦银行同业拆借利率的附加利率1%。在每一时期，公司最大的借款成本为年利率6%。这等于封顶期权的利率水平加上超过伦敦银行同业拆借利率的附加利率1%。

如果6月期限的伦敦银行同业拆借利率处于封顶期权的利率水平与下限期权的利率水平之间，那么，封顶期权的利率水平和下限期权的利率水平都失去作用。例如，如果伦敦银行同业拆借利率为年利率4.5%，公司该期间的全部借款成本只是伦敦银行同业拆借利率加上1%的贷款附加利率，即年利率5.5%。

利率掉期与掉期期权

在前一部分探讨的案例中，借款人的另一种选择是进行利率掉期交易，他可

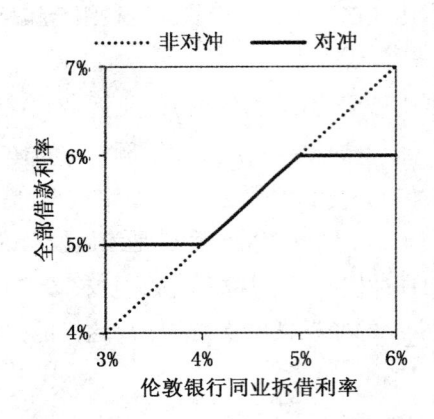

图 12.2　基于零成本利率上下限期权的利率对冲

以得到一个与伦敦银行同业拆借利率相联系的浮动利率,而相应支付的是固定利率。掉期交易的名义本金设为 1 亿美元,为了与贷款标的利息支付相匹配,每六个月清算支付一次。第 6 章中描述了利率掉期交易及其在对冲交易中的运用。

通过掉期交易,公司可以锁定借贷成本。有利的一面是,如果利率大幅上升,公司不会招致难以承受的后果。公司已经知晓掉期合约期间的借贷成本,并可以相应地安排其商业活动。不利的一面是,公司不能够从利率下降中获得收益。这与零成本利率上下限期权不同,在零成本利率上下限期权交易中,只要利率不低于下限期权的敲定利率,公司就能够从利率下降中获得收益。

支付型掉期期权

还有一种选择,即公司可以买入欧式支付型掉期期权。这是在掉期期权到期日进行利率掉期交易的权利而非义务。如果公司对掉期期权行权,公司将进行掉期交易,按照固定利率给付,而得到的是伦敦银行同业拆借利率。掉期交易的名义本金、给付日期和利息核算都可以在合约中进行设定。

掉期期权提供了一种灵活性。公司可以对是否行权进行选择,并且可以在合约中设定掉期交易的细节。另外,如果到期日市场上利率掉期交易的固定利率高于合约中达成一致的固定利率,支付型掉期期权就是实值期权,在一定的利润水平下终止期权。

> **零成本利率上下限期权与掉期期权的比较**
>
> 运用零成本利率上下限期权与运用掉期期权对冲利率风险,存在两个重要的差异。第一,掉期期权存在期权费支付。第二,掉期期权只有一次行权。如果行权,对冲者在利率掉期交易中获得资产头寸。零成本利率上下限期权由一系列利率期权构成,涵盖不同的期限,每一个时期都可以单方面选择行权或不行权,决定于不同时期与上限期权和下限期权敲定利率相比较的实际伦敦银行同业拆借利率大小。

利率对冲策略小结

如果考虑对冲利率风险,支付可变贷款利率的借款人具有很多选择。他们做出的决策决定于其面对风险的态度,决定于其对于利率可能变动方向的看法,决定于其是否愿意支付期权费。这里罗列了一些可能性选择:

(1)什么也不做。在这种情况下,如果利率上升,借贷成本就会上升。

(2)买入远期利率合约。这样做,只能在某个时期锁定实际借贷利率。

(3)固定利率的掉期交易。这样做,将锁定一系列未来时期的实际借贷利率。如果利率下降,也无法获得收益。

(4)买入上限期权。这样做,只能在未来某一时期确定借贷利率上限。但是,要承担期权费成本。

(5)构造零成本利率上下限期权。这样做,为未来一系列时期确定了最大和最小借贷利率。不存在期权费成本。但是,如果利率下降到下限期权的敲定利率,公司也不再能够获得收益。

(6)买入支付型掉期期权。这是支付固定利率的掉期交易的权利,获得的是浮动利率收益。如果利率上升,借款人可以对掉期期权行权,从而锁定一系列未来时期的实际借款利率。如果利率下降,掉期期权无需行权。然而,这将承担期权费成本。

欧洲美元期权

借款人和投资者还可以运用交易所交易的利率期权来管理他们的利率风险。

第 5 章对芝加哥商品交易所交易的欧洲美元期货合约有详细的介绍。这类期权合约被金融机构广泛用于短期利率变动的风险管理。

正如第 5 章中所介绍的,欧洲美元期货合约是 3 月期限、名义本金为 100 万美元的、未来特定日期启动的合约。报价方式是 100 减去合约期限内的年利率。名义本金不是交易对象。取而代之的是,基于市场上合约价格变动,交换的是一系列溢价支付。期货价格每 0.01 点的变动相当于合约期利率 1 个基点的变动(即年利率 0.01％的变动)。

芝加哥商品交易所还提供基于欧洲美元期货的期权合约。其运作如下:

(1)买入看涨期权。如果买入看涨期权被行权,其结果是得到欧洲美元期货合约中的买入资产头寸的权利,这将因利率下降而获得利益。

(2)买入看跌期权。如果买入看跌期权被行权,其结果是得到欧洲美元期货合约中的卖入资产头寸的权利,这将因利率上涨而获得利益。

(3)行权方式。该期权为美式期权。如果期权被提前行权,期权的卖出者将随时保有期货头寸。如果是看涨期权,将导致交易对方卖出期货头寸。如果是看跌期权,结果是交易对方买入期货头寸。在到期日,实值期权将自动行权。

欧洲美元期权交易

假设,一名交易者买入 12 月份到期的欧洲美元看跌期权,敲定价格为 98.00。作为标的物的芝加哥商品交易所交易的 12 月份到期的期货的交易价格也是 98.00。期权费为 10 个基点。每一个完整基点的价值是 25 美元,因此,用美元标识的期权费计算如下:

期权费成本＝10 个基点×25 美元＝250 美元

由于看跌期权传达的权利是按照 98.00 卖出期货,这也是交易所交易的价格水平,所以,该看跌期权是平值期权。因此,期权的内在价值为 0,期权费成本仅仅是时间价值。标的物期货价格决定于从 12 月份开始的 3 月期的预期利率。

预期利率＝100－98.00＝年利率 2％

欧洲美元期权盈亏

当作为标的物的期货合约在 12 月份到期时,最终清算或终止价格决定于实际确定的合约涵盖的 3 月期伦敦银行同业拆借利率。假设,在该案例中,合约期伦敦银行同业拆借利率被确定为年利率 3％,那么,12 月终止的期货合约最终清算价格为 97.00。

最终清算价格＝100－3.00＝97.00

拥有看跌期权的交易者得到的是按照敲定价格98.00卖出欧洲美元期货的权利。这样，交易者可以获利，因为期货合约终止时，价格为97.00，降低100基点。净利润如下：

内在价值＝100基点×25美元＝2 500美元

净利润(内在价值减去期权费)＝2 500美元－250美元＝2 250美元

假设，恰恰相反，基于合约期伦敦银行同业拆借利率1％年利率，到期日12月份期货最终价格为(比如说)99.00，那么，看跌期权将不被行权。对于合约买入方来说，可能发生的最坏结果是，到期日的期权为虚值期权，损失掉初始期权费。

欧元与英镑利率期权

在欧洲市场上，有类似的利率期权合约交易。纽约泛欧交易所集团旗下的伦敦国际金融期货交易所交易3月期欧元银行同业拆借利率期货，储备金为100万欧元，起始日在3月份、6月份、9月份或12月份以及其他月份。欧元银行同业拆借利率期权是卖出欧元银行同业拆借利率期货的权利。

欧元银行同业拆借利率(Euribor)是欧元市场上短期借贷的关键参考利率。它是由位于布鲁塞尔的欧洲银行联盟(European Banking Federation, FBE)和金融市场协会(Financial Markets Association, ACI)共同发起的。

欧元银行同业拆借利率期权的市场价值变动1个基点，其价值为25欧元，尽管期权价格可以有半个基点的变动。任何一个交易日都可以行权，从而导致与期权到期月份相关的期货头寸的变动。例如，买入12月份看涨期权的行权，导致持有12月份期货多头头寸。买入3月份看跌期权的行权导致持有3月份期货空头头寸。

纽约泛欧交易所集团旗下的伦敦国际金融期货交易所还提供基于3月期英镑利率期货的期权。这时，标的物期货的名义储备金为500 000英镑，因此，标价中的1个基点变动，价值为12.50英镑。

期权费差额

纽约泛欧交易所集团旗下的伦敦国际金融期货交易所交易的欧元银行同业拆借利率期权或英镑利率期权的买方不需要事先支付全额期权费。相反，买方仅仅储备初始期权费，期权头寸按照交易日的情况随行就市，根据变动差额给付或取得，这均决定于期权的市场价值变动。

债券期权

债券期权可以按照利率期权来划分,因为,债券价格严格受市场利率变动的影响。场外交易的大多数债券期权为欧式合约。欧洲债券期权是在特定的日期,按照协议的价格——敲定的价格,买入或卖出债券的权利而非义务。形成对照的是,交易所交易的合约是基于债券期货的期权合约,可以在到期日前或在到期日的任一交易日行权。这里列示了最重要的场外市场交易的债券期权的应用举例。

对冲交易

债券拥有者关注的是当前利率的变化(这将降低债券价值),但是,他们并不想卖出债券。一种可能性为卖出债券期货,这样,债券损失可以通过期权得到补偿。然而,债券收益也会被期权损失抵消。另一种选择是买入看跌期权。如果债券价格下跌,看跌期权就会带来用以抵补损失的利润。如果债券价格上升,就任由看跌期权到期终止。但是,期权成本是期权费。

零成本收益区间

由于基金绩效会受到影响,机构投资者不愿意支付期权费。担心价格下跌的债券拥有者可以买入虚值看跌期权,同时,卖出虚值看涨期权。如果敲定价格恰当,那么,期权费相互抵消,净期权费为零。如果债券价格降低到买入的看跌期权敲定价格以下,债券拥有者受到保护。遗憾的是,如果债券价格上升到卖出的看涨期权敲定价格之上,则债券收益被封顶。

持有标的物的看涨期权

拥有债券的投资者可以获得额外的收益,方法是卖出基于资产的虚值看涨期权。所得到的期权费可以增大投资绩效。如果债券价格上涨到敲定价格以上,就对看涨期权行权。既然投资者可以交付债券,则投资者收支相抵。

持有杠杆头寸

认为利率将下降的交易商可以基于固定利率债券,买入平值或虚值看涨期权。这样做比买入标的物债券更加便宜。如果利率下跌,债券价值就会上升。

看涨期权的价值也会上升,于是,可以将期权在市场上再卖出而获利。这样,资本收益要大于实际买入债券获得的收益。这就是期权的杠杆效应。

交易所债券期权

第 4 章研究了芝加哥商品交易所和其他交易所交易的债券期货合约。

表 12.2 给出了芝加哥商品交易所交易的 30 年期美国国债期权合约的特征。这里的标的物是期货合约,所以,买入看涨期权被行权,持有人获得美国国债期权合约中的资产多头头寸。如果买入看跌期权被行权,持有人获得美国国债期权合约中的资产空头头寸。买入或卖出期货头寸的清算按照第 4 章所描述的方式进行。

表 12.2　芝加哥商品交易所交易的 30 年期美国财政债券期权

交易单位	一份特定交割月份的 30 年期美国国债期货
合约月份	3 月、6 月、9 月、12 月以及其他月份
行权方式	美式,即期权买方可以在任一交易日行权。实值期权在到期日自动行权。

资料来源:芝加哥商品交易所集团公司。

欧元债券期权(OGBL)

在欧洲交易所会同瑞士—德国交易所交易的德国国债期权是欧元区内的重要合约。标的物是欧元债券期货合约。看涨期权是按照敲定价格买入某种欧元债券期货合约的权利。看跌期权是按照敲定价格卖出某种欧元债券期货合约的权利。

欧元债券期货合约的基础是,每一张德国国债期货合约的面值为 100 000 欧元。期货合约价格按照每张 100 欧元报价。最小报价单位(最小价格变动单位)为每 100 欧元的 0.01,即 0.01%。所以,合约的最小报价单位价值为 10 欧元。

最小报价单位价值=100 000 欧元×0.01%=10 欧元

欧元债券期权合约期权费采取相同的报价方式。假设,一名交易者买入一份敲定价格为 120 的欧元债券期权合约,这是按照 120.00 的价格水平买入特定欧元债券期货合约的权利而非义务。再假设,交易者必须按照每 100 欧元面值支付 0.50 欧元看涨期权费,即最小报价单位为 50(每一最小报价单位是 0.01)。要支付期权费现金额计算如下:

期权费＝50 报价单位×10 欧元＝500 欧元

如果合约被行权，那么，交易者获得了标的欧元债券期货合约的多头头寸，价格水平是每 100 欧元面值的对价，为 120 欧元。

> **盈亏平衡点**
>
> 在这个例子中，对于交易者来说，对看涨期权行权，标的物期货合约必须值 120.50，才能够达到盈亏平衡点。在此情况下，按照 50 最小报价单位或期权费为 500 欧元行权，交易者才能获得利润，因为看涨期权只是提供了按照 120.00 买入期货的权利，这要抵补掉已经支付的 500 欧元的初始期权费。如果期货价值大于 120.50，那么，对期权行权所得利润就超过了已经支付的初始期权费。事实上，还必须考虑经纪人手续费和融资成本。

买入金边债券期权

纽约泛欧交易所集团旗下的伦敦国际金融期货交易所有这种期权合约交易。它是美式期权，可以在任一交易日行权。行权的结果是买入或卖出特定金边债券期货合约所确定的资产头寸，即买入或卖出英国国债期货所确定的资产头寸。标的期货合约的基础是每张价值 100 000 英镑，名义年利率为 6%。

不同于第 10 章探讨的纽约泛欧交易所集团旗下的伦敦国际金融期货交易所股票期权，金边债券期权的一个特征是在开始时无需全额支付期权费，相反，像期货合约那样，买者存入初始期权费，基于期权合约的价值变动，将会出现一系列期权费支出和收入的变动。然而，如果拥有金边债券期权的交易者决定行权，初始期权费必须交付清算所，以保证交易者卖出相关合约时的信用。

本章小结

利率期权是一份合约，其价值决定于将来的利率变化。场外市场交易的利率期权是基于远期利率合约的看涨或看跌期权。场外市场交易的利率看涨期权也就是上限期权。如果到期日合约期实际利率高于敲定利率，看涨期权持有者就会得到现金补偿。否则，合约将毫无价值的终止。不足之处是上限期权要花去期权费成本。

利率封顶期权是相同敲定价格的一系列或一个接一个的上限期权组合。期权费是一组上限期权费的总和。担心利率上升的借款人可以同时买入上限期权、卖出下限期权,从而使期权费成本相互抵消。这就是所谓的利率上下限期权,从而确立了最大利率水平和最小利率水平。

欧式掉期期权是未来某日进行利率掉期交易的权利而非义务,既可以成为固定利率的支付方,也可以成为固定利率的受益方。这种期权只能在到期日执行。

场外交易的债券期权是按照敲定的固定价格买入或卖出债券的权利而非义务。芝加哥商品交易所、欧洲交易所以及纽约泛欧交易所集团旗下的伦敦国际金融期货交易所交易的债券期权合约都是基于债券期货的期权合约。债券期权可以被用于投机交易,可以被用来对冲利率和债券价格变动风险,还可以为投资固定收益证券的基金带来额外的期权费收入。

第13章 期权估值相关概念(1)

导 论

正如第8章中所讨论的,期权价值有两个构成部分:

(1)内在价值。测度的是通过期权行权所得货币量。内在价值要么为0,要么为正值。具有正内在价值的期权被称作实值期权。

(2)时间价值。测度的是超过内在价值的期权价值。

尽管未到期的期权不具有内在价值,但是,仍然具有时间价值。时间价值体现的是到期日前期权向实值期权变动的机会。一般来说,在下列情况下,机会更大:(1)距离到期日所剩余的时间越长;(2)标的资产的波动率越大(资产收益的波动越大)。

综合这些因素——到期日前的时间和波动率——就可以体现出期权买方的机会和期权卖方的风险。时间价值还会受到利率水平的影响。例如,看涨期权的买方可以坚守敲定价格,直至合约行权。与买入标的资产相比,越来越高的利率将为看涨期权的买方提供越来越大的受益机会。

很容易计算出内在价值,但是,时间价值则不然。问题在于,不像国债那样,期权的最终收益是不固定的,它取决于在合约期限内标的资产价格的变化。期权估值需要对买入或卖出期权可能性收益进行建模,对各种情况发生的可能性模型化。

布莱克—斯科尔斯(Black-Scholes)模型

广为所知的模型是布莱克—斯科尔斯模型。它是欧式股票期权定价的标准模型(附录A中将显示出如何在Excel表中建立这个模型)。这超出了介绍性的教科书内容的范围,模型背后需要介绍数学知识。这里,我们的主要目的是:首先,提供对冲观点的推理性认识,这是布莱克—斯科尔斯定价模型的关键内容。其次,重点关注模型的因子以及这些因子的变化如何影响估值。

在金融市场中,很少有人精通期权定价背后的全部数学知识,特别是被用来对近年来发展起来的更为复杂的奇异期权定价的技术,精通的人少之又少。然而,在金融市场中众多参与者在他们的日常工作中都要依赖定价模型,需要对投入和产出、关键假设和实际限制条件形成理性理解。

无风险对冲概念

乍看起来,似乎期权定价方法就是预期标的资产价格未来的可能性变动。

这种方法的问题是其基础为主观可能性。相信股票价格注定上升的人就会对基于股票的实值看涨期权支付很高的期权费。同时,另外一些人预期股价将急剧下跌,就会认为看涨期权毫无价值。这样,对于期权来说,就不存在被大家认可的"公平价格"。

> **风险中性**
>
> 布莱克—斯科尔斯模型不采用主观可能性。它基于这样的理念,即交易者卖出期权,同时消除其中的风险。这就是无风险对冲概念。实际上,模型告诉我们,期权的价值决定于管理对冲的成本。

掌握布莱克—斯科尔斯模型需要掌握微积分知识。好在存在一个更加简单的方法去理解模型,即构造一个二项式模型(或称为二项式树形模型)。当把越来越多的"步骤"添加到二项式树形时,所计算的股票期权价值就越来越收敛于布莱克—斯科尔斯模型结果。下一节将演示如何构造简单的二项式模型,如何运用无风险对冲,以及如何运用这种方法进行期权定价。

一个简单期权定价模型

本节和接下来的一节将构造一个"一阶二项式模型",然后,运用该模型对欧式看涨期权定价。看涨期权的基础是即期市场交易价格为 100 美元的标的股票。为了简单化,假设股票无分红,市场利率为 0。

还有,在一个时期内股票变动不平常,股票可以上升到 125 美元,也可以下降到 75 美元。如图 13.1 所示。图中"时间 0"表示现在的时点,"时间 1"表示未来的一个时期。在这个简单的例子中,一个时期的实际长度并不重要,可以是 1 小时、1 天,或者是 1 周。

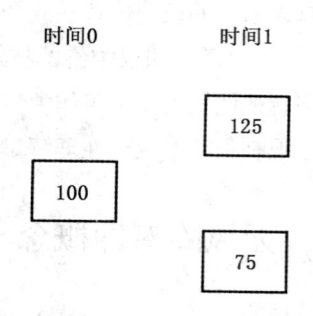

```
时间0         时间1

              ┌─────┐
              │ 125 │
              └─────┘
   ┌─────┐
   │ 100 │
   └─────┘
              ┌─────┐
              │  75 │
              └─────┘
```

图 13.1　一阶二项式树形模型

假设在时间 0(目前)一名交易者卖出股票实值看涨期权,看涨期权的敲定价格为 100 美元。每份合约为 100 股。看涨期权的到期日在时间 1。合约采用现金清算,也就是说,交易者在合约到期日将向期权合约的买方支付期权的内在价值。

这样,到期日期权的潜在收益是很容易被计算出来的。事实上,只有两种可能性:

(1)股价＝125 美元。看涨期权的敲定价格为 100 美元,因此,期权的内在价值为 25 美元,或者说,100 股的期权内在价值为 2 500 美元。看涨期权的卖方必须向买方支付这笔金额。

(2)股价＝75 美元。在这种情况下,看涨期权到期日是虚值期权,内在收益为 0。看涨期权的卖方无需向买方支付。

构造无风险对冲

在时间 0,交易者卖出看涨期权应当收取多少期权费呢?答案决定于对冲风险的成本。在时间 0,交易者可以做两件事情,进行完全对冲期权风险。

1. 买入 50 股标的股票。购入成本为 50×100 美元＝5 000 美元。

2. 借入 3 750 美元。这笔借贷用于 50 股购入成本 5 000 美元的融资。余下的购入成本(1 250 美元)恰好等于卖出看涨期权所收取的期权费。借款将在时间 1 归还。在这个例子中,假设借款不需要偿付利息。

在这个例子中,期权的德尔塔值(也就是对冲比率)是 0.5 或 1/2。这意味着,如果交易者卖出基于特定数量股票(如100股)的看涨期权,他或她就必须买入一半数量的股票来对冲风险。通过标的股票这样的交易来对冲风险被称为德尔塔对冲交易。

对冲的目的

德尔塔对冲的理由是简单的。如果到期日股票价格是125美元,那么,交易者必须按照看涨期权合约每股支付25美元,或者,按照每份合约规模100股,支付2 500美元。然而,在这种情况下,所有支付将被50股股票价值减去还贷额所全部抵消。

股票价值－还贷额＝125美元×50－3 750美元＝2 500(美元)

另一方面,如果到期日股价是75美元,交易者不会有任何支付。这相当于对冲买入的50股的股票价值减去还贷额。

股票价值－还贷额＝75美元×50－3 750美元＝0

> **如何运作无风险对冲**
>
> 换句话说,无论股价是否上升或下降,在期权到期日时(时间1)期权卖方都可以全部对冲风险。期权支出完全等同于德尔塔对冲交易中买入的股票价值减去所偿还的初始借款。需要指出的是,只有我们决定了德尔塔值(对冲比率),这个技术才有效。这对整体交易策略都是至关重要的。

期权公平价值

在交易开始时(时间0),交易者获得的期权公平价值就是时间0的德尔塔对冲交易中买入50股的总成本减去借款额。

100股的期权公平价值＝5 000美元－3 750美元＝1 250(美元)

每股的期权公平价值＝12.50(美元)

换句话说,对期权合约收取1 250美元(每股12.50美元),同时,借款3 750美元,交易者刚好能够承担德尔塔对冲交易中买入50股的股票。

这样就确定了期权的股票价值,在某种程度上,交易者按照每股12.50美元卖出看涨期权,从而在德尔塔对冲交易中对冲了全部风险,整个交易达到了盈亏平衡。如果交易者卖出看涨期权的价格高于公平价值,不仅对冲了风险,而且将套利收于囊中。理论上,这种"免费午餐"不应该发生,因此,期权交易是按照公平价值进行的交易。

本章结尾的附录A解释了在本例中德尔塔值为0.5是如何被计算出来的,并且给出了一个计算期权价值的简单公式。可是,这个资料并不重要,本书的其余部分都会涉及。需要学习的关键知识点是:

(1)期权定价的标准方法的基础是无风险对冲方法。

(2)对于构造对冲来说,期权的德尔塔值是重要的,因此,对于期权估值也是重要的。

二项式树形模型的拓展

当然,在上一节中提出的二项式树形模型是非常简单的。第一,假设在一个时期股价上升至125美元,下降至75美元。事实上,股价的升跌幅度较小,且会出现一系列小幅升跌。

第二,上述的125美元和75美元的价格水平是为了描述的目的而简单设定的。考虑标的股票的波动率,则更有助于建立模型。可见,股票的波动率越大,则价格越趋向偏离即期价格水平。

多阶模型

构造一个多阶二项式树形模型,就能够解决这些问题。这样做,就是要将期权到期的时间分为大量的具体时段。从即期价格水平开始,股价有升有降,股价可以有更大的上升或下降。将波动率假设植入模型确定了股价在既定时期的变动程度。

动态对冲

采用所谓动态对冲,多阶二项式树形模型可以实现期权定价。与上一节的静态对冲完全不同,上一节的静态对冲中期权的德尔塔值是0.5,买入固定数量的股票(50股),卖出期权来进行风险管理。

在动态对冲交易中,如果股价保持上升趋势,卖出的期权会越来越趋向实值状态,那么,期权的德尔塔值也会随之上升。实务中,这意味着交易者卖出看涨期权,必须买入额外的标的股票,从而才能匹配期权头寸较高的风险水平。另一方面,如果股价下跌,那么,交易者必须卖出对冲资产组合中持有的股票,来匹配期权头寸较低的风险水平。

最终,如果看涨期权变成实值期权,德尔塔值方法就有一个局限性。换句话说,如果交易者卖出 100 股的实值看涨期权,在德尔塔对冲资产组合中就必须拥有 100 股的股票。实值看涨期权的情况相当于标的资产的情况,因此,必须用标的股票完全相同的头寸进行对冲交易。

动态对冲的成本

动态对冲的潜在成本是:

(1)如果标的股票价格上升,看涨期权的卖方必须买入更多的标的股票(且价格更高),用以调节对冲交易。

(2)然而,如果股价重新下跌到此前的水平,看涨期权的卖方必须卖出多出的标的股票(且价格更低),用以再平衡对冲交易。

(3)这样的交易活动,结果导致了交易损失(更高价格买入股票,更低价格卖出股票)。

有时,交易者将卖出期权取得的期权费视为"钱袋子",用来管理动态对冲。如果当期权定价后,股价表现出恰如预期的波动率,期权卖方就能够用收到的初始期权费实现德尔塔对冲资产组合再平衡。相反,如果股价比预期波动率更高,期权卖方就会出现损失。再平衡对冲的费用就会超出所得的初始期权费。

> **波动率的重要意义**
>
> 有一个格言,即理解波动率是期权定价的关键。如果期权出售后,标的资产比预期波动率更高,那么,卖出期权,运用德尔塔对冲方法管理风险,则卖方将遭受损失。但是,在期权合约期,标的价格相对稳定,则卖方就可以随时再平衡对冲交易,而且在到期日仍能够得到一些期权费作为卖出期权的利润。

布莱克—斯科尔斯期权定价模型

布莱克—斯科尔斯期权定价模型可以被视为无限阶段的二项式树形模型。换一种表达,添加到二项式模型的阶段越多,期权价值的核算越收敛于布莱克—斯科尔斯期权定价模型的结果。在以下两个案例中运用了相同的基本理念。

(1)无风险对冲。假设构造无风险对冲能够管理期权头寸,这会涉及标的资产的交易。

(2)德尔塔值。德尔塔值(对冲比率)告诉交易者如何构造对冲交易。

(3)动态对冲。未到期期权的德尔塔值随着标的资产价格变化而变化,因此,要随时调整对冲交易。

第15章将介绍交易者采用的另一种策略,即所谓的伽马(γ)值。这个指标测度的是德尔塔值的变动幅度。这是一个敏感性数量指标。它告诉交易者德尔塔对冲的不稳定性或者德尔塔对冲会出现怎样的情况,以及对冲交易调整的频度。伽马值是一个非常有用的工具,尤其是,在卖出未到期平价期权,而且达成对冲合约最困难的时候,这个工具非常有用。

布莱克—斯科尔斯期权定价模型的变量

布莱克—斯科尔斯期权定价模型(可改变为分红股票的模型)仅需要5个变量,就可以对欧式期权定价。期权的公平价值——应向合约支付的理论价格——到期日预期收益折现为期权交易日的现值加上所支付的期权费。模型的变量和结果如图13.2所示。

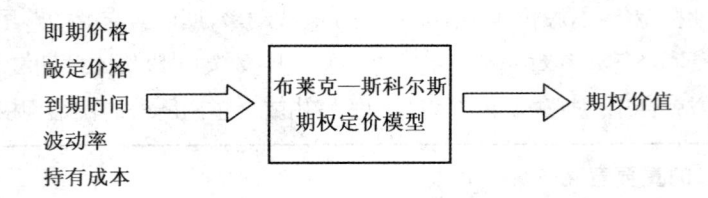

即期价格
敲定价格
到期时间 ⟹ 布莱克—斯科尔斯期权定价模型 ⟹ 期权价值
波动率
持有成本

图13.2 布莱克—斯科尔斯期权定价模型

模型变量:即期价格和敲定价格

首先,有两个变量分别是标的资产即期价格或现金价格以及期权的敲定价格。这些变量确定了期权是否具有内在价值。它们还有助于确定期权被行权或不行权的可能性有多大。

例如,如果未到期期权的敲定价格为100美元,即期市场股票价格为100美元,那么,该期权的内在价值为0。然而,这里就有了较好的机会——类似于平衡机会,到期日股价将会高于100美元,到期日期权将处于实值状态。可是,如果即期价格是100美元,敲定价格是200美元,看涨期权绝不可能被行权。假设标的股票和到期日均相同,一般来说,虚值期权的价值将低于实值期权。

模型变量：到期时间与持有成本

第 8 章讨论了到期时间在期权估值中的重要性。一年内比一天内股票价格变动的机会更大。因此，在其他条件相同的情况下，期限较长的期权更具有价值，因为对于持有者来说，具有更大的获利机会。

模型的第五个变量——持有成本——也是非常明显的变量。它等于期权到期时适用的利息率减去同期标的股票所得分红。二项式的例子表明，看涨期权卖方可以通过部分贷款融资，买入标的股票进行风险对冲。所以，借款成本减去对冲资产组合中股票所得分红会影响卖方所收取的期权费。

模型变量：波动率

最后，模型需要对期权合约期标的股票的波动率做出估计。在下一节将讨论波动率的测度，但是，模型需要这个变量的原因是明确的。在其他条件相同的情况下，基于强波动率股票的期权要比基于弱波动率股票的期权更贵。极端价格变动的机会越大，期权的预期收益就越高。

> **为何无法消除波动率的影响**
>
> 如果股价具有较高的波动率，股价剧烈变化的机会就会增加，这就会提高看涨期权买方的潜在利润。但是，也很可能出现股价下跌。两种效应不可能抵消吗？答案是无法抵消，因为情形是非对称的。如果股价上升到高水平，买方可以行权，从而获得可观的利润。可是，如果股价下跌，不能迫使买方行权，买方仅仅损失了为合约而支付的初始期权费。

历史波动率

在模型的 5 个变量中，只有波动率假设是实在的问题。即期价格可来自于股票市场。目前，电子化新闻服务机构，比如路透社或彭博社，会广而告之。期权敲定价格是交易各方协议的结果，到期时间亦如此。如果期权在几周或几个月后到期，预期股票分红收益并不是困难的事情（尽管对于较长时期的合约来说，预期分红更会变成一种投机活动）。

问题在于模型需要一个假设，即关于期权合约期限内标的资产波动率的假设。这将决定合约的预期收益。遗憾的是，资产的未来波动率无法直接观察，所以，必须采用某种方法加以估计或预测。

一个有用的起始点就是看一看标的资产过去的价格变化，从而计算出历史波动率。这样，可以为未来预测提供基础。

> **历史波动率的界定**
>
> 统计学上，它可以运用历史上一定时期股票百分比收益（价格变动减去分红）的标准差来测度。在一个时期股价变化越大，所计算出来的价值波动率也就越大。附录 A 中有例证。

标准差

标准差是偏离平均值的测度指标，不仅仅在金融和商务领域，而且在许多领域都有广泛应用。例如，图 13.3 为一个柱状图，显示了样本高度的分布（基于英国 1 000 名妇女的身高）。横轴表示的是按照身高范围的分组。纵轴显示的是不同身高范围的样本比率。

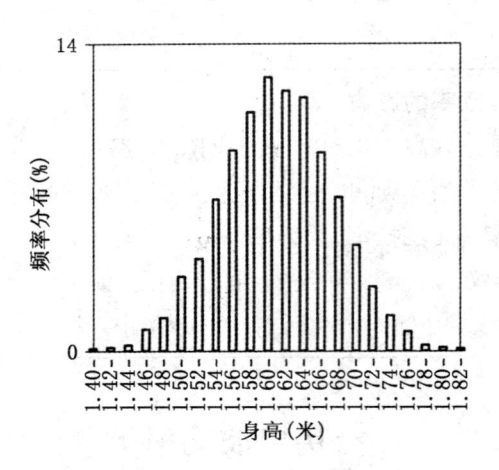

图 13.3　基于样本身高的柱形图

如果越来越细化身高范围，图形就越类似于著名的钟形曲线，也就是正态分布或高斯分布。这个特征可以通过图 13.4 显示出来。曲线的形状意味着绝大多数样本接近均值或平均值，也就是说，绝大多数人接近平均身高，极少数人的身高是极端的。

钟形曲线具有特定的特征：
(1)在曲线的中央呈现出单峰。在价值分布中，均值或平均值出现得最频

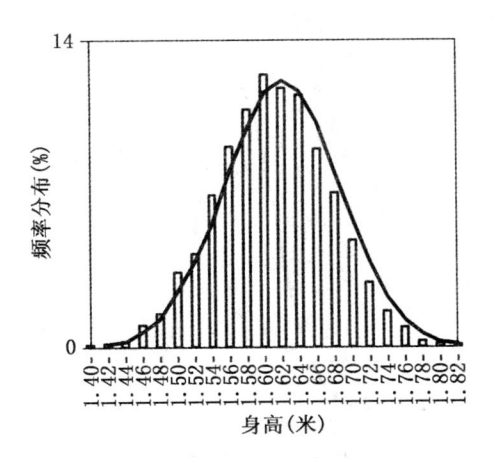

图 13.4 连接成钟形曲线的柱形图

繁。曲线的一半区域高于平均值,另一半区域低于平均值。

(2)曲线是对称的,在任一方向均呈现平缓下降状态。对于实际运用来说,这有点不真实。人群中的每一个人都高出平均值 10 厘米,那是不可能的。

(3)事实上,不是只有一条钟形曲线,而是有一组钟形曲线。曲线的形状是由均值和标准差决定的,标准差测度的是价值偏离均值的幅度。

历史波动率的测度与应用

测度股票收益的标准差类似于计算身高样本的标准差。正如附录 A 中更加详细的描述一样,操作分三个步骤:

1. 收集一些历史时期标的股票的价格样本。例如,可以根据股票交易所 1 个月或 3 个月以上交易日收盘价格来收集样本。

2. 计算出每日的百分比价格变化,然后取其平均值。这就是均值或钟形曲线的中间点。

3. 测算样本实际百分比价格变化对均值的偏离程度,从而计算出标准差(波动率)。

在这个计算中,采用了百分比价值变化,以确保在不同价格水平上交易的股票价值标准差可以直接相比较。

在布莱克—斯科尔斯模型中的应用

就图示而言,标准差小,钟形曲线就高,就越靠近均值(见图 13.5)。标准差越大,曲线越铺展开来(见图 13.6)。

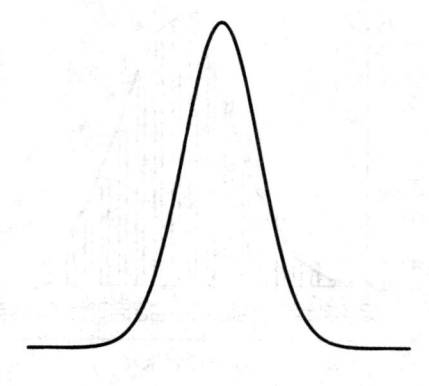

图 13.5　较小标准差的分布

将它们运用到布莱克—斯科尔斯模型中,其意义是(在其他变量不变的情况下)遵循图 13.6 分布特征的股票期权要比遵循图 13.5 分布特征的股票期权更有价值。

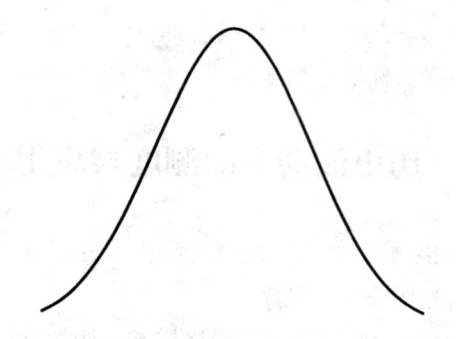

图 13.6　较大标准差的分布

股票的波动率越大,极端价格变动的机会就越大。这就会增大期权买方的预期收益,因此,合约卖方收取的初始期权费也就越多。

本章小结

运用二项式模型或布莱克—斯科尔斯模型可以对欧式股票期权定价。在两个模型中,定价都基于这样的理念,即交易标的资产可以达成无风险对冲。对冲比率(可以用期权德尔塔值测度)并非是固定的,所以,对冲必须因应标的股票的即期价格变动而调整。

布莱克—斯科尔斯模型需要5个变量:标的即期价格、敲定价格、到期时间、标的波动率以及净持有成本——借款成本减去标的股票产生的收益。最大问题的变量是波动率。它不能被直接观察,必须估计。历史波动率取决于标的价格过去的变动,未必能够反映将来的变动趋势。

第14章将继续探讨期权定价。将定义隐含波动率,并对其进行推导和运用。在这一章中将考虑标的即期价格变动如何影响看涨期权和看跌期权的价值,还要考虑如何调整布莱克—斯科尔斯模型,使之适用于价格指数期权、货币期权和利率期权。

第 14 章 期权估值相关概念(2)

导 论

第 13 章介绍了期权定价的基础知识,讨论了二项式定价方法和欧式股票期权定价的行业标准模型——布莱克—斯科尔斯模型。第 13 章还描述了模型的变量和波动率的重要意义。本章将介绍隐含波动率的概念及其运用。本章运用布莱克—斯科尔斯模型显示看涨期权和看跌期权的价值如何受到标的资产即期价格变动的影响。最后,本章探讨与价格指数期权、货币期权以及利率期权相关的一些命题。

历史波动率的相关问题

运用历史波动率对期权定价的优点是,(一般来说)样本数据是易得的,计算是相当简单的。事实上,在电子表格软件包,比如 Excel 中,所有计算均值和标准差的必要函数都能够找到。可是,运用历史波动率对期权定价时,存在着一些严重的、实际的和理论的问题。

(1)样本数据。作为价格数据样本基础的正确历史时期是什么? 也许,最好运用过去几个月的数据,因为对于标的资产目前的行为来说,近几个月的数据最具代表性。但是,这样做,就要冒捕捉不到发生不频繁的更为极端的价格变动的风险,就会低估波动率。同样的,模型内涵的老旧数据也会导致错误,同时,标的资产的属性可能已经发生了根本性的变化。

(2)过去与将来。更为严重的问题是,就本质而言,历史波动率取决于标的资产过去所发生的变化。当我们进行期权定价时,真正重要的是在合约期标的资产将如何变动,这才是决定买方预期收益和卖方预期损失的因素。

很遗憾,无法观察到资产在未来将出现怎样的波动。因此,预测是必要的。在某种程度上,这注定要基于过去的变化——历史波动率,但是,与对未来事件的理性预期结合起来也是必要的,因为未来事件注定影响波动水平。

例如,在近几个月,标的股票价格经历了一个极端波动期,也许是受公司特有因素的驱动,比如董事会危机的驱动,或者是股市一般波动率的结果。期权交易者会得出这样的结论:现在事情注定平息了,接下来几个月波动程度就会下降。完全不同的情况是,交易者会预测事件注定导致股票波动率增大——比如投机性收购。

隐含波动率

在交易所和场外市场上,期权是自由交易的,要获得交易中的期权费数据是很容易的。这些数据可以被用来计算隐含波动率。

> **隐含波动率的界定**
>
> 隐含波动率是内在于期权实际价格中的波动率假设。通过"倒推定价模型"可以得到隐含波动率。换句话说,不是运用波动率假设来确定期权的美元价格,而是用市场交易中的美元价格来确定形成这一价格的波动率。

隐含波动率的计算可以通过图14.1描述出来。在计算中,定价模型中其他因素——即期价格、时间、持有成本——保持不变。运用试错方法来调整波动率假设,直到模型生成的期权价值等于期权的实际市场价格。

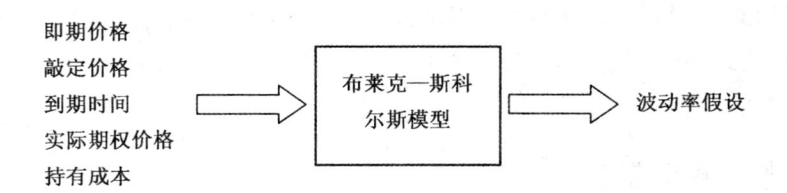

即期价格
敲定价格
到期时间　→　布莱克—斯科尔斯模型　→　波动率假设
实际期权价格
持有成本

图 14.1　隐含波动率的导出图示

隐含波动率的应用

经纪人、风险管理者、期权购买者要确定哪些期权具有较好的价值,哪些期权存在超高定价情况,他们就运用隐含波动率指标。隐含波动率实际运用范围广泛。

(1)建立市场共识。股票期权,比如微软股票期权;指数期权,比如标准普尔500指数期权,交易非常活跃。从这些期权市场收取的期权费水平中,可以得出合约期间标的资产波动率的市场共识的预期。假设市场是公平而有效率的,市场中的参与者众多,我们可以得出这样的看法:隐性波动率给出了未来波动率的无偏估计。基于当前可得信息,就可以确立影响未来标的资产价格变动的所有未来事件的市场共识预期。

(2)确定相对价格。在期权定价中,买方和卖方通常能够就其他因素达成共识,因此,确定合约价格的关键决定因素就是波动率假设。考虑买入期权的交易者可以联系经纪人,询问价格,并运用定价模型来检验这个价格。这就揭示出经纪人推导期权费所采用的波动率假设。如果交易者认为,股票波动率将会比经纪人预期的更大,那么,交易者应当考虑买入期权。预期收益可能大于经纪人收取的期权费。

布莱克—斯科尔斯模型的假设

布莱克—斯科尔斯模型关于存在极端市场情况打破这个世界变化趋势做了一些简单化的假设,这些假设包括以下几个方面:

正态分布

模型假设标的资产的收益遵循标准正态分布,即著名的钟形曲线。许多分析者相信,股票的实际收益出现明显的"负尾"(negative tail),意味着损失可能性要比钟形曲线形状显示的要大。其他类型的资产,比如货币资产,则会显现出正尾和负尾。

连续随机游走

模型假设设标的资产的收益遵循连续随机游走特征,即遵循这样的路径:前面的价格变化与此后的价格变化没有关联,同时,价格未必出现突然的"跳跃"。在正常的市场状态下,这种假设具有真实性,但是,在市场崩溃时则不然。

动态对冲

模型假设可以通过买卖标的资产对冲期权头寸,无交易成本,无流动性约束。而在真实的世界里,期权交易者必然面对交易成本和流动性问题,而且不能连续调整对冲交易。

固定的波动率

模型假设标的资产具有已知的波动率,并在整个期权有效期内都是固定的。然而,在市场出现危机时,经验告诉我们,恐慌情势出现了,波动率急剧增大。

通过调整卖出的期权隐含波动率假设,期权交易者可以弥补模型的局限性。例如,如果标的资产流动性不强,很难被交易,就难以卖出期权头寸进行风险管理。为了弥补这个不足,交易者可以提高期权价格,以致隐含波动率大于历史实际波动率;否则,交易者也可以用更加复杂的模型,放松布莱克—斯科尔斯模型的关键假设,也就是说,允许波动率变化。

看涨期权估值

本节探讨标的资产的即期价格或现金价格与按照布莱克—斯科尔斯模型计算的欧式看涨期权价值之间的关系。

图14.2显示(虚线)不同即期价格的标的股票的敲定价格为100美元的欧式看涨期权的价值。定价模型的其他变量保持不变,包括波动率和到期时间保持不变。图中还显示了(实线)看涨期权的内在价值。图中实线和虚线之间的差距代表的是时间价值。

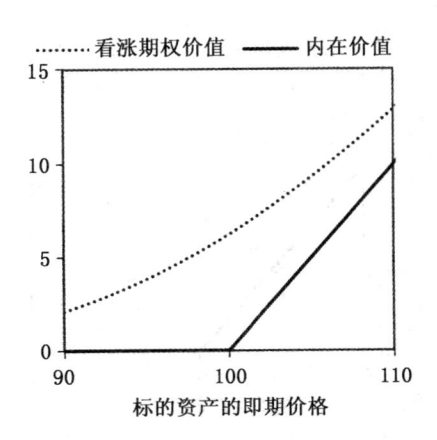

图14.2 看涨期权价值与标的资产价格之间的关系

图14.2显示,当看涨期权完全处于虚值状态时,内在价值为0,同时,几乎没

有时间价值。对于看涨期权来说，标的资产的价格必须高于敲定价格，到期日才是实值期权。这种情况发生的可能性相对较小。但是，可能性并非为 0，同时，由于存在时间价值，一定能够获得给付。

图 14.2 还显示，当股价朝着敲定价格上升时（模型中的其他因素保持不变），期权的时间价值也会上升，期权到期日处于实值状态的机会也会增大。当标的资产价格与敲定价格相等时，时间价值达到了等值状态的价格水平。

实值期权的时间价值

图 14.2 还显示，当看涨期权变为实值期权时，期权的总价值继续增长（具有越来越多的内在价值）。然而，时间价值部分则持续下降，这是因为买入实值期权恰恰就像买入标的资产。

对于实值期权来说，时间价值主要表现为投资者准备支付的额外价值，它是超出内在价值的部分，目的是为了获得限制价格下降风险而拥有期权的优势。与持有实际资产不同，其损失被仅限于期权费额度。期权越是处于实值状态，时间价值就越小，因为，这种情况下需要期权提供的"灾害保险"的机会越少。

看跌期权估值

接下来，图 14.3 显示了与上述看涨期权条件类似的买入欧式看跌期权的总价值和内在价值。敲定价格为 100 美元。

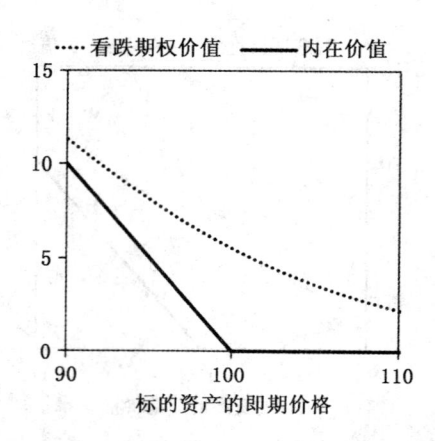

图 14.3　看跌期权价值与标的资产价格的相关性

图 14.3 显示，当股票价格下降（上升）时，看跌期权价值上升（下跌）。同样，

内在价值要么为0,要么为正值,但是,在这里,当股票价格低于敲定价格时(当看跌期权为实值期权时),内在价值为正。

当看跌期权价值接近平值期权时,时间价值最高。期权价值越接近平值期权,买入看跌期权越类似于卖出股票,行权的可能性也就越高。

> **行权的可能性**
>
> 尽管是简单的说法,事实上,市场从业者有时根据行权可能性考虑期权价值。虚值期权的行权可能性低。平值期权的行权可能性大约为50%。如果期权是非常明显的实值期权,则行权的可能性极大,期权转变为标的资产的概率达到100%。

证券指数与货币期权

布莱克—斯科尔斯模型的一个变形可以用来对股票市场指数比如标准普尔500指数的欧式期权定价(可见附录A)。模型的这个版本需要5个因子,即(1)标的指数的即期价格或现金价格;(2)期权的敲定价格或行权价格;(3)期权的到期时间;(4)标的指数的波动率;(5)持有成本——利息率减去分红或指数收益。

这个版本的模型可以进一步调整,从而可以对欧洲货币期权或外汇期权定价,这个模型就是广为人知的"加曼—柯尔哈根模型"(the Garman Kohlhagen model)。例如,一份英镑看涨(美元看跌)期权就是买入英镑(标的),同时,相应地按照固定价格付给美元的权利。所以,在这个模型中,(1)标的的即期价格就是英镑兑美元的即期汇率;(2)波动率就是即期汇率的波动率;(3)持有成本就是美元利率与英镑利率之间的差额。

外汇看涨期权的估值

图14.4显示在一组英镑兑美元汇率条件下3月期英镑看涨(美元看跌)期权的价值。其他所有因子保持不变。期权的敲定价格是1.5,也就是说,期权规定了这样的权利,即买入1英镑,同时给付1.50美元。

图14.4显示了即期汇率与看涨期权的关系。

(1)即期汇率=1.50。如果即期汇率是1.50(同样也是敲定价格),那么,看涨期权就是平值期权。期权没有内在价值。然而,因为距离到期日有3个月的

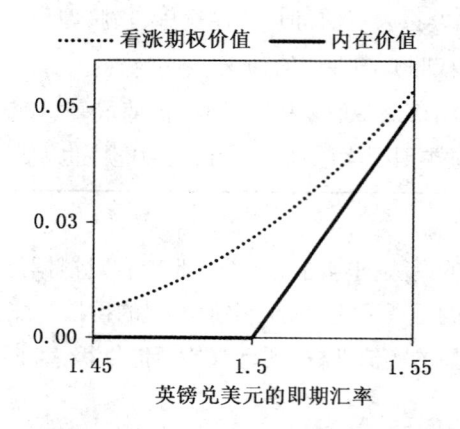

图 14.4　不同的英镑兑美元即期汇率条件下英镑看涨期权价值

时间,所以,具有相当大的时间价值。

(2)即期汇率=1.55。看涨期权是实值期权。期权具有每英镑 5 美分的内在价值。由于存在额外的时间价值,所以,期权价值略大于 5 美分。

(3)即期汇率=1.45。看涨期权是虚值期权。期权的内在价值为 0,时间价值相对较低。可获利的行权机会相对较小。

利率期权定价

布莱克—斯科尔斯模型是最早提出的、用于股票期权定价的模型。本章的最后一节论述将表明,它可以被变形用于欧式证券指数期权和欧式货币期权的定价。既然债券只是金融资产的另一种类型,将这种方法用于债券期权定价,就是合理的。

债券期权定价举例

看下面的一个例子。标的资产是一年期美国国债,现金市场的交易价格为 98 美元。无利息支付,但是,一年后到期,政府将按照票面价值 100 美元给付(这种债券被称为零息债券)。这里,任务是对一年期敲定价为 101 美元的欧式债券看涨期权估值。分析以往的债券即期市场价格的变动,表明了每年的历史波动率为 5%。

既然期权赋予的权利是一年后按照 101 美元买入资产,而在那个时点的价值为 100 美元,所以,看涨期权的价值显然就是 0。可是,考虑上述因子(尤其是

5％的波动率假设),布莱克—斯科尔斯模型计算出来的是正值。

这里,有什么错误吗?模型假设在一定时期存在资产价格偏离其初始价格的可能性。一般而言,到期的时间越长,资产价格波动率就越大,这种情况就越有可能发生。就股票而言,这是一个合理的假设,理论上来说,股票价格可以上升到任何一个水平。就债券(尤其是国债)而言,问题是其市场价值对其票面或平价不会偏离很远,票面价格就是发行人到期赎回的价格。另外,债券有最大化价值,即所偿付的未来现金流的加总。

> **逼近现值效应**
>
> 当到期日临近时,债券价格趋向"拉近"面值,这就是"逼近现值效应"。对于很快将以 100 美元兑现的债券,没有人会出价超过 100 美元。由于接近到期日,债券价格的波动率下降。到期日的债券价格将被锁定,而且,越接近到期日,交易价格的不确定性就越来越小。

布莱克模型

错误在于基于即期市场价格的历史轨迹,运用波动率假设对期权进行定价。既然是欧式期权,看涨期权的买方在一年后债券到期时可以行权。因为到期时债券价格被锁定在 100 美元,那时,债券价格的波动率实际上为 0。

这样的思考方式形成了将 1976 年提出的布莱克模型用于债券期权定价的基础。这样,债券期权定价就与到期日的证券远期价格关联起来。这里,所采用的波动率就是远期价格的波动率,从而对债券逼近到期日则波动率下降的情况进行了校正。

布莱克模型与利率

布莱克模型还可以用来对欧式短期利率期权进行定价。布莱克模型对各种欧式短期利率期权的定价基于期权到期时的远期利率水平而不是现金市场的利率水平。所以,在这种情况下,远期利率的波动率在波动率假设中是非常重要的。

布莱克模型关于利率长期变化轨迹的假设仍然受到质疑。更加复杂的定价方法基于对利率演化的模型化,在一定程度上,利率演化模型是与市场中观察到的远期利率一致的。在威力出版公司金融系列更高端的论题中将含有这些问题。

本章小结

　　隐含波动率是内在于期权实际价格中的波动率假设,而且内含了对未来的预期。交易者可以弄清楚被交易的期权的隐含波动率,从而决定期权是否具有好的价值。一般来说,如果交易者认为,与期权费报价的期权相比,标的资产将具有更大的波动率,那么,他或她就应当考虑买入期权。相反,当内在于期权市场价格的波动率假设被夸大时,交易者就应该考虑卖出期权。

　　在其他条件相同的情况下,期限长的期权收益大于期限短的期权收益。完全虚值期权几乎没有时间价值,行权的可能性很小。一般而言,接近实值的期权时间价值最高。当期权越来越接近实值状态时,期权具有越来越大的内在价值,但是,时间价值则持续下降。完全实值看涨期权类似于买入标的资产。完全实值看跌期权类似于卖出标的资产。

　　运用布莱克—斯科尔斯模型的转换形式,可以对欧式货币期权和股票指数期权定价。利率期权则更加复杂,原因是,利率和债券对其初始价值的偏离不大。此外,当到期日临近时,也就是,当市场价格回归于票面值或赎回价值时,固定利率债券的波动率趋于下降。

第 15 章　期权敏感性指数："希腊字母"

导　论

第 13 章的研究表明，按照布莱克—斯科尔斯期权定价模型，欧式股票期权的价值受 5 个因素决定。模型的投入与产出可以再一次显示在图 15.1 中。

图 15.1　布莱克—斯科尔斯期权定价模型

期权的交易者还对模型的敏感性感兴趣。换句话说，他们关注模型的因子变化如何影响被计算出来的输出值。这就是"希腊字母"德尔塔、西塔(Θ)、维加(κ)、肉(ρ)所测度的值。这就是说，它们度量的是，在其他因子保持不变的条件下，给定模型中某个因子的变化程度，计算出来的期权价值变化程度。

最重要的"希腊字母"是德尔塔。它测度期权价值对于标的价格微小变动的敏感程度。然而，正如第 13 章所讨论的，德尔塔并不只是一个敏感性的量值。它还告知交易者用多大量的标的来对冲持有期权资产的风险。

第 13 章还表明，德尔塔并非一个固定的值。若如此，交易者还要使用"二阶"希腊字母即伽马，用来测度标的物即期价格发生一定程度变动时，德尔塔的变动程度。

德尔塔(Δ)

德尔塔测度的是，假设模型中的其他所有因子不变的条件下，标的资产价格的微小变动所引起的期权价值变动。它常常用比率或百分比来表达。例如，假设买入的看涨期权的德尔塔等于0.5或50%，这意味着，如果标的股票价格上升了1单位(比如1美分)，那么，期权价值相应地提高其一半。

交易者常常给出期权的德尔塔的正值或负值。正负号表示的是相对于标的物价格变动而言，资产风险暴露的方向。

(1)看涨期权多头：德尔塔值为正。当标的资产价格上升(下降)时，期权价值上升(下降)。

(2)看涨期权空头：德尔塔值为负。当标的资产的价格上升时，期权失去价值——为了关闭期权账户而回购看涨期权，则变得更贵了。如果标的资产价格下降，则期权就具有价值，因为回购时看涨期权变得便宜了。

(3)看到期权多头：德尔塔为负值。当标的资产价格下降(上升)时，期权价值上升(下降)。

(4)看跌期权空头：德尔塔为正值。当标的资产价格上升(为了关闭期权卖出期权账户而回购看跌期权，则变得更便宜)时，期权价值上升；如果标的资产价格下降，则期权价值下降。

总之，正负符号显示了期权处在"牛市"或"熊市"行情。德尔塔为正值，意味着如果标的资产价格上升，则期权头寸赚钱。在一定程度上，这类似于买入标的资产。德尔塔为负值，意味着如果标的资产价格下降，则期权头寸赚钱。在一定程度上，这类似于卖出标的资产。

德尔塔行为特征

对于标准的或"普通的"看涨期权来说，德尔塔值介于0~1(0%~100%)。买入完全虚值看涨期权，则德尔塔值接近于0：期权价值对于标的价格微小变动具有高度敏感性。当期权接近平值(ATM)点位时，德尔塔值提高，直至0.5或50%。换句话说，当期权为平值期权时，期权价值变化约等于标的资产价格变动的一半。

当看涨期权日益成为实值(ITM)期权时，德尔塔值接近最大值即1或100%。在这个阶段，标的资产发生微小变动，则期权价值会一个单位又一个单位地变动。这是因为，实值状态期权日益接近标的证券资产。

(1)实值看涨期权。买入完全实值看涨期权类似于买入标的资产。

(2)实值看跌期权。买入完全实值看跌期权类似于卖出标的资产。

德尔塔为期权价格线的斜率

德尔塔还可以用图示表达。图 15.2(虚线)显示了,按照布莱克—斯科尔斯期权定价模型,定价模型中的其他因子固定不变,不同标的资产价格条件下敲定价格为 100 美元的看涨期权价值。该图(实线)还显示,当期权为平值期权时,期权价格线的斜率或切点状态。这就是德尔塔。德尔塔大约为 0.5。如果标的资产价格变动 1 美分,则期权价值变动大约为 0.5 美分。

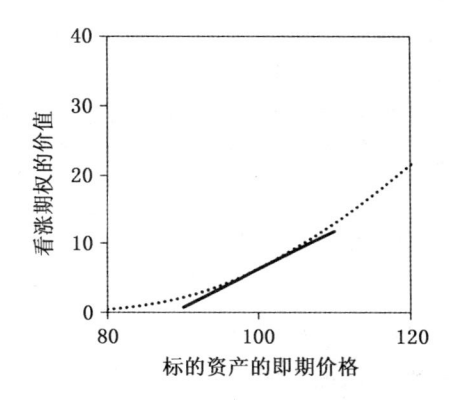

图 15.2 作为期权价格线斜率的德尔塔值

图 15.2 证明,当看涨期权为完全虚值期权时,曲线的斜率接近于 0,期权对于标的资产价格的微小变动没有敏感性。该图还证明,当期权为完全实值期权时,曲线的斜率接近于 1。在这个阶段,就类似于买入标的资产,对于标的资产价格的微小变动,期权价值都会随之亦步亦趋地变动。

德尔塔作为对冲比率

德尔塔不只是在敏感性测度方面具有价值。正如第 13 章中讨论的,它还被期权交易者用来对冲交易账面风险。

例如,假设一名交易者订立了一份平值看涨期权合约,德尔塔值为 0.50。期权合约的基础是 10 000 股标的资产。审视这份期权合约的有用方式就是计算出资产头寸德尔塔。对于标的股价的微小变动,看涨期权价值变动幅度为股价变动的一半。所以,

资产头寸德尔塔=−10 000×0.50=−5 000(股)

由于交易者卖出看涨期权,德尔塔为负。如果股票价格上升,则期权就会变得更具有价值。这样,交易者就要承担损失:回购期权要比卖出期权所获得的期权费更多。

资产头寸德尔塔意味着,(对于标的资产价格的微小变动来说),交易者所面对的市场风险与卖出5 000股的风险是相同的。如果股价上升1美分,则损失也是1美分。

构造德尔塔对冲

对冲这个风险,交易者可以买入5 000股标的股票。每一次买入股票的德尔塔值都是+1(完全按照股票的变动而变动),因此,净资产头寸德尔塔为0。标的股价的微小变动导致的卖出期权的任何损失都将被买入股票的利润所抵消。

例如,假设标的股票的价格上升1美分,那么,交易者就将在看涨期权上损失50美元。

看涨期权的损失=−10 000×0.01美元=−50(美元)

在这种情形下,看涨期权的价值增加了50美元,如果交易者通过回购的方式关闭卖出的期权头寸,这将花费50美元,多于卖出时的期权费。然而,购入5 000股,进行德尔塔对冲,则期权价值将增加50美元。

股票收益=5 000×0.01美元=50(美元)

正如第13章讨论的,运用这种方式进行期权组合对冲,就可以避免标的证券价格微小变动的风险暴露,这就是所谓的德尔塔对冲或德尔塔中性。

德尔塔变动的效应

图15.2证明了期权德尔塔值(期权价格曲线的斜率)并非一个固定值,它取决于位于曲线上的点。

> **非线性**
>
> 德尔塔不只是因标的资产价格微小变动导致期权价值变动幅度的可靠度量值。事实上,它还假设在两个变量之间存在线性关系。如果标的资产价格出现了大量的变化,那么,期权价格的真实变动将与德尔塔的预测值存在差异。

由于期权专家运用德尔塔值来管理账面风险,所以,他们调整资产头寸的德尔塔值。在前一节讨论的德尔塔对冲例子中,交易者卖出 10 000 股看涨期权。资产头寸德尔塔是－5 000 股。换句话说,对于股价的小幅变动,交易者卖出期权资产的损益状况就像卖出 5 000 股股票一样,而不是卖出 10 000 股股票,因为,看涨期权价值变化是标的股票价格变动的一半。

德尔塔对冲这个资产头寸,交易者可以买入 5 000 股标的股票。对于标的股票价格的小幅变动,对冲交易很有效。问题是,如果股价出现剧烈上升,卖出看涨期权头寸实际上要比运用德尔塔值预期的损失大得多。这就是伽马(Γ 或 γ)效应或凸性(convexity),即期权价格曲线的曲率。买入 5 000 股来对冲风险并不能够抵消期权的损失,因为,在德尔塔对冲交易中,5 000 股的损益状态总是线性的。

德尔塔对冲的敏感性

期权交易者根据德尔塔对冲必须加以调整的可能性来审视上述问题。在上述例子中,交易者卖出 10 000 股看涨期权,其资产头寸德尔塔为－5 000 股。交易者通过买入 5 000 股来对冲德尔塔风险(标的价格小幅变动的风险暴露)。

假设卖出看涨期权,德尔塔对冲的股票的价格突然上升,在某种程度上,按照定价模型,期权德尔塔值为 0.51。在这样的情况下,卖出看涨期权的资产头寸德尔塔对应于卖出 5 100 股股票,而不是卖出 5 000 股股票,这时的风险大于过去的风险。

现在,交易者需要断然做出决定。第一种可能的选择是听天由命(仅仅用 5 000 股进行对冲交易),并寄希望于股价再次下跌。然而,如果股价继续上升,总体资产头寸将处于未完全对冲的糟糕境况之下,也就是说,看涨期权的损失将远大于德尔塔对冲中的 5 000 股的利润,损益无法相抵。

另一种可能的选择是,交易者调整对冲交易,再买入 100 股。但是,如果股价再一次下跌,交易者将在对冲交易中持有太多的股票。事实上,交易者已经不再是德尔塔中性,而是正德尔塔(如果股价继续下降,看涨期权将出现损失)。

交易者可以卖出追加的 100 股的部分或全部。然而,这将会导致对冲交易的损失(高价买入、低价卖出)。

德尔塔对冲的再调整

上例描述了期权交易中的一个关键问题。通常,交易者并不卖出大量的

"裸"期权。这样做太危险。相反,期权卖出者通过交易标的股票来管理标的股票的价格变动导致的风险暴露。

危险是,如果标的股票比预期具有更大的波动率,那么,德尔塔对冲就会变得更加不稳定。弄明白对冲中的股票交易损失,不断调整对冲交易,就是必要的了。卖出期权的策略就是评估标的资产的实际波动率并内在化到向买方收取的期权费中。如果期权卖出者恰恰是这样做的,那么,他或她就能够不断调整德尔塔对冲,并仍能够维持一部分期权费作为利润。

> **交易成本**
>
> 事实上,期权交易者并不能够在每次标的资产价格变动时都做到德尔塔对冲再平衡,交易成本很快就会吞噬掉利润。技巧在于决策,关于真正能够抵偿标的价格例外波动的决策,从而抵御无法承受的损失。

在实务中,期权账户的德尔塔风险是可以消除的。例如,卖出的看涨期权是负德尔塔资产头寸,但是,卖出的看跌期权是正德尔塔资产头寸。在某种程度上,如果标的价格小幅上升或下降,损益则可以相互抵消。通常来说,交易账户中的剩余德尔塔风险,可以通过交易标的资产加以抵消。

伽马(Γ 或 γ)

因为德尔塔不是一个固定值,也正因如此将会导致卖出期权的损失,交易者运用另一个"希腊字母"伽马来测度期权德尔塔的变化。伽马是关于德尔塔对冲稳定性或可能性变动的一个有用指标。

> **伽马的定义**
>
> 伽马测度的是,在定价模型中的其他变量保持不变的情况下,标的资产即期价格的小幅变动所导致的期权德尔塔的变动程度。

在图示中,伽马是对期权价值和标的资产即期价格关系线曲率(或凸性)的测度值,如图15.2中的曲线所示,曲率越大,德尔塔(期权价格线的斜率或切点)变化就越快。

伽马头寸

假设一名交易者卖出看涨期权,德尔塔为 0.50。看涨期权标的为 10 000

股,所以,德尔塔头寸就是－5 000股。又假设期权伽马表明,对于标的资产每1美分的上升,德尔塔都将变动到0.501。这样,期权的损益变化就像卖出5 010股股票那样,而不是卖出5 000股。因此,

伽马头寸＝－10股

假设起初对冲德尔塔风险时,交易者买入5 000股,那么,如果标的价格上升1美分,伽马测度值告诉交易者再买入10股,平衡对冲。

伽马与资产现货价格

图15.3显示了在定价模型其他变量不变的条件下,3月期敲定价格为100美元看涨期权的德尔塔值与即期价格的关系。图中还显示了德尔塔值变化范围在0~1之间。

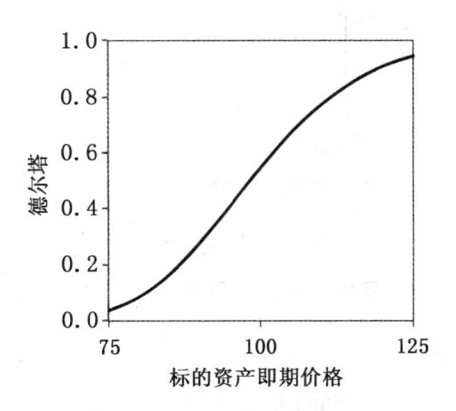

图15.3　3月到期、敲定价格为100美元期权德尔塔曲线

图15.3还显示,当期权接近平值状态时,本例中为100美元,德尔塔值的变化最快,这里,对于标的价格变化,德尔塔表现出最大的敏感性,也就是说,伽马处于最大值。当期权处于平值状态时,期权具有最大敏感性。这就是"关键"点。

德尔塔

相比较而言,当看涨期权处于虚值状态或实值状态时,德尔塔变化幅度(伽马)相对较小。完全虚值看涨期权,德尔塔值接近于0。这时,期权不可能被行权,期权对标的资产价格小幅变化不敏感。此外,德尔塔某种程度上接近于0,而且期权价值不可能发生变化,除非标的价格显著上升。

完全实值看涨期权,德尔塔值接近于1。期权定会行权,恰似持有标的股票。德尔塔接近于1,期权价值被锁定在一定的水平上。标的价格出现大幅下降,这种情况才会受影响。

伽马曲线

图15.4显示同样的现象。这是上述看涨期权的伽马值与标的资产即期价格的关系图示,定价模型中的其他所有变量保持不变。图15.4证明,当看涨期权接近平值状态时,伽马最大,当期权处于完全虚值状态或实值状态时,则伽马最小。

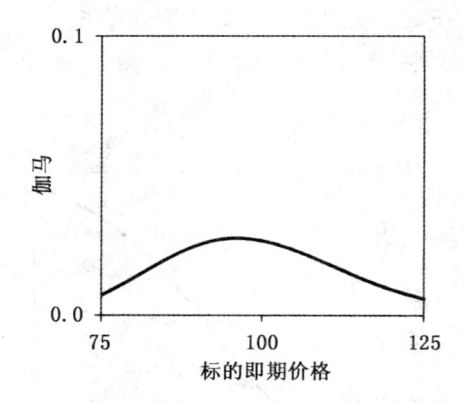

图15.4 不同价格条件下3月期看涨期权的伽马值

伽马与到期时间

图15.5显示了标的资产即期价格与上面讨论的敲定价格100美元看涨期权德尔塔值之间的关系,但是,这里,期权仅有10日就将要到期,而不是还有3个月到期。

图15.5显示,如果期权是平值期权,则伽马增大,但是,如果期权处于虚值状态或实值状态,则伽马下降。距离到期日越近,如果期权处于完全虚值状态,期权越没有可能被行权;如果期权处于完全实值状态,期权越可能被行权。相应地,德尔塔接近于0和接近于1,标的价格出现重大变化时,这种情况才可能被改变。同时,如果距离到期日仅剩余10日,仍为平值状态,那么,期权的最终命运仍具有更大的不确定性。

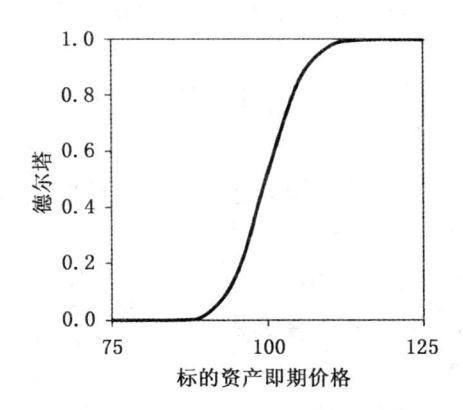

图15.5　10日就到期的100美元敲定价格看涨期权的德尔塔曲线

伽马曲线

图15.6描述了同样的点,直接检验了当期权到期日仅剩余10日时,期权伽马值与标的即期价格之间的关系。注意,与3个月到期的图15.4中的伽马线相比,图中曲线的弯曲程度有多大。

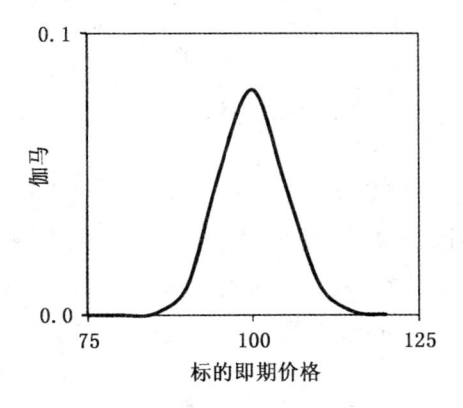

图15.6　10日到期的看涨期权伽马与即期价格

尤其是对于卖出期权的交易者而言,平值期权越接近到期日,伽马明显上升的现象意义重大。头寸的伽马越大,所依靠的德尔塔对冲越不稳定。

正如前面所显示的,当交易者卖出期权,并且通过交易标的股票来调整德尔塔对冲时,可能导致一系列交易损失。如果股价上升,交易者必须在对冲组合中增加更多的股票,从而才能够保持德尔塔中性。如果股价再次回落,交易者必须以低价卖出部分或全部额外的股票(且承受损失)。

西　塔

西塔测度的是,在定价模型中其他变量保持不变的条件下,随着时间的逝去,期权价值的变化。

为了描述这个概念,我们可以基于图 15.7。图 15.7 显示了当期权接近到期日时,敲定价格为 100 美元的 3 月期平值看涨期权的价值变化。定价模型中其他所有变量保持不变,即敲定价格、标的价格、波动率以及持有成本保持不变。

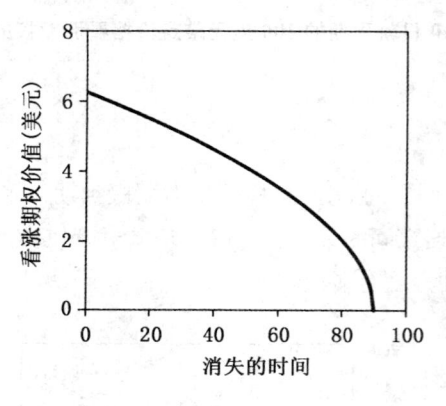

图 15.7　时间价值折损

图 15.7 表明,当期权接近到期日时,期权就会损失时间价值。所剩余的时间越少,期权到期时处于实值状态的机会就越小。西塔测度的是期权时间价值的折损率。它是期权价格线特定点上的斜率或切点。图 15.7 中的期权始终是平值期权,平值期权(特别是短期平值期权)的西塔值相对较高。

西塔的测度

对于买入看涨期权和看跌期权来说,西塔值为负——每天都会有价值损失。情况恰恰相反,卖出期权头寸,则西塔值为正。期权价值的每日折损(定价模型中的其他变量保持不变),期权价值就会丧失。对于卖出期权的交易者来说,这是好消息,因为,为了平仓而回购合约,则会更加便宜。

图 15.7 还显示,随着时间的流逝,平值看涨期权的时间价值折损率增加。流逝的天数为 0(3 个月后到期),看涨期权的西塔值大约为 -0.04。这意味着,

假设定价模型中的其他变量保持不变,流逝第一日,则看涨期权损失价值大约为 4 美分。流逝掉 80 天(剩余 10 天到期),西塔值大约为 -0.1。定价模型中的其他变量保持不变,如果再流逝一天,这个阶段看涨期权损失价值大约为 10 美分。

这些数字都是按照每股核算的数字。如果期权合约卖出(比如)10 000 股,则价值就将成比例地增加。

维加或卡帕

对于标的价格波动率假设条件,期权价值也很敏感。我们使用关于维加测度这个敏感性。维加测度的是,在定价模型中的其他变量保持不变条件下,标的价格波动率假设发生 1% 的变化所引起的期权价值变化幅度。

买入期权有时被称为买入波动率或买入维加头寸。如果用来确定期权价值的波动率假设提高,合约就会变得更有价值。这可以被用于看涨期权和看跌期权。

相反,希望波动率降低的交易者,则卖出期权,因为,期权回购会变得更便宜。(维加实际上不是一个希腊字母,一些人转而使用希腊字母卡帕。)

维加线图

图 15.8 中显示了在不同波动率假设条件下的 3 月期敲定价格为 100 美元看涨期权的价值。当波动率增加时,期权价值或多或少按照线性特点增加。

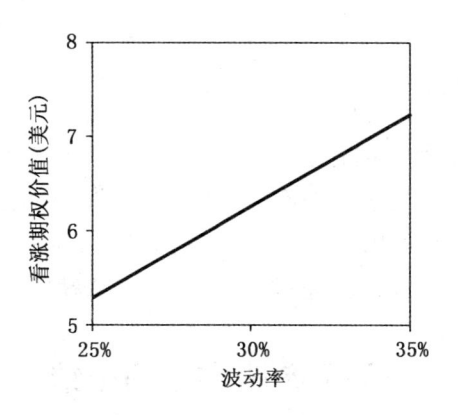

图 15.8 波动率与期权价值

这个特定期权的维加值大约为 0.2 美元。这意味着,波动率变化 1%(定价模型中的其他变量保持不变），期权价值就会上升或下降大约20美分。正如前一节的西塔值一样，这只是按照每股核算的值。维加值是图15.8中曲线的斜率，反映了波动率与期权价值之间的关系。

肉（ρ）

这里要讨论的最后一个"希腊字母"是肉。肉测度的是，给定利率的变动所引起的期权价值变动（定价模型中的其他变量保持不变），具有典型意义的是，年利率要么变动0.01%，要么变动1%。

图15.9显示，当利率上升时，敲定价格为100美元的平值状态看涨期权价值。它显示出一种线性关系，肉是图中曲线的斜率。在这个特殊的例子中，肉为0.12美元。这意味着，利率上升1%，看涨期权价值增加12美分（定价模型中的其他变量保持不变）。此外，这是以每股为基础的核算，必须按照期权合约中的股票数量同比例增加。

看涨期权的肉

期权定价模型假设签订期权合约时，可以使用德尔塔测度值，进行无风险对冲。以看涨期权为例，德尔塔告诉期权卖方买入多少标的股票来抵御风险。事实上，模型假设这里的资金来自于借贷，股票分红可以补偿借贷成本。在其他变量不变的条件下，利率上升，期权价值也将提高。期权卖方将较高的融资成本转嫁给了期权买方。

看跌期权的肉

另一方面，如果利率上升，看跌期权的价值趋于下降。看跌期权卖方就暴露在下跌风险之下，而不是暴露在标的股票价格上升的风险之下。为了对冲这个德尔塔风险，他们可以卖出标的资产。当利率上升，通过短期卖出股票，投资货币市场，他们就可以赚钱，从而能够将收益转移给看跌期权的买方。

关于希腊字母的小结

表15.1总结了"希腊字母"所代表的四种基本期权策略：买入或卖出看涨期权；买入或卖出看跌期权。

表 15.1　　　　　　　　"希腊字母"所代表的期权基本策略

策略	Δ	Γ	Θ	κ	ρ
买入看涨期权	正	正	负	正	正
卖出看涨期权	负	负	正	负	负
买入看跌期权	负	正	负	正	负
卖出看跌期权	正	负	正	负	正

从表 15.1 中举一例加以说明。买入的看涨期权的德尔塔值为正(股票价格上升,则获利)。伽马值为正或具有凸性,意味着当标的价格上升时,利润不只是按线性加速增长。当标的价格下降时,损失则会减速,因为初始期权费已经损失掉,构成了损失的绝大部分。由于时间价值不断流失,则西塔值为负。因为,如果波动率增加或利率上升,看涨期权就会更有价值,所以,西塔和肉均为正。

本章小结

标的价格的微小变动导致的期权价值变动,可以用德尔塔测度。德尔塔是期权价格线的切线或斜率。德尔塔也是对冲比率,交易者基于这个数据,可以决定用多少标的交易量来对冲期权风险。德尔塔不是一个固定的值,当期权处于平值状态且接近到期日时,德尔塔最不稳定。

当时间不断流逝时,期权价值的变动用西塔来测度。买入的期权合约,西塔为负值。维加测度的是给定波动率的变动幅度时,期权价值变动幅度。买入的看涨期权和看跌期权,维加为正值。肉测度的是期权价值对利率变动的敏感性。买入的看涨期权,肉为正值,买入的看跌期权,肉为负值。

第一序列的希腊字母德尔塔、维加、西塔和肉是期权定价模型的部分衍生指数。这意味着一种假设条件,即其他变量保持不变,仅有一种要素变化所决定的期权价值变化。伽马是第二序列的希腊字母,它测度的是,当标的资产的即期价格发生小幅变动时,第一序列希腊字母(德尔塔)的变化幅度。

第16章 期权交易策略(1)

导 论

买入看涨期权是多头策略——如果标的资产价格上升,则看涨期权价值提高。相反,买入看跌期权是空头策略,这种策略从标的资产价格下降中获利。但是,这些情况远远不止有一种可能性。期权是一种极具灵活性的工具,在使用中,根据不同风险和收益特征,可以做出大量的组合,从而构造出各种策略。

现在,由于各种奇异期权被创造出来,可以获得更多的期权工具——如前面论述的障碍期权和复合期权。这里以及此后章节中,我们将再介绍一些新的金融工具,如平均价格期权、数字化期权、远期起点期权、棘轮期权,这些期权的设计旨在锁定标的资产价格波动对收益的干扰。

> **结构化席位**
>
> 现代证券行业的结构化席位是指各种产品被结合在一起。企业销售与市场营销人员向客户解释交易、投资和对冲需求问题、相关问题的描述以及寻求同事帮助设计恰当的解决方案,都可以在结构化席位上一揽子解决。在这个过程中,具有大量的创造性机会。

初始向客户提出的一系列理念可能是不太具有吸引力的,要么是因为期权费过高,要么是货币风险暴露过大,要么是税收影响,要么是策略层次问题以及损失同客户对市场变化的看法不吻合。

然而,存在许多方式进行结构调整。敲定价格可以被改变,或者,嵌入其他期权,从而影响期权费或风险—收益一般特征。最终,解决方案是一个集成方案,从而适合客户需求。各个组成部分——单个期权和结构化的其他衍生品——的价格被确定下来。一旦解决方案被认同并签字,交易所要求交易者管理风险——与客户达成交易的结果。

多头价差

当交易者确信标的价格会上升,但又要限制价格下降风险时,多头价差策略则是可用的好策略。

假设一只股票的即期交易价格是 100 美元。交易者买入 3 月期看涨期权,敲定价格为 100 美元,每股支付期权费 6.25 美元。交易者基于同一股票,同时卖出敲定价格为 105 美元的 3 月期看涨期权,获得每股期权费 4.25 美元。图 16.1 显示了这一组合策略到期日的损益状况。

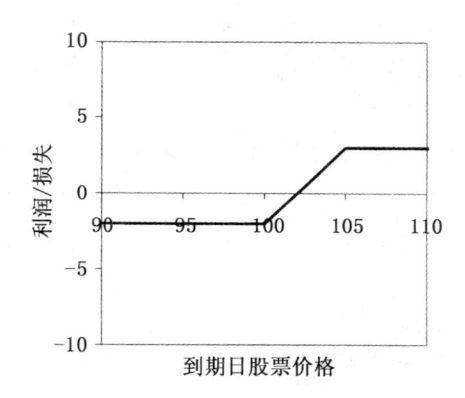

图 16.1 多头价差策略到期日损益状况

价差策略在到期日的最大损失是 2 美元的净期权费。最大利润为每股 3 美元。当每股达到 105 美元时,获得最大利润。最大利润的构成是买入敲定价格为 100 美元的看涨期权所得利润 5 美元,减去净期权费。价格水平高于 105 美元,敲定价格为 100 美元的看涨期权收益都将被买入敲定价格 105 美元看跌期权的损失所抵消。(为了简便起见,这里的分析忽略了这样的事实:净期权费是事前支付的,而利润是到期日行权时得到的;利润未实现之前,期权费已经支付了。)

多头价差策略的运用

当交易者预期标的价格温和上升时,多头价差策略就是可用的敏感性策略。与只是买入看涨期权相比较,多头价差策略具有优势。净期权费成本较低,最大损失较少,而且为了平衡,到期日卖出股票的数量较少。通常,期权资产的德尔塔值为正值,伽马、西塔、维加为中性。

191

看跌期权的多头价差

前面讨论的多头价差策略还可以这样加以组合:如果股价下跌,卖出敲定价格为 105 美元的实值看跌期权,同时买入敲定价格为 100 美元的虚值看跌期权,从而可以限制损失。用这种方式构造交易的优势是在交易开始时就可以获得一笔期权费净额。然而,考虑买卖成本,最终的净损益与看涨期权策略相同。

基于数字化期权的多头仓位

前一节讨论的多头价差策略的净期权费是 2 美元。另一种选择是买入基于标的股票的数字化期权或两值看涨期权。在大致相同的成本条件下,交易者可以买入 3 月期非有即无数字化看涨期权(cash-or-nothing digital call),敲定价格为 105 美元,现金支付为 6 美元。

非有即无看涨期权的运营如下:如果到期日股价大于 105 美元,且期权为实值状态,期权支付为 6 美元;反之,期权支付为 0。图 16.2 描述了到期日非有即无看涨期的净损益,期权费净额为 2 美元。要么净收益为 4 美元,要么净损失为 2 美元。

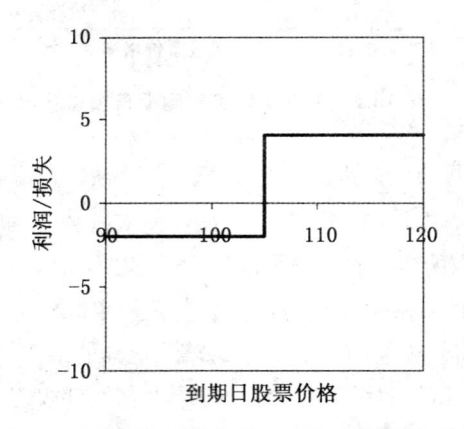

图 16.2 非有即无数字化看涨期权净损益状况

运用非有即无看涨期权策略,交易的性质无异于前面所讨论的多头价差策略。对于相信股价会高走并高于到期日价格 105 美元(高得不太多)的人来说,这种策略就是为他们设计的。如果股价处于 100~105 美元的范围之内,非有即无看涨期权无任何收益——不像多头价差策略,但是,如果股价高于 105 美元,就可以得到 6 美元的现金收益。

非有即无看涨期权可以提高支付,但是,需要以更多的期权费为代价。例如,同样条件的非有即无看涨期权,若收益为 12 美元,则期权费需要翻一番。

> **其他数字化期权**
>
> 如果到期为实值状态,则"保有资产或一无所获期权"(asset-or-nothing, AON)收益就是标的资产价值;否则,一无所获。数字化期权还可以这样来构造:在确定的时期内,标的价格达到水平线或障碍线,数字化期权才有收益。

现货价格与非有即无期权价值

因应标的资产即期价格变动,非有即无数字化期权策略运用是非常有趣的。

图 16.3 中描述了这种情况。图中的虚线显示敲定价格为 105 美元 3 月期标准或普通看涨期权的价值。实线表示敲定价格为 105 美元的非有即无看涨期权,现金支付为 6 美元。在两种情况下,期权定价模型中的所有其他变量保持不变,仅有即期价格发生变化。尤其是,两种期权还剩 3 个月就要到期。

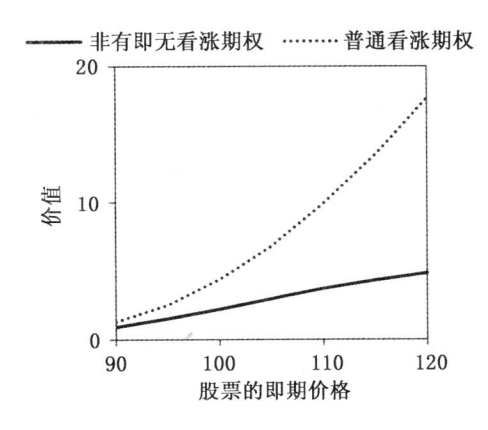

图 16.3　不同即期价格条件下的非有即无看涨期权价值

图 16.3 显示,当股价上升时,普通看涨期权的价值将继续上升,开始出现类似于买入标的资产的情形。然而,非有即无看涨期权价值收敛于现金收益(实际上为其现值)。行权的可能性接近 100%,但是,给付被锁定在 6 美元,无论即期市场上标的资产价格如何变动,收益也不可能更高。

空头价差

当交易者对于标的资产市场做出温和熊市预测时,空头价差策略就是有用的策略。这种策略在标的价格下降时,可以锁定利润,但是,当标的价格上升时,则将承受最大的利润损失。

图 16.4 描述了基于股票即期价格为 100 美元的空头价差策略。这种策略的构造是:买入敲定价格为 100 美元的 3 月期实值看跌期权,费用为每股 5.5 美元,同时卖出敲定价格为 95 美元的 3 月期虚值看跌期权,所得期权费每股 3.5 美元。净期权费支付为每股 2 美元。

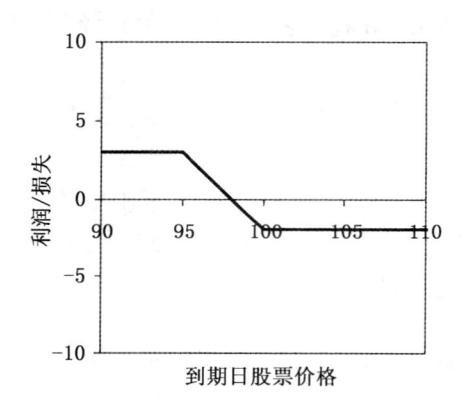

图 16.4 到期日空头价差策略的损益状况

图 16.4 显示了,如果到期日股价为 100 美元或更高,那么,无一期权被行权,最大损失就是 2 美元的净期权费。股价低于 100 美元,则买入看跌期权具有正内在价值。然而,当达到卖出的看跌期权敲定价格时,策略利润就被限定在 95 美元。到期日空头差价策略的最大利润也就是 3 美元。

空头价差交易策略还可以这样组合:卖出敲定价格为 95 美元的看涨期权,同时买入敲定价格为 100 美元的看涨期权。

到期日前清仓

像前面所述的那样,将两种期权保持到到期日是没有必要的。卖出敲定价格为 100 美元的看跌期权,同时买入敲定价格为 95 美元的看跌期权,只要到期日相同,总是可以清仓的。至于是否实现利润或出现损失,则取决于当时的股价变动或影响两种期权价值的其他因素的变动。

希腊字母表示的空头价差策略

在给定潜在风险和交易收益的条件下,空头价差策略用"希腊字母"表示的指标是有用的(关于希腊字母的更多信息,以及期权交易者如何使用这些指标,可以参见第 15 章)。

表示交易策略的希腊字母只是两部分构成的价值总和:敲定价格为 100 美元的买入看跌期权和敲定价格为 95 美元的卖出看跌期权。如前所述,假设是定价模型中的其他因素保持不变。例如,德尔塔假设到期日、波动率和净持有成本保持不变,变化的只是即期价格。维加假设仅有波动率发生变化,而其他因素保持不变。

空头价差策略的希腊字母列示如下。这是以每股为基础的核算。如果交易者以 100 股为基础买卖看跌期权,利润与损失则按照相应比例增加。

(1)德尔塔=−0.13。如果即期市场价格下降(上升)1 美元,交易者就有大约 0.13 美元的利润(损失)。德尔塔为负值,表明这是一个空头仓位——股票价格下降,才能够获利。

(2)伽马=0.003。如果即期价格上升 1 美元,德尔塔将从−0.13 变化为−0.13+0.003=−0.127。由于买入看跌期权和卖出看跌期权的伽马大多被抵消,所以,伽马值是低的。

(3)西塔=−0.002。如果流逝 1 日(其他所有因素保持不变),空头价差的损失大约为 0.002 美元。同样,这是一个小数字。策略构成是买入和卖出 3 月期看跌期权,所以,西塔效应或多或少被消除了。

(4)维加=0.019。如果波动率每年上升(下降)1%,空头差价的价值大约上升(下降)0.019 美元。这种策略对于波动率变化不太敏感。

(5)肉=−0.037。如果年利率上升(下降)1%,空头差价的价值大约下降(上升)0.037 美元。同样,肉值不高。买入和卖出看跌期权的肉值大致抵消。

这里,关键的风险是负德尔塔。它告诉我们,这是真正的空头策略。其他希腊字母的值不高,尽管伽马为正,但收益甚小。当期权策略的伽马为正时,这个例子有时被称为"正向风险暴露"。

运用空头价差策略,正伽马值意味着,如果标的价格下降,这个策略更像卖出标的资产(在这样的环境下是好事)。另一方面,如果标的价格上升,这个策略不像卖出标的资产(在这样的环境下同样是好事)。

然而,既然买入一份期权,卖出另一份期权,故而在这个例子中,伽马效应是有限的。

伽马值大的条件下的交易

关于伽马值为正的更为清晰的例子是买入平值并接近到期日的看涨期权(看跌期权也会呈现出类似特征)。看涨期权的德尔塔值大约为 0.5。这意味着,如果股价有了小幅上升,看涨期权价值将增加相当于股价增幅的一半。

伽马值也将为正值。如果即期价格保持上升,德尔塔值就会变得越来越大,直到极限值 1。如果达到 1,买入看涨期权恰如买入标的资产,期权价值亦步亦趋地随标的资产价格变化而变化。

换一种方式来表述,股价上升幅度越大,股价对期权风险暴露的影响也就越大。然而,如果即期价格下跌,德尔塔值就会变得越来越小(直到极限值 0)。在极限值为 0 时,标的价格变动对期权价值没有任何影响。

下面的例子表明,伽马值为负的资产头寸则是"错误路径"的风险暴露。标的价格变动(无论是上升还是下降)所导致的风险完全向着错误的方向变化。

空头比率价差

前述的多头价差和空头价差描述了到期日策略收益,买入和卖出的期权所基于的股票数量相等。而作为比率价差策略,这里没有述及。

图 16.5 显示了空头比率价差到期日的损益状况。这个例子的构成是,买入敲定价格为 105 美元的实值看跌期权,加上卖出基于 2 倍标的股票数量的、敲定价格为 95 美元的虚值看跌期权。买入看跌期权支付的期权费为每股 8.5 美元。卖出看跌期权所得期权费为每股 3.5 美元,或者说每两股为 7 美元。标的股票的即期价格为 100 美元。两种期权都是 3 个月到期。

图 16.5 显示了,如果到期日股价为 105 美元,或高于 105 美元,则没有期权被行权,损失就是净期权费 1.5 美元。如果股价在 105 美元与 95 美元之间,买入的看跌期权被行权。最大利润是 105 美元－95 美元－1.5 美元＝8.5 美元。

图 16.5 还显示,与图 16.4 中的空头价差完全不同,如果到期日股价低于 95 美元,损益线不是平直的。损益线开始下降,在标的股价为 95 美元－8.5 美元＝86.5 美元时,再一次回到 0 点。当股票一文不值时,损失最大化。

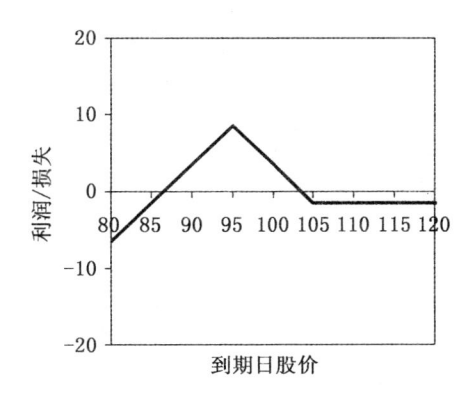

图 16.5 空头比率价差到期日的损益状况

> **空头比率价差的运用**
>
> 空头比率价差策略对于预期温和熊市但又认为股价不可能跌到 95 美元以下的交易者是有用的。交易者还可以基于买入的看跌期权的同样股票的 3 倍或更多,卖出敲定价格为 95 美元的看跌期权。这样可以得到更多的初始期权费。然而,这也就增加了股价下降带来的风险。到期日股票交易价格远远低于 95 美元,风险也就出现了。

多头跨式期权

多头跨式期权策略是在波动率水平上升上下赌注。它的构成是基于相同的标的、相同的敲定价格和到期日,买入看涨期权和买入看跌期权,通常敲定价格大约为平值水平。

假设交易者买入跨式期权,股票的当期交易价格为 100 美元。跨式期权的构成包括两个部分:

(1)买入看涨期权的敲定价格＝100 美元。看涨期权 3 个月到期,每股的期权费为 6.25 美元。

(2)买入看跌期权的敲定价格＝100 美元。看跌期权 3 个月到期,每股的期权费为 5.5 美元。

所以,交易者事前支付的期权费总额为每股 11.75 美元。图 16.6 显示了买入跨式期权到期日的收益状况,也就是说,购入后 3 个月的损益状况。

这种策略的缺点是很清楚的。两个部分的期权费必须事前支付。另一方

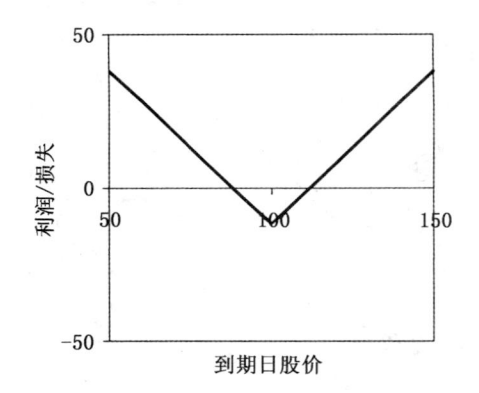

图 16.6　买入跨式期权到期日的损益状况

面,还存在最大化损失。当到期日标的股价为 111.75 美元(敲定价格加上期权费总额)时,才能达到盈亏平衡点。反之,达到 88.25 美元(敲定价格减去期权费总额)时,才能达到盈亏平衡点。

只要股价打破了上述区间,无论在哪一个方向上打破区间,买入跨式期权就能够获利。

对于预期股票价格在未来几个月内注定急剧上升或下降,但又不确定是上升还是下降的投资者来说,买入跨式期权是合适的策略。这种策略会产生巨大的财务后果,注定会对股价造成正面或负面的影响。或者说,带来未来不稳定时期,推动股价脱离目前交易价格区间。

多头跨式期权的即时损益状况

持有买入跨式期权直至到期日,是没有必要的。将看涨期权和看跌期权重新卖到市场中去,也可以不遭受损失。

图 16.7 显示这种策略的损益状况。但是,这不是到期日的损益状况,而是因应市场交易日标的价格的即时变化,比如,在距离到期日还有 3 个月中的某一交易日。这就是所谓的即时收益状况。运作可以被卖出的两种期权,按照每一种期权即时价格卖出,从而计算出损益,从而获得所支付的初始期权费 11.75 美元。在这个过程中,波动率假设和持有成本不变。

正的伽马值

图 16.7 中的弯曲度是一个信号,表明我们交易的是伽马值为正的资产头

寸。由于这意味着资产处于"正确路径"的风险暴露，所以这是好的信息。在交易开始时，买入平值跨式期权，通常情况下伽马值接近于0。对于标的价格小幅变动，看涨期权和看跌期权的利润和损失趋于相互抵消。例如，如果股价上升，看涨期权向实值状态变化，看跌期权向虚值状态变化。两方面的效应相互抵消。

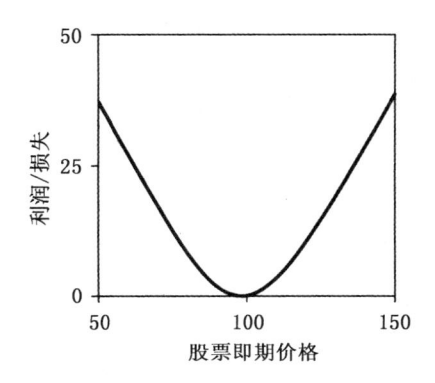

图 16.7　多头跨式期权的即时损益状况

然而，当标的股票价格出现较大数量的上升或下降时，情况则会有极大的变化。

(1)即期价格上升。跨式期权伽马值为正，且不断增大，也就是说，越来越像买入标的资产。看涨期权越来越变成平值期权。诚然，看跌期权遭受价值损失，但是，看跌期权的最大损失就是所支付的初始期权费。

(2)即期价格下降。跨式期权伽马值为负，且不断增大，也就是说，越来越像卖出标的资产。看跌期权越来越变成平值期权。诚然，看涨期权遭受价值损失，但是，看涨期权的最大损失就是所支付的初始期权费。

换句话说，对于即期价格的较大幅度上升，看涨期权的利润在冲抵看跌期权的损失后还有剩余。对于即期价格较大幅度的下降，看跌期权的利润在冲抵看涨期权的损失后还有剩余。这里存在不对称性，这是令人欣喜的正伽马（或凸性）效应。

多头跨式期权的潜在风险

图16.7表明，如果恰在交易达成后，股票价格下降，则多头跨式期权赚钱；如果股票价格上升，交易也赚钱！但是，必须抓住时机。

机会就是多头维加值和空头西塔值。多头维加值意味着，如果标的股票价格的波动率下降,那么,两种期权的价值就会变小。空头西塔值意味着,在其他因素不变的条件下,每一天的时间流逝,期权都会损失其价值。这意味着,如果在市场中卖出看涨期权和看跌期权而又不破坏多头跨式期权,就要出现交易损失。

可以用图16.8描述这里所涉风险。图16.8显示了已经过去30天后的多头跨式期权的即时损益状况。这里,还假设标的价格波动率下降了5%。图16.8显示,30天后(波动率下降5%),如果即期价格仍为100美元的敲定价格水平,多头跨式期权就失去价值。如果在市场中卖出看涨期权和看跌期权而又不破坏多头跨式期权,就要出现交易损失。现在,期权价值低于初始期权费11.75美元。

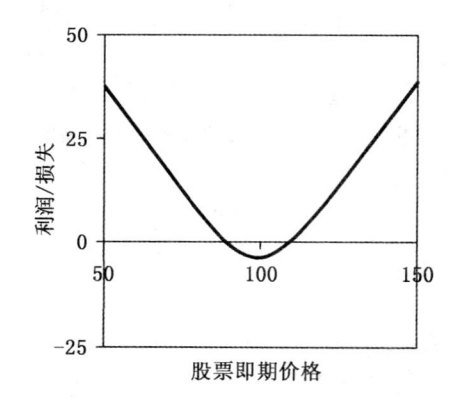

图16.8 30天后波动率下降5%的多头跨式期权的即时损益状况

图16.8中期权价值曲线已经向下移动,因为两种期权都已经失去时间价值。简单来说,标的股票即期价格必须上升或下降大约10美元,才能够补偿波动率下降和时间折损(维加和西塔效应)所导致的损失。

本章小结

期权可以组合起来,从而构造出一大群不同的交易策略。一个流行的策略是多头利差策略,基于这个策略,如果标的价格上升,就可以锁定利润;如果价格下降,就只承担有限损失。多头价差的另一种替代性策略是买入非有即无数字化看涨期权。基于这种策略,如果到期日期权处于平值状态,则支付固定数量的现金,否则,到期时毫无价值。

当标的价格下降时,空头价差交易就赚钱。这种策略存在最大利润和最大损失。比率套利交易是交易的不同种类,在此种交易策略中,期权的买卖基于不同数量的标的股票,可以获得正的期权费,但是,风险可能很大。

多头跨式期权将相同标的资产、相同到期日的买入看涨期权和买入看跌期权结合起来。这是对标的价格波动率的上升趋势下赌注。如果标的价格波动率上升,就可以卖出跨式期权获利。如果标的资产价格波动率下降,该策略就带来损失,而且,还要承受这样的不利结果,即随着到期日临近,两种期权都将丧失时间价值。

第17章 期权交易策略(2)

导 论

前一章介绍了对期权进行各种组合的一些交易策略。本章将继续这一论题。本章首先关注运用任选期权、空头跨式和勒束式期权的波动率交易策略。其次,讨论众所周知的股票市场波动指数。最后,讨论一个时间价差或月度价差交易策略的例子,探讨期权的时间折损效应(西塔效应)。

任选期权

第16章讨论的多头跨式期权存在一个问题,看涨期权和看跌期权都必须支付期权费。这一策略还要承受时间价值折损,并且对波动率下降非常敏感。当到期日临近时,如果期权仍处于平值水平,时间价值折损就会放大。降低期权费的一种方式是买入任选期权,代替跨式期权。

> **任选期权的定义**
> 在设定的时限之后,任选期权的买方有权决定期权是基于标的资产的看涨期权还是看跌期权。

图17.1显示了基于股票、敲定价格为100美元平值任选期权的即时损益状况。期权3个月到期。然而,1个月后,持有人必须决定期权是看涨期权还是看跌期权。无论哪一种期权,敲定价格都是100美元,此时到期日剩余时间都是2个月。

即时损益状况显示,如果任选期权在购入日又被重新卖出,就会出现利润/损失。损益决定于在保持定价模型中其他所有因素(波动率等)不变的条件下,

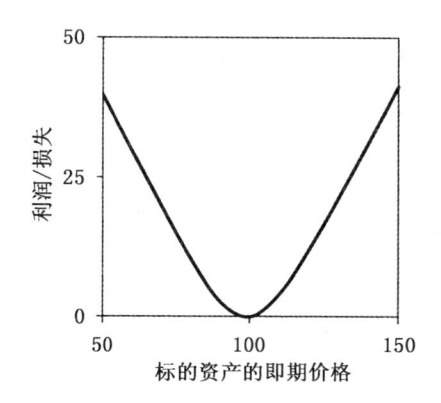

图 17.1 敲定价格为 100 美元 3 月期任选期权的即时损益状况

面对不同即期价格,从而对任选期权的再估值。

任选期权的估值

买入任选期权的价值在任何时候都可以变成看涨期权价值或看跌期权价值,该价值将大于两者的价值。如果即期价格相比初始价格水平上升(或下降),既然可以在看涨或看跌期权之间选择,那么,任选期权就像买入看涨期权(看跌期权)。伽马(图 17.1 中的曲率)为正值。这告诉我们存在"正确路径"的风险暴露。即期价格上升(下降)得越大,任选期权就越像买入(卖出)标的资产,德尔塔将趋近于+1(或-1)。

任选期权就像极端的奇异结构,尽管事实是它可以由非常标准化的部分所组成,故而是相当容易定价的。如果不考虑持有任选期权的复杂性,买入 3 月期看跌期权,同时买入 1 月期看涨期权,敲定价格均为 100 美元,可以复制刚才讨论的任选期权。

空头跨式期权

空头跨式期权将相同标的、相同敲定价格、相同到期时间的卖出看涨期权和卖出看跌期权组合起来。这是做空波动率(做空维加交易策略)。如果波动率下降,那么,(其他因素保持不变)策略中两种期权组合的价值就会下降。通过用低于卖出时所收期权费的代价回购期权的方式,空头跨式期权可以平仓。

下面的例子是与第 16 章讨论的多头跨式期权完全相反的例子。同样的标的股票,当期交易价格为 100 美元。不同点是,这次交易者卖出两种期权,所以,

能够获得初始期权费。空头跨式期权的构成如下:

(1)卖出看涨期权的敲定价格＝100美元。看涨期权3个月到期,每股期权费为6.25美元。

(2)卖出看跌期权的敲定价格＝100美元。看跌期权3个月到期,每股期权费为5.5美元。

到期损益状况

图17.2显示了空头跨式期权到期日损益状况。最大化利润是组合期权费11.75美元,当标的交易价格为100美元时,得到这笔期权费。空头跨式期权卖方期望市场不景气,这样,标的资产交易波动幅度较小。在这个特殊的例子中,只要标的股票交易价格高于88.25美元、低于111.75美元,该策略在到期日是可以获利的。

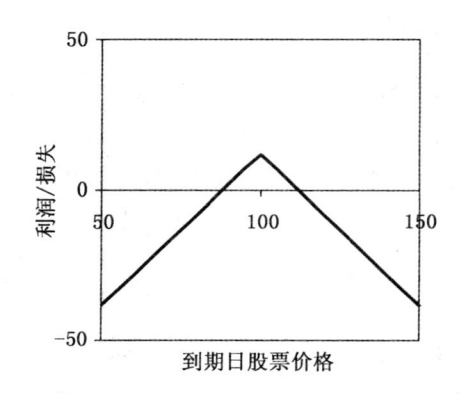

图17.2 空头跨式期权到期日的损益状况

空头跨式期权的即时损益状况

图17.2揭示了空头跨式期权是有风险的交易策略。事实上,潜在的最大化损失是无限的。但是,运作这种策略直至到期日并非必要。在任何时间都可以在市场中回购看涨期权和看跌期权,从而达到不受损失的结果。给定交易中所涉风险,这是通用的方法。

关注空头跨式期权的即时损益状况是有用的。即时损益状况显示了不在到期日,因标的资产即期价格的随时变动所出现的利润或损失。搞清楚在不同即期价格条件下回购跨式期权中的两种期权的成本,然后减去卖出两种期权所得初始期权费 11.75 美元,利润和损失就能够被计算出来。除了保持不变的即期价格,所有其他因素都决定跨式期权的即时价值。

图 17.3 和图 17.4 显示了卖出看涨期权和卖出看跌期权的即时损益状况。图 17.5 将两者结合从而显示了卖出跨式期权的即时损益状况。假设到期日还剩 3 个月,且波动率不变,就可以计算出利润和损失。

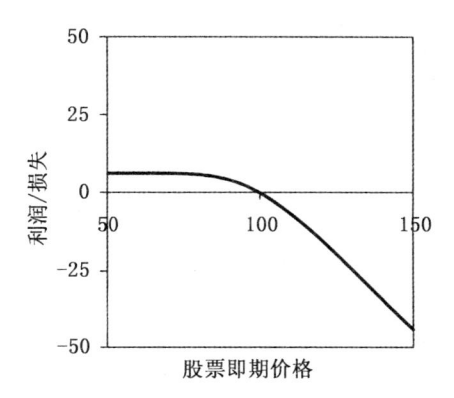

图 17.3 卖出看涨期权的即时损益状况

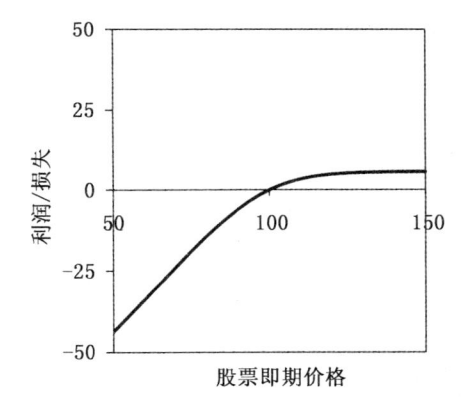

图 17.4 卖出看跌期权的即时损益状况

负的伽马值

图 17.5 中的曲率表明,空头跨式期权是伽马为负值的持仓。这是典型的"错误路径"的风险暴露。无论股价上升或下降,该策略都会出现损失。不仅如此,如果标的股票价格出现大幅变动,损失就开始加速累积。

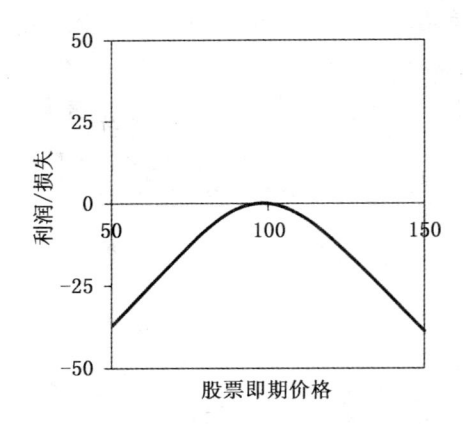

图 17.5　空头跨式期权的即时损益状况

(1)股价上升。卖出看涨期权的损失开始超过卖出看跌期权的获利(卖出看跌期权最大化期权费)。跨式期权的德尔塔值向负值方向越变越大。最终跨式期权恰似卖出标的资产。

(2)股价下降。卖出看跌期权的损失开始超过卖出看涨期权的获利(卖出看跌期权最大化期权费)。跨式期权的德尔塔值向正值方向越变越大。最终跨式期权恰似买入标的资产。

空头跨式期权的潜在利润

图 17.5 相当清晰地显示了,如果股价向着任意方向变动,除非变动很小,空头跨式期权都将遭受损失。那么,如何才能赚钱呢?

答案就是空头维加策略和多头西塔策略。空头维加意味着,如果标的股票价格的波动率下降(其他因素保持不变),那么,两种期权的价值就会变小。多头西塔意味着,随着时间流逝,同样的情况就会发生。在这种情形下,跨式期权的卖方需要的就是两种期权的价值损失,因为空头跨式期权的利润不会受到损害。通过回购用来构造资产头寸的看涨期权和看跌期权,就可以达到这个结果。

即时损益再计算

图 17.6 可以描述这一点。图 17.6 显示了流失 30 天后的空头跨式期权的即时损益状况。这里还假设标的资产波动率下降了 5%。图 17.6 显示,如果 30 天后即期价格仍处在 100 美元的敲定价格水平(波动率下降 5%),空头跨式期权

就会获利。最初卖出时所得期权费为每股 11.75 美元。这笔费用小于回购构造策略的看涨期权和看跌期权用来平仓的费用。

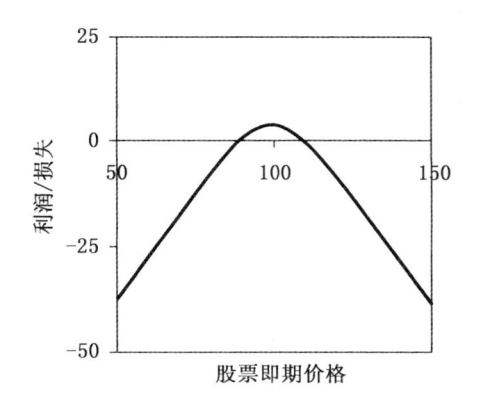

图 17.6　30 天后且波动率下降 5% 的空头跨式期权即时损益状况

由于两种期权都损失了时间价值,所以,图 17.6 中的期权价值曲线已经向上移动。简单来说,标的资产价格必须上升或下降大约 10 美元才能超过波动率下降和时间折损(维加和西塔效应)所导致的利润。

空头跨式期权的风险管理

卖出跨式期权所涉主要风险是负伽马。正如前一节所讨论的,这是一个"错误路径"的风险暴露。负伽马值越高,则德尔塔中性性质被打破得越快,当标的价格发生波动时,该策略遭受损失的速度越快。

有一个降低风险的办法就是,卖出跨式期权,同时买入同一种标的资产基础上的虚值看涨期权和看跌期权。这样可以对标的资产价格的较大波动形成一定程度的保护作用。

图 17.7 显示了卖出敲定价格为 100 美元的跨式期权,同时买入敲定价格为 110 美元的看涨期权和买入敲定价格为 90 美元的看跌期权的到期日损益状况。卖出跨式期权所得的期权费为 11.75 美元。买入看涨期权和看跌期权所支付的期权费为 4.5 美元。因此,整个组合策略所得的净期权费为 7.25 美元,这也是可以得到的最大利润。最大损失为 2.75 美元。

买入虚值看涨期权和看跌期权的效应是限制潜在损失。它还可以降低负伽马,从交易的角度来看,这意味着对于标的即期价格大幅波动,基本维持德尔塔

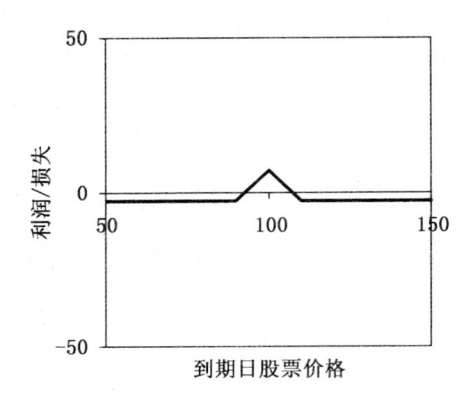

图 17.7　空头跨式期权降低风险

中性交易。问题是,买入两种期权都要花费期权费,这将降低可得利润[这种组合策略有时被称为"铁蝴蝶"策略(iron butterfly)]。

动态对冲

另一种试图降低空头跨式期权的负伽马值的办法是动态调节仓位和动态管理风险。例如,如果标的即期价格保持上升态势,空头跨式期权的德尔塔为负值,持仓的损失将加速。

这个问题可以通过"德尔塔买入交易策略"加以应对,也就是说,买入一些标的资产。这有助于化解股价进一步上升导致的损失。然而,存在一个潜在的困难。如果即期价格随后再一次下降,为了达到德尔塔中性而买入的股票就不再符合需求。它们必须以低于买入的价格被卖掉,这样就出现了损失。

情况相反,即如果标的股票价格下降,结果也相同。卖出跨式期权的德尔塔为正值,恰似买入股票。有一个办法应对这个问题,即卖出标的股票,但是,如果即期价格随后上升,那么,卖出的仓位必须平仓,从而出现损失。

> **追逐德尔塔**
>
> 正如第 15 章中所讨论的,追逐德尔塔可能出现极高的成本。经验是,卖出跨式期权的交易者必须对波动率预测非常自信。如果标的股票价格小幅波动,那么,交易风险可以在合理的成本下进行管理,并且可以在总体上盈利。可是,如果标的股票比预期波动率大得多,那么,管理德尔塔风险暴露所出现的损失将超过开始时收取的期权费。

空头勒束式期权策略

空头跨式期权具有无限潜在风险,并暴露在标的资产即期价格的变动之下。有一种办法可以降低这种风险,即构造一个空头勒束式期权。它由卖出看涨期权和看跌期权所构成,标的资产相同,到期日相同,但是,敲定价格为虚值状态。

图17.8显示了敲定价格分别为110美元和90美元的看涨期权和看跌期权所构成的空头勒束式期权的到期日损益状况。它与图17.2所示的空头跨式期权到期日收益状况形成鲜明对照。

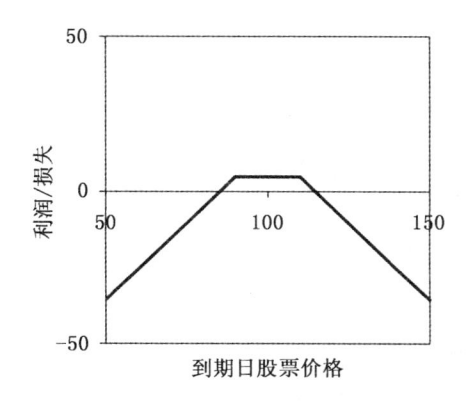

图17.8 空头勒束式期权到期日损益状况

比较空头跨式期权,该策略的优点是,在初始期权费损失掉之前,标的股票价格一定要出现大幅的变动。空头勒束式期权的弱点是,所得期权费收益被大幅降低了,因为两种期权的敲定价格都是虚值状态的价格。在这个特定的例子中,所得的初始期权费大约为4.5美元,相比较而言,图17.2中显示的空头跨式期权的期权费为11.75美元。

波动率交易策略的新方式

现在,通过一系列创新产品,比如波动率掉期(volatility swap),波动率交易策略成为可能使用的策略。这是远期合约的一种类型,其收益取决于给定资产的固定波动率水平与合约期限内资产的实际波动率水平之间的差异。

现在,在芝加哥期权交易所,还可以交易波动率期货和波动率期权。

> **芝加哥期权交易所波动率指数**
>
> 1993年芝加哥期权交易所推出了波动率指数。波动率指数测度的是波动率预期,并将波动率预期植入到期日为30天的标准普尔500指数期权。用一个简明的公式可以直接推导出标准普尔500波动率的市场预期,而不需要基于期权定价模型导出隐含的波动率假设。在交易日的每一时点都可以计算出波动率指数。

波动率指数被用来作为一系列交易所交易的期货和期权产品的定价基础,帮助交易者下赌注或对冲波动水平的变化。波动率指数有时被称为"投资者恐慌指数",因为,在金融市场的恐慌程度提高以及急速下跌的时期,波动率指数增加。

日历或时间价差

本章讨论的最后一种套利交易策略是日历或时间价差策略。这种策略的设计是为了利用这样的情况,即在标的资产相同的条件下,距离到期日越近的期权,相对于距离到期日时间越长的期权,时间价值折损速率越快——西塔的绝对值越高。

图17.9显示了基于相同标的资产的3月期看涨期权和1月期看涨期权的时间价值折损情况。假设定价模型中其他所有因素保持不变,只有时间流逝,期权在每一个时期都被重新估价。图17.9显示,在这样的假设条件下,距离到期日越近的期权的时间价值折损速率越快于距离到期日时间较长的期权。

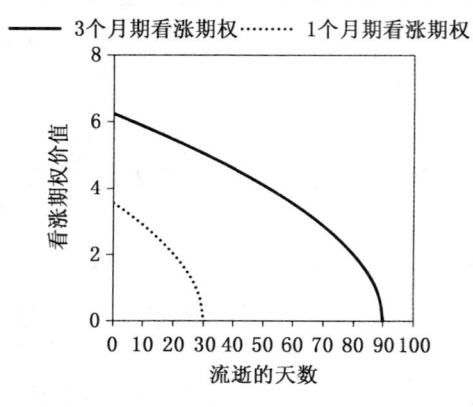

图17.9 不同到期日的看涨期权时间价值折损情况

利用这种情况,时间价差策略可以被组合起来加以运用。它可以将卖出 1 月期看涨期权与买入 3 月期看涨期权相结合。在其他因素不变的条件下,随着时间的流逝,距离到期日越近的期权的时间价值折损速率越快于距离到期日时间较长的期权。由于卖出的期权被回购,买入的期权再卖出,从而结束交易,因此,就可以产生交易利润。卖出的看涨期权价值损失的速度越快,则越好,因为,这样可以更便宜的价格回购。

西塔值

在交易开始时(不存在交易日流逝),图 17.9 中 3 月期看涨期权的多头资产部位的西塔值大约为－0.04 美元。这意味着,在定价模型中的其他因素保持不变的条件下,如果流逝 1 日,则每股的时间价值损失大约为 4 美分。

然而,1 月期看涨期权的空头头寸的西塔值大约为 0.06 美元。这意味着,在定价模型中的其他因素保持不变的条件下,如果流逝 1 日,则每股的时间价值所得大约为 6 美分,这个期权的时间价值所得较大。随着交易日的进一步流逝,时间价差交易策略的潜在收益会增大。这就是时间价值折损率非线性的原因。

时间价差风险

风险是决定期权价值的所有其他因素保持不变带来的风险。在上述例子中,基于交易开始时的现货价格,两种期权平值对敲,所以,德尔塔值就呈现出来——卖出看涨期权的德尔塔为负值,买入看涨期权的德尔塔为正值。

对于标的股价的小幅变动,整体资产的净损益接近于 0;一种期权的损失会被另一种期权的收益所弥补。然而,卖出 1 月期看涨期权的伽马值高于买入 3 月期看涨期权的伽马值。这意味着,对于标的价格较大幅度波动来说,德尔塔中性将被打破。例如,如果股价急剧上升,卖出看涨期权的损失将超过买入看涨期权的获利。

本章小结

任选期权是一种非标准化期权,一定的时期过后,买方有权决定期权为看涨期权还是看跌期权。这种期权的收益与跨式期权相似。空头跨式期权是由基于相同的标的、相同的敲定价格、相同的到期日,卖出看跌期权和看涨期权所构成的。关注波动率时,通常运用这一策略。它是空头维加策略。这意味着,用于期权定价的波动率假设下降,那么,(其他因素保持不变的条件下)看涨期权和看跌期权就可以较便宜的价格回购。这样就可以实现交易利润。

空头跨式期权的问题是存在很高的风险。如果标的资产价格剧烈上升或下降,这一策略就会产生巨大损失。这是负伽马交易策略,意味着损失真正地开始加速。有一种方式可以限制潜在损失,即基于相同标的,买入虚值看涨期权和看跌期权。另一种可能性的方式是卖出勒束式期权而不是跨式期权。这种策略类似于卖出跨式期权,但是,期权敲定价格是虚值状态的价格。这样面对标的价格变动的风险敞口较低。这两种方式的问题是降低了潜在利润。

现在,运用波动率掉期或交易所交易的波动率期货和期权,赌或对冲个股波动或股指波动成为可能。基于波动率指数的芝加哥期权交易所的合约是尤其重要的交易工具。波动率指数测度的是内在于标准普尔500指数期权的波动率预期。

月度或时间价差交易是把握不同期权随着时间变化以不同折损率损失价值的一种策略方式。然而,如果标的资产的市场价格出现巨大变动,就会有风险。

第18章 可转换债券与可交换债券

导 论

标准可转换债券(也称为转换债券或CB)持有人有权将债券转换为事先确定的一定数量的股票。股票是债券发行人所持有的股票。通常,转换可以发生在债券有效期的绝大多数时间内。债券能够转化的股票数量比称为转换率。那些股票的现值被称为对价或可转换债券的转换价值。有些可转换债券的转换率可以根据环境的变化加以调整。

可转换债券嵌入了标的股票的看涨期权,如果股票价格上升,则可转换债券的价值增大。当可转换债券初次发行时,投资者无须向嵌入式期权的发行人支付期权费。相应地,与投资于相同发行人发行的标准债券即没有转换特征的债券相比,投资者获得较低的票面利率(利息率)。

与可转换债券紧密相关的是可交换债券。这种债券可以换成某公司股票,而不是换成债券发行人持有的股票。另一个变化形式是强制性可转换债券,这种债券在未来的时日必须转换成股票。

可转换债券的投资者

可转换债券的买方可分为两类:一类是由对冲基金和寻求套利和相对价值机会的交易者构成的。下一节将描述一个经典的可转换债券套利交易。第二类是更加传统的、"纯粹的"投资者。他们包括基金管理者,他们持有股票风险敞口以寻求额外收益,但是,又想避免过多风险以确保基金投资的资产价值。对于更加强调风险规避的投资者来说,可转换债券的优点是明显的。

(1)资本保护。是否将可转换债券转换成股票,则没有必然的义务。如果股票的表现不良,可转换债券可以一直保持为债券资产,获取票面利息(利息收益),到期日重新获得票面价值。基于一个又一个交易日,尽管嵌入式看涨期权的价值下降,但是,作为纯粹债券的可转换债券的交易价值不会低于其面值。这个特征有时被称为"债券最低限价"。

(2)股市上涨的潜在收益。另一方面,如果股票表现很好,那么,可转换债券的投资者可以按照满意的价格将它们转换为事先确定的股票量。用市场行话来说,可转换债券具有上涨的潜在收益(因为嵌入的看涨期权),同时还具有一个下降的保护作用(因为债券最低限价)。

(3)收益增进。可转换债券所得利息大于投资者在标的股票上的分红,至少在某个时期如此。如果是这样,投资者就可以获得增大了的收益,直至债券被转换。然而,如果嵌入的看涨期权特别具有新引力,情况则不同。有些可转换债券不付利息。

(4)评级。与一般股票(如普通股)相比,可转换债券具有较高的评级。公司向债券投资者支付的利息和本金优先于向持股人的支付。

(5)股票关联债券。管理固定收益基金的职业投资者可以应对买入股票的限制措施。可转换债券的优点是,虽然它是与股票关联的债券,但是,它可以被结构化为债券。如果股票价格上升,可转换债券价值也会上升。

可转换债券的发行人

历史上,在可转换债券的发行方面,低信用评级、高成长性的公司占优,特别是技术行业的公司占优。然而,近一段时期以来,信用评级更高的发行人被吸引到可转换债券发行领域,满足了投资者对股票关联债券日益增长的偏好。

信用评级较低的公司将发现,在可接受的价格水平上卖出股票是困难的。在投资者看来,这些股票具有很大的风险。另一方面,如果这类公司发行普通债券,投资者要求的利息率则过高;否则,就没有购买者。果真如此,公司则会发现,利用可转换债券市场,能够提高筹资效率。

由于存在债券最低限价,可转换债券的投资者拥有了很好的资本保护措施。如果股票价格表现好,还会有诱人的收益预期。另外,如果发行价固定,还可以吸引到试图构造套利策略的对冲基金和其他交易者。

对发行人的好处

总之,对于公司来说,可转换债券能够提供一个有用的融资渠道。与出售股票或定期发行普通股相比,发行人可以获得大量的潜在好处。

(1)低成本负债。因为投资者拥有转换股票的选择权,可转换债券的发行人的利息支付少于公司支付的普通债券的利息(即向不具有转换特征的债券支付的利息)。此外,发行成本通常较低。通常来说,获得信用评级也不是那么重要。

(2)按照一定的期权费卖出股票。可转换债券的转换价格构成是,投资者买入股票的费用,加上此后转换成债券的费用。与现货市场上的股票价格相比,可转换债券发行后,转换价格就被确定为期权费。在牛市条件下,期权费可能是50%或更多。投资者之所以接受如此高的期权费,是因为他们相信在债券的有效期内股价上涨幅度不会低于这个百分比。对于发行人来说,这等于大幅高于股票发行价格水平(假设债券被转换)卖出股票。

(3)税收抵扣。通常,公司可以用利息支付而不是用分红来抵扣税收。在投资者决定转换以及公司用股票发行替代之前,发行可转换债券的公司可以从所谓的税盾中得到好处。

(4)弱信誉评级。可转换债券市场可以帮助信用评级较低的公司利用资本市场筹资。这样,股价通常具有较高的波动率,从而增大了嵌入式看涨期权的潜在收益,进而将对冲基金吸引到可转换债券市场。

可转换债券的估值

本节考察过去按照面值 100 美元发行的可转换债券,现在距离到期日还剩 5 年时间。有关债券的具体信息如下:

(1)发行人:XYZ 公司。
(2)面值或名义价值=100 美元。
(3)转换比率=20(债券转换为 20 股 XYZ 公司的股票)。
(4)息票率=年息率 5%。
(5)转换特征:随时可以被转换。

当可转换债券首发时,息票率被设定为低于无转换特征的普通债券。然而,由于存在嵌入式看涨期权的价值,所以,投资者还是买入可转换债券。发行时,可转换债券的价值构成大致为:75%属于债券价值,其余属于期权价值。

债券价值

这个例子是关于可转换债券的定价的例子而不是发行的例子,但是,涉及发行后的一些时间,距离到期日剩余 5 年的时间。

假设这个信用评级的普通债券应得收益目前为年息率 5%,完全等同于可转换债券的息率。这意味着可转换债券的债券价值现在恰恰是面值,即 100 美元。既然这代表了未来利息和本金的现值,那么,可转换债券不会低于债券价值交易(因为债券最低限价)。可转换债券价值是否大于 100 美元,则取决于 XYZ 公司的当前股票价格。

平价或转换价值

假设股票的现货价格目前是 6 美元,这可以被用来计算债券平价或转换价值。

平价=6 美元×20 股=120 美元

平价测度的是可转换债券中的股票价值。它测度了债券可转换股票的现值。正如可转换债券不应低于其中的债券价值交易一样,假设即刻转换是允许的,购入可转换债券也不可能低于其平价。

原因是存在套利可能性。如果交易者可以低于 120 美元买入债券并即刻转换成价值 120 美元的股票,交易者就可以无风险获利。市场力量将阻止这种情况的发生,可转换债券至少按照其平价进行交易。

可转换债券平价与内在价值

可转换债券平价与内在价值概念相关。可转换债券不应低于其平价交易,同样,美式看涨期权不应低于其内在价值交易。

转换溢价

是否意味着可转换债券只能按照平价交易?否。这里至少存在两个原因:第一,与标的股票不同,可转换债券以债券最低限价提供了资本保护。第二,可转换债券还有 5 年到期,因此,尚有股价上升的大好机会,将驱动可转换债券价值进一步上升。可转换债券内置了一个 20 股 XYZ 公司股票、5 年到期的嵌入式看涨期权,存在巨大的时间价值。

投资者准备支付的且高于可转换债券平价的货币量被称为转换溢价或对平价的溢价。假设 XYZ 公司股票的当期价格为 6 美元,因此,可转换债券的平价为 120 美元。如果可转换债券市场交易价格为 150 美元,则转换溢价计算如下:

转换溢价=150 美元-120 美元=30 美元

转换溢价百分率＝30 美元/120 美元×100＝25％

每股转换溢价＝30 美元/20 股＝1.5 美元

如果投资者买入可转换债券的价格为 150 美元并立即转换,那么,每股的买入成本就是 7.5 美元。这样,每股转换溢价 1.5 美元或转换溢价百分率 25％高于现货市场买入股票的费用。这还意味着,在投资者按照 150 美元价格买入可转换债券并将债券转换成股票获利之前,股价升幅必须大于 25％。

注意,转换溢价的表述并不完全等同于"期权溢价"的现代术语,尽管它们之间相互关联。下一节将讨论这个问题。

转换溢价与平价

图 18.1 描述了上一节所讨论的、在标的股票现货不同价格范围内的可转换债券的债券价值、平价和转换溢价之间的基本关系。这里,影响可转换债券价值的所有其他因素保持不变。假设债券价值(债券最低限价)为 100 美元,目前尚有 5 年到期。可转换债券定价的假设条件是标的股票的波动率为 30％并且股票不分红。既然可转换债券的息票率为 5％,这就意味着投资者持有债券可以获得收入。

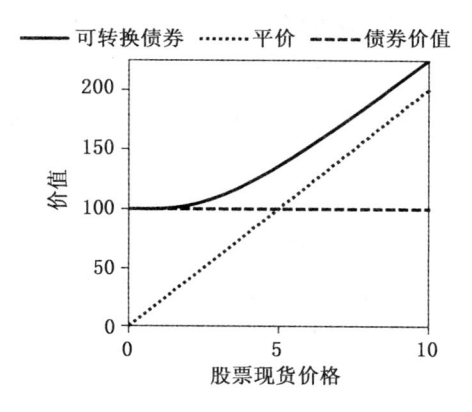

图 18.1 当前股票价格与可转换债券价值

在图 18.1 中,对角虚线显示的是平价。既然可转换债券可以被转换为 20 股,因此,股价与平价的关系是线性的。如果股价非常低,(比如)是 1 美元,那么,平价就是 20 美元。如果每股价格为 10 美元,则平价就是 200 美元。水平线显示的是债券最低限价:无论当期股票价格处于怎样的水平,可转换债券的债券价值都是 100 美元。可转换债券的总价值由实线来表示。

转换溢价

在图 18.1 中,在既定股票价格条件下,可转换债券总价值与平价之间的差额就是转换溢价。存在两个主要因素影响转换溢价,并且其决定意义基于股票价格的交易所在地。

1. 债券最低限价。在很低的价格水平下,可转换债券的价值就变成了债券最低限价。可转换债券以最低限价转换为债券且嵌入的看涨期权价值为 0,则几乎是不可能的。可转换债券处于完全虚值状态。转换溢价主要决定于可转换债券持有者无义务转换并且他们愿意并能够以纯粹债券投资的形式持有可转换债券。如果投资者拥有股票,而不是拥有可转换债券,那么,股票的价值就会沿着对角平价线下降。

2. 嵌入看涨期权。在很高的股价水平上,可转换债券的价值收敛于平价。既然可转换债券将被转换为股票的可能性几乎为 100%,那么,可转换债券的交易就等于 20 股股票的交易。最终的收益几乎不存在不确定性。嵌入的看涨期权处于完全实值状态而且(这样的期权)时间价值构成相对较小。

影响可转换债券价值的其他因素

人们常说,"可转换债券只是一只债券加一份期权"。当用来解释可转换债券的基本结构时,这是一个很好的定义。但是,在实务中,会有一点点误导,因此,需要纠正。

第一,通常可转换债券在一定时期内可以被转换,而不只是在到期日。定价方法必须考虑这样的事实,即可转换债券不应低于平价交易,否则,就会出现套利机会。

第二,当可转换债券被转换的时,发行公司通常就会发行新的股票。这就出现了股票价值的稀释效应。

第三,图 18.1 中假设股票价格的变化对债券最低限价不产生影响。在实务中,这是不可能的。可转换债券是由一家公司发行并且可以转换成该公司股票的债券。如果股价崩溃,债券最低限价也会下降,因为存在一种担忧,即公司会赖账。在可转换债券的价值评估过程中,对于股价变动和债券最低限价的关系必须做一些假设。

最后,内在于可转换债券复杂的提前赎回特征影响可转换债券的价值。例如，如果在一定时期内交易价格超过了一定的触发水平，发行者有权按照固定价格提前赎回债券。通过赎回公告的方式，发行者可以促进转换。发行者可以高于当期股票价格的水平确定转换价格，卖出新的可转换债券。有些可转换债券包含若干赎回特征。

> **可交换债券的定价**
>
> 可交换债券是指可以交换成除债券发行公司之外的一家公司的股票。与可转换债券相比，可交换债券的一个优点是，由于股票是其他公司的股票，标的价格的变动与发行者信用评级的变化不是非常紧密相关。

可转换债券套利

交易者和对冲基金常常将可转换债券视为"买入波动率"的最便宜的一种方式。当嵌入的看涨期权的隐含波动率相对较低时，情况如此（第14章介绍了隐含波动率）。

利用这种情况的一种方法就是，买入可转换债券，同时卖出基于相同标的的交易所交易的或场外交易的期权，这里，假设这些合约的交易具有较高的隐含波动率。实际上，这将涉及相继买入同种标的的"便宜的"期权并卖出更贵的期权。

这并不是完全套利行为，因为可转换债券的价值受影响的因素不只是标的股票价格的变动。例如，如果发行者的信用评级被降低，债券最低限价也将下降，进而可转换债券总价值下降。

经典的可转换债券套利

"经典的"可转换债券套利交易涉及按照恰当的比例买入可转换债券，同时卖出标的资产。以上一节的可转换债券为例，即可转换债券转换为20股的XYZ公司股票。

假设标的股票的交易价格为5美元，可转换债券的德尔塔值为0.75。（对于标的股价格的小幅变动）可转换债券价值的变化与买入标的股票15股的价值变动相似（0.75×20）。在经典的套利交易中，这与卖出XYZ公司股票15股是对应的。

买入可转换债券，获得了基于标的股票的嵌入看涨期权。这是一个正德尔塔头寸。如果出现负德尔塔头寸，则卖出标的股票，以实现平衡。这意味着，（对于股价的小幅变动)损益相互抵消。对于总体的头寸来说,德尔塔为中性。

可转换债券套利举例

让我们继续讨论上节介绍的套利的例子。假设交易者按 100 美元的平价买入可转换债券。当前 XYZ 公司的股价为 5 美元,可转换债券的德尔塔为 0.75。交易者卖出 15 股去实现可转换债券头寸的德尔塔对冲。

再假设标的股票的价格上升了 0.01 美元,且其他因素的变化不影响可转换债券的价值。可转换债券的利润以及卖出股票资产的损失如下所列:

可转换债券的利润＝0.01 美元×0.75×20 股＝0.15 美元

股票的损失＝0.01 美元×(－15 股)＝－0.15 美元

然而,如果股票价格急剧上升,可转换债券的利润将超过股票资产的损失,因为可转换债券从嵌入看涨期权的正伽马头寸获得收益。相反,由于伽马为正,如果股票价格急剧下跌,可转换债券的损失将低于卖出股票资产所得收益。

例如,如果股票价格上升了 2 美元,那么,基于德尔塔值预测的可转换债券价值上升 30 美元。

基于德尔塔值预测的可转换债券的利润＝2 美元×0.75×20 股＝30 美元

为了使问题简单化,可转换债券的价值构成是单纯债券价值 100 美元加上 20 股 XYZ 公司股票的看涨期权。年波动率假设为 30%。这种方法告诉我们,标的股票价格上升 2 美元将实际导致可转换债券价值提高约 33 美元,而不是 30 美元。"超额的" 3 美元则是伽马效应创造的。同时,在德尔塔对冲交易(对于股价上升 2 美元来说)中,卖出 15 股的损失也只有 30 美元。

运用可转换债券套利交易的风险与利润

图 18.2 显示了针对标的股票价格的不同水平进行套利交易的理论上的利润,这里有一个假设,即可转换债券定价模型中的其他因素保持不变。图 18.2 显示可转换债券、卖出标的资产以及然后交易复合资产即实施可转换债券套利策略的损益情况。

"经典的"可转换债券套利交易策略是正伽马交易策略,在图 18.2 中由复合资产的凹形曲线所示。标的资产的现货价格翼展越大,则利润越趋于增加。该策略也是正维加策略。这意味着,如果市场交易中的标的资产波动率上升,则能

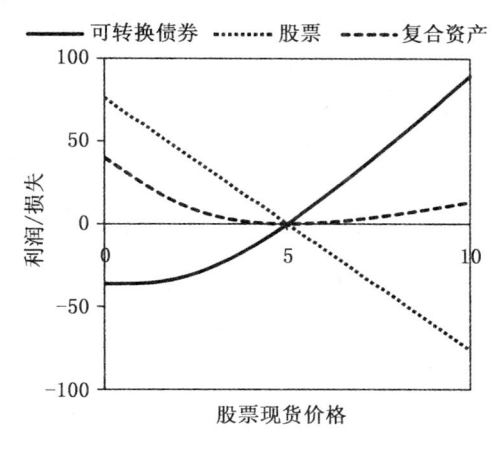

图 18.2　可转换债券套利策略

够获得利润,从而可转换债券中嵌入的看涨期权价值增大。

运用可转换债券套利交易的风险

尽管被称为经典可转换债券套利交易策略,但是,通常构造的可转换债券套利交易策略并非纯粹的套利交易。原因是存在大量的风险。

(1)维加风险。如果波动率预期下降,可转换债券将会失去价值。同时,对标的股票价格的影响就很小,或者,即使标的股票价格上升,但是卖出标的股票将会导致损失。

(2)信用风险。如果发行者的信用级别被降低,可转换债券中的债券价值也会下降(这还将伴随着标的股票价格下降,卖出股票资产将导致损失)。这种信用风险可以通过信用违约掉期交易加以防范,但是,必须承担一定的成本。

(3)流动性风险。可转换债券不具有流动性,从而增大了交易成本以及由于迅速"逆风向而动"的套利交易困难和成本高所带来的风险。

(4)借入股票风险。为了做空股票而借入股票导致承担的费用,而且,这样的策略在某些情况下很难实施。股票出借人会要求归还股票,从而形成风险。

另外,可转换债券内置了"赎回"特征,因此,发行者可以提前结束合约。这就为多头可转换债券可能获得的利润设置了高限。

强制性可转换债券和强制性可交换债券

顾名思义,强制性可转换债券(MC)是投资者必须在未来某日转换的债券。

例如,为了降低债务负担,2003年德国电信公司发行了23亿欧元的强制性可转换债券。

强制性可交换债券(ME)是同其他公司交叉持有股票的公司发行的,公司希望在未来某日处置这些交叉持有的股票。事实上,债券是可以被赎回的,或者股票被远期卖出,只是提前获得现金。不是在现货市场卖出股票,而是通过这种方式处置股票,对于公司来说,理由很多。

(1)这样做将更有利于税收的有效安排。

(2)市场效应较小——宣布大量卖出股票会严重影响市场价格。如果公司试图持有部分股票,这种做法尤其痛苦。

(3)在某些时期内卖出股票存在法律和法规的限制。

强制性可交换债券(ME)债券的一个简单举例

简单的例子有助于解释基本理念。下一节我们将给出一个更加具体而真实的例子。假设一家公司拥有大量的股票并希望在一年后抛掉股票。股票现货市场价格为100美元,每股年分红为1美元,每年的年利率为5%。所以,运用第2章中建立的现金—持有成本分析方法,一年期的公平远期价格为104美元。

股票的远期价格=100美元+5美元-1美元=104美元

公司可以寻找经纪人并同意在场外市场中卖出股票远期合约。如果约定的远期交易价格为每股104美元,那么,公司可以按照这笔交易所保证的未来现金流,借入相应的货币。由于一年后将得到每股104美元的价格,所以,按照年利率5%,目前公司可以按照每股99美元的价格借入资金。

另一种选择是,公司不采取卖出远期合约的方式,可以采取更好的方案,即通过公开市场向投资者卖出强制性可转换债券(MC)。债券的要件如下:

(1)债券发行价格=100美元;

(2)到期期限=1年;

(3)交换比率=到期日每单位债券强制性转换为1股;

(4)折扣率=0%(也就是说,债券不付息)。

在这样的结构下,投资者买入一单位债券付100美元,一年后,他们每单位债券转换为1股(别无选择)。事实上,公司将在一年后向债券投资者卖出股票,但是,公司获得资金的过程提前发生了。这样做的好处是,公司事先获得了每股100美元,取代了与卖出股票远期合约匹配的99美元。

在实务中,强制性可转换债券(MC)和强制性可交换债券(ME)可以构造成为防止股票价格下跌的合约。另一种选择是,无资本保护,但是,投资者获得了诱人的折扣,可以补偿债券转换股票的转换成本。下一节将讨论这个例子。

构造强制性可交换债券

这些方案的优点是,它们可以用不同的方式捆绑起来,从而对投资者更具有吸引力。

投资银行采用的一项技术是按照某个折扣率(固定利率)发行强制性可交换债券,这种债券对于投资者非常具有吸引力。相应地,投资者在到期日有义务将债券换成股票,并运用一个交换比率公式从而造成乍看起来同买入实实在在的股票相比,股票价格的预期上涨率较低。

例如,这个交易将按照下列路径构造。在这个例子中,标的股票是 XYZ 公司的股票。股票的当期交易价格为 100 美元,且不分红。

(1)债券发行价格=100 美元。

(2)到期期限=3 年,到时间债券必须被交换成 XYZ 公司股票。

(3)交换比率:如果到期日 XYZ 公司股票价格低于 100 美元,债券投资者每单位债券换 1 股。股票价格介于 100~125 美元之间时,投资者得到的股票价值为 100 美元。

(4)如果股价高于 100 美元,债券投资者每单位债券交换 0.8 股。

(5)债券折扣率=年折扣率 5%。

强制性可交换债券的资本损益

图 18.3 中的实线显示了基于一定范围可能的股价水平,投资者投资强制性可交换债券到期日的资本收益或损失。这里的假设是,投资者在债券发行时买入债券的价格为 100 美元。形成对照的是,虚线显示了,如果用买入 XYZ 公司的股票来替代 100 美元的债券买入价格,投资者将面临收益或损失。

有几个例子可以帮助我们解释图中的强制性可交换债券的价值。回想一下,债券的买入价格为 100 美元。这些例子显示出了强制性可交换债券到期日时股价的各种不同可能价值。

(1)股价=75 美元。投资者得到每股价值 75 美元,因此,债券的资本损失为 25 美元。

(2)股价=100 美元。投资者得到每股价值 100 美元,因此,债券的资本收

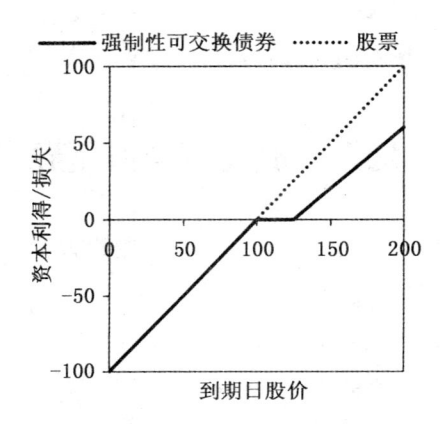

图 18.3 到期日强制性可交换债券的收益/损失

益为 0。

(3)股价＝100～125 美元。投资者得到每股价值 100 美元,因此,债券的资本收益为 0。

(4)股价＝150 美元。投资者得到 0.8 股的价值为 120 美元,因此,债券的资本收益为 20 美元。这个收益比开始时投资者买入每股 100 美元的 XYZ 公司股票,低了 30 美元。

在股价高于 125 美元的水平时,投资者开始预期股价将进一步上升,但是,预期股价上升的幅度比开始时就买入股票的预期上升幅度要小。另外,该债券并不提供传统可转换债券和可交换债券所提供的资本保护。

然而,尽管标的股票不分红,但是,强制性可交换债券具有较高的年 5% 的折扣率。投资者拥有三年的收益,然后,债券将需交换成股票。在一般股票市场中并不存在这样的资本增值机会,这是需要强调的一点。折扣收益还可以抵消三年内股票价值可能出现下降的损失。

本章小结

可转换债券可以被转换成为发行者事先确定的股票数量,可以根据债券拥有者的决定而定。所得的股票数量决定于转换比率。可转换债券的平价是债券与股票捆绑的价值,即转化比率乘以当期股票价格。可转换债券最低限价是纯粹的债券价值。假设立即转换是可能的,则可转换债券不会低于其最低限价或平价被交易。超过平价的价值被称为转换溢价。

转换溢价受嵌入在可转换债券中的看涨期权价值影响。在低股价水平上，可转换债券不可能被转换，其交易价格接近债券最低限价。转换溢价高。在高股价水平上，可转换债券很可能被转换，其交易价格接近平价。转换溢价低。

希望从股票价格上升中获利、而不愿意承受股价下跌导致超额损失的投资者购买可转换债券。对冲基金和其他机构也购买可转换债券，作为获得便宜的期权的手段。经典的可转换债券套利交易涉及买入可转换债券并卖出标的股票。交易的收益来自于波动率上升。在实务中，可转换债券的估价是复杂的，因为，它常常内置了一个"赎回"特征，允许发行人在到期日之前回收债券。

可交换债券是某个机构发行的并可以交换为另一家公司股票的债券。有时，发行机构需要拥有另一家公司的股票资产。与直接卖出股票不同，卖出可交换这些股票的债券可以募集成本相对较低的债务资金。

买入强制性可转换债券或强制性可交换债券的投资者有义务在未来某日归还债券并取得股票。债券可以这样构造：投资者获得高折扣率，或获得一定水平的资本保护。

第 19 章 结构化证券

导 论

衍生品的优点之一是,它们可以被组合起来,从而创造出新的风险管理解决方案。类似地,银行和证券交易所运用衍生品,瞄准机构投资者市场和个人投资市场,可以创造新的交易品种。

各种不同风险水平和回报特征的交易产品被创造出来,从而吸引着不同市场条件下、不同类型的投资者。投资选择不再局限于买入债券、股票或把钱存进储蓄账户。衍生工具可以创造出的证券,其收益取决于一系列变量,包括汇率、股票指数、公司债务违约率、商品价格,甚至电价或地震等自然灾害的发生概率。

> **面对风险的态度**
>
> 有些结构化产品瞄准的是更谨慎或风险规避型投资者。这些产品内置了这样的特征,即对投资者的初始资本提供至少某一百分比的保护。其他产品实际上提高了风险水平,是为那些希望获得较高潜在收益的投资者而设计的。第 1 章已经讨论了这类产品的某些潜在缺陷。

衍生品还有助于金融机构和公司将风险资产"打包"卖给准备获得适当的风险收益的投资者。

第 18 章给出了交易技术的例子。交叉持有另一家公司股票的公司可以发行可交换债券。公司从较低的借债成本中获得收益,并且,(假设交换发生)不必偿还所借的本金。债券可以结构化为强制性可交换债券,因此,在将来某日股票注定按照固定价格卖出,而卖出所得提前发生。

衍生品被用来创造结构化证券的方式众多,这里,(限于篇幅)只能够讨论的方式仅有几种。本章的第一节讨论一种非常典型的结构,即资本保护型股票挂钩票据。这里反映了为了投不同投资群体所好,可以运用大量的不同方式并考虑不同的组成部分,来构造产品。

最后一节描述了收益与借贷或证券组合违约风险水平相关的结构化证券。在受"信用紧缩"影响之前,这类结构化证券是金融领域中增长最大的产品之一。

资本保护型股票挂钩票据

典型的资本保护型股票挂钩票据(ELN)向投资者提供的是资本保护加上一定水平的标的股票组合或一篮子价值上涨。当资本保护型股票挂钩票据在零售市场卖出时,产品的收益通常与著名的股票指数相关联,比如美国的标准普尔500指数或英国的《金融时报》100指数。像这样的指数只是循着股票组合的价值变化而变化。

在特别的时间点还可以强调某种"主题"来构造资本保护型股票挂钩票据,以吸引投资者,例如,收益可能决定于小公司股票或技术股的股指价值。

本部分考查的是银行结构化服务业务部门如何构造和管理典型的资本保护型股票挂钩票据风险。资本保护型股票挂钩票据是基于现货市场价值为5 000万美元的美国标的股票组合的结构化证券。资本保护型股票挂钩票据将以5 000万美元的总价卖给投资者,2年后到期。这些票据在到期日被兑换成现金,也就是说,投资者将被支付到期时的美元价值,并不得到实实在在的股票。

股票挂钩票据(ELN)的到期价值

股票挂钩票据的到期价值可以按照下列公式加以计算:

到期价值=(本金×资本保护率)+(本金×一篮子升值率×参与率)

例如,假设所发行的股票挂钩票据资本保护率为100%,2年内一篮子股票价值上升的参与率为100%。如果到期日一篮子股票价值为4 000万美元,那么,全体投资者拿回了初始投资的5 000万美元,未承受资本损失。但是,如果一篮子股票价值上升(比如)50%,那么,到期日投资者集体付出总额7 500万美元。

到期价值=(5 000万美元×100%)+(5 000万美元×50%×100%)
　　　　=7 500万美元

资本保证

结构化证券业务部门如何构造和对冲这些票据的?第一步是保证投资者的

资本不受损失。这里,策略是拿出卖票据所得 5 000 万美元的一部分,投资于两年期货币市场,因此,由于存在利息,到期日价值增值恰好等于 5 000 万美元。

假设存在一个适当的固定利率投资机会,年利率为 5.6%。这样,如果将 4 484 美元投资于这种类型,2 年后的到期日价值为 5 000 万美元。这样便可以保证结构化票据中的 5 000 万美元(附录 A 中将解释这种类型票据的复利计算公式)。

参与(分担)的生成

结构化证券业务部门的下一步要做的就是找到一种方法向投资者支付组合证券价值的增值。显然,既然绝大部分从投资者那里筹集的资金被用于保证本金,那么,运用买入真实股票的证券组合方式是不可能做到的。

取而代之的是买入欧式看涨期权策略。欧式看涨期权基于两年期一篮子股票的价值,即结构化票据到期日时,获得收益。敲定价格为 5 000 万美元。假设到期日证券组合价值为 7 500 万美元,比初始价值上升了 50%。假设 100% 的资本保护率和 100% 的参与率,那么,投资者在到期日将得到 7 500 万美元。然而,这只是收支相抵的情况。储蓄期满所得 5 000 万美元,看涨期权的内在价值为 2 500 万美元。

看涨期权价值 = 7 500 万美元 - 5 000 万美元 = 2 500 万美元

最后一步是基于一篮子股票买入两年期平值欧式看涨期权。假设这样交易的总费用为 860 万美元,显然,结构化证券业务部门无法向投资者提供 100% 的资本保证率和 100% 的证券组合价值增值参与率。从投资者那里筹集了 5 000 万美元,4 484 万美元被用来储蓄,所剩仅有 516 万美元被用来购买期权合约。

参与(分担)率的计算

如果投资者要求全部资本保证,购买看涨期权的金额必须降低。事实上,结构化证券业务部门能够支付的期权费决定了参与率。860 万美元的期权费买入 100% 的参与率,所以,基于预算,能够承担的最大化参与率为 60%。

最大化参与率 = 516 万美元/860 万美元 = 60%

100% 资本保护型票据的到期价值

图 19.1 中的实线显示了到期日股票挂钩票据的潜在资本收益,前提是股票

挂钩票据提供100％资本保护率和60％的参与率。

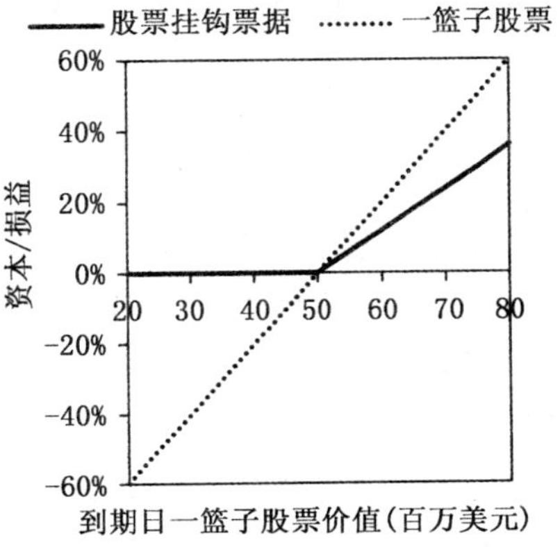

图19.1　100％资本保证的股票挂钩票据的资本损益

有一些例子可以帮助我们解释图19.1中的价值构成。假设到期日标的股票价值为4 000万美元、5 000万美元或6 000万美元。

(1)一篮子股票价值＝4 000万美元。股票挂钩票据提供100％资本保护。所以，投资者收回初始资本5 000万美元，即使标的股票价值出现大幅下跌，投资者也不承担损失。

(2)一篮子股票价值＝5 000万美元。同样，投资者收回初始资本5 000万美元，投资者也不承担损失。

(3)一篮子股票价值＝6 000万美元。投资者收回受到保证的初始资本5 000万美元。然而，一篮子股票价值上升了20％，参与率为60％，所以，投资者还获得了额外的价值为5 000万美元×20％×60％＝600万美元。投资者的资本收益率为60％×20％＝12％。

图19.1中的虚线显示了标的一篮子股票价值上升的百分比。如果到期日一篮子股票的价值(比如)为8 000万美元，那么，购买标的股票的投资者将获得60％的资本收益。股票挂钩票据的投资者将获得60％收益的60％，即36％的资本收益。

另一方面，如果到期日一篮子股票价值仅为2 000万美元，那么，股票投资者将损失60％的资本，但是，股票挂钩票据购买者将没有任何损失。需要注意的是，这个分析仅仅考虑资本损益，股票挂钩票据既不分红，也无利息。潜在投资者会购买标的股票并获得分红收益，或者将现金存进银行并获得利息。

100％参与(分担)型股票挂钩票据

有些投资者倾向获得低水平的资本保护、较高水平的标的股票组合指数价值增长的参与率。

这里,假设结构化业务部门决定提供100％参与率的机会。前一节中讲到,这将要求支出860万美元,去购买看涨期权。这样就决定了从股票挂钩票据购买者手中筹集的5 000万美元初始资本中剩余多少被用于两年期的储蓄。

可投资的剩余金额＝5 000万美元－860万美元＝4 140万美元

如果两年期的这笔投资年收益率为5.6％,到期日可得资金总额大约为4 620万美元。

这表明,到期日结构化证券业务部门仅仅能够保证回馈投资者4 620万美元,大约等于投资者提供的初始资本的92％。这里的假设是投资者在一篮子股票价值上升中的参与率为100％。图19.2显示了基于这种方式(92％的资本保护、100％的参与率)的结构化证券——股票挂钩票据——到期日的潜在资本损益。

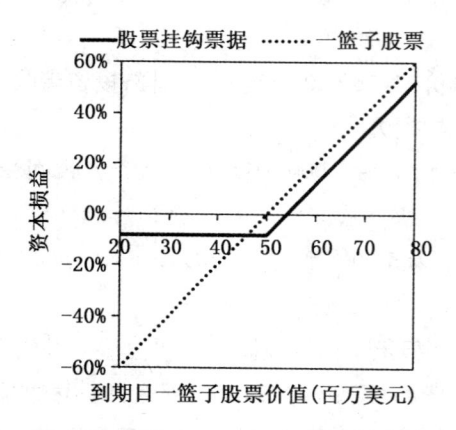

图19.2 100％参与率的股票挂钩票据的资本损益

100％参与率(分担)型票据的特征

就这些股票挂钩票据而言,如果两年到期后标的股票价值为5 000万美元,投资者收回92％的初始资本(损失率为8％)。如果投资者购买真实股票,则资本损失为0。另一方面,尽管在股票投资上损失的潜在可能性为100％,但是,股票挂钩票据最大化的损失也仅为8%。

如果到期日股票的价值超过5 000万美元,100%参与率的优势就非常明显。例如,如果股票价值为8 000万美元,这些股票挂钩票据就可以带来52%的资本收益。这与60%参与率(100%资本保护率)条件下的收益率36%相比,则是令人满意的。但是,与直接投资于股票从而获得60%的资本收益率相比,则不令人满意。

> **股票挂钩票据的不同类型**
>
> 还有一种可能性,就是向不同的购买者提供不同类型的股票挂钩票据。较高资本保护水平的一些股票挂钩票据目标群体为更重视风险规避的购买者,而100%参与率的股票挂钩票据目标群体为那些准备"承担该风险并获得潜在高收益"的购买者。

这里要注意,结构化证券在某种程度上类似于可交换债券。其特征是某种程度的资本保护加上股票关联收益。主要的不同点是结构化证券在到期日现金清算,而非股票实物交割。

参与率(分担)封顶型股票挂钩票据

继续前一节的例子,可以向投资者提供100%资本保护率和一篮子股票价值上升的100%参与率,但是,代价是股票挂钩票据利润封顶。

结构化证券业务部门如何确定利润封顶值呢?策略涉及卖出一篮子股票的虚值看涨期权,获得期权费。这样可以增大买入一篮子股票的平值看涨期权的货币量。可是,在被卖出的看涨期权敲定价格水平下,股票挂钩票据的利润必须封顶。

很容易计算出卖出虚值看涨期权所筹集的货币量。公式如下:

为达到100%资本保护率的储蓄额＝4 484万美元

为提供100%参与率而买入看涨期权的费用＝860万美元

遗憾的是,从股票挂钩票据投资者那里筹集的资金仅有5 000万美元,所以,还有344万美元的缺口。假设结构化证券业务部门与经纪人订立合约,达成敲定价为6 750万美元的一篮子股票看涨期权,从而筹集344万美元。敲定价格高出现货市场一篮子股票价值35%。

封顶型股票挂钩票据的结构

结构化证券业务部门可以承诺100%资本保护率和一篮子股票价值上升中的100%参与率,但是,股票挂钩票据的资本收益必须限制在1 750万美元。结构化证券业务部门买入一篮子股票看涨期权,敲定价值为5 000万美元。然而,超出6 750万美元的标的股票收益必须支付给经纪人,因为经纪人买入了6 750万美元的看涨期权,所以,这部分收益不能够支付给股票挂钩票据投资者。

图19.3对封顶型股票挂钩票据的资本损益与投资于标的股票的股票挂钩票据投资者的收益进行了比较。

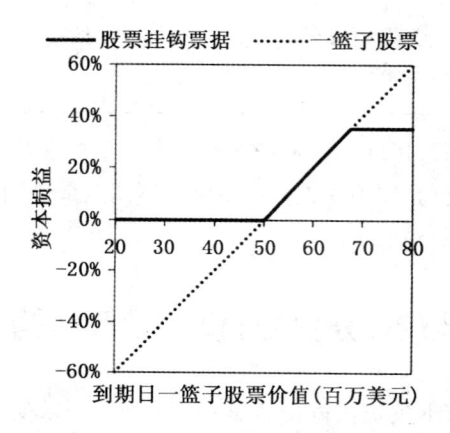

图 19.3　封顶型股票挂钩票据的资本损益

一些例子有助于我们解释图19.3中所显示的价值。假设到期日标的一篮子股票的价值为4 000万美元、6 000万美元或8 000万美元。

(1)一篮子股票价值=4 000万美元。股票挂钩票据提供100%资本保护率,所以,即使标的股票价格出现剧烈下跌,投资者仍能拿回初始资本5 000万美元,投资者没有任何资本损失。

(2)一篮子股票价值=6 000万美元。投资者收回5 000万美元的初始资本。然而,一篮子股票的价值上升到封顶线,价值上升了20%,参与率为100%,所以,投资者还得到了额外收益:5 000万美元×20%=1 000万美元。投资者的资本收益率为20%,如果投资者开始时就买入标的股票,结果也是如此。

(3)一篮子股票价值=8 000万美元。投资者收回5 000万美元初始资本。一篮子股票的价值增长60%。然而,股票挂钩票据的资本收益封顶为1 750万美元,股票挂钩票据投资者得到5 000万美元初始资本的35%。到期日投资者得到的总支付额为 6 750 万美元。

这里,股票挂钩票据的资本收益被封顶为 35%,但是,如果投资者购买真正的股票,则潜在收益是不受限制的。另外,股票可以获得分红,而股票挂钩票据不付利息。股票挂钩票据可以进行包含利息支付的结构化设计,但是,必须对其他方面的特征加以调整。例如,降低资本保护水平,或者降低封顶水平。

平均价格票据

买入股票挂钩票据,投资者关注的一个方面是到期日前的两年内绝大多数时间标的一篮子股票业绩很好,此后,股市将出现大幅下跌。这种情况可以运用图 19.4 来描述。

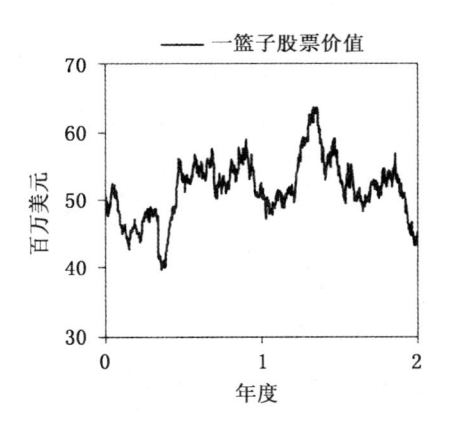

图 19.4 两年内一篮子股票的价格变化路径

在图 19.4 中,标的股票组合的初始价值为 5 000 万美元,几次上下波动之后,交易过程中的价格高于股票挂钩票据到期日前几个月的价格水平。然而,此后价格开始下滑。在本章所考虑的所有类型的股票挂钩票据中,投资者不可能从这些暂时的价格上升中得到收益。收益仅仅决定于到期日的一篮子股票价值。

有一种方法可以应对这个问题,即构造股票挂钩票据时,运用均价期权或亚式看涨期权。到期日固定均价看涨期权的价值为 0,或者说,敲定价格与标的均价之间的差价较大。

由于收益不再取决于特定时点——到期日——的一篮子股票价值,只是取决于特定时期一篮子股票的平均价值,这些合约的设计有助于适应投资者对股票挂钩票据的某种关注。这个时期可以是到期日前的 3 个月或 6 个月,甚至是期权整个合约有效期。平均价格可以基于交易日价格变化、周价格变化或月度价格变化。

> **对于结构化证券业务部门来说,该结构化证券的优点**
> 　　平均价格期权或亚式看涨期权对于构造诸如股票挂钩票据的结构化证券业务部门来说,具有另一种重要的实务优势。在其他条件不变的情况下,平均价格期权比标准普通期权更加便宜。

平均价格期权的成本

通常,平均价格期权比标准期权合约便宜,原因是与波动率相关。均价机制具有抹去波动率的效应。

换句话说,在一定时期内,一种资产的平均价值与相同时期内的现货价格相比,趋向于相对稳定(假设价值变动遵循随机游走路径,因此,价格上升和下降在某种程度上趋于抵消)。平均机制作用得越频繁,则抹平波动效益越明显。在其他因素不变的条件下,日平均的均价期权要比周平均的均价期权便宜。

前述部分显示,构造 100% 资本保护率的股票挂钩票据,结构化证券业务部门必须储蓄 4 484 万美元。运用标准看涨期权,需要支付 860 万美元的期权费,才能够提供 100% 参与率。采用各种方式——比如降低参与率或利润封顶——调整股票挂钩票据的原因是没有足够的资金来做到两个方面。然而,与相同价值的标准看涨期权相比,购买均价期权的成本将在预算约束之内。

结构化证券部门可以提供 100% 资本保护率与一篮子股票均值增长的 100% 参与率。

中期收益锁定:棘轮期权

如果股票表现好,均价期权是有用的,但是,并没有太大的帮助,而且事实上,在到期日前的较长的一个持续时期非常糟糕。如果均价低于敲定价格,则有获利机会。

虽然有可能价格不菲,构造股票挂钩票据时,采用棘轮期权,不失为一种解决问题的办法。棘轮期权是这样的金融产品,在设定时期内将中期收益锁定,不会在之后丧失。棘轮期权的构成是开始于现在的一份标准期权加上一系列始于未来的期权。

棘轮期权的应用

结构化证券业务部门可以买入由两份合约所构成的棘轮期权,来组合成股票挂钩票据。这两份合约是:

(1)当前时点起始的看涨期权。一年期欧式看涨期权。起始于现在,敲定价值为现货一篮子股票价值,即5 000万美元。这是一份标准化看涨期权合约。

(2)将来时点起始的看涨期权。一年期欧式看涨期权合约,一年后开始生效,敲定价格由生效时点的现货一篮子股票价值来确定。

图19.5有助于揭示棘轮期权如何运行。图19.5显示了接下来的两年内一篮子股票潜在的价格变化路径。

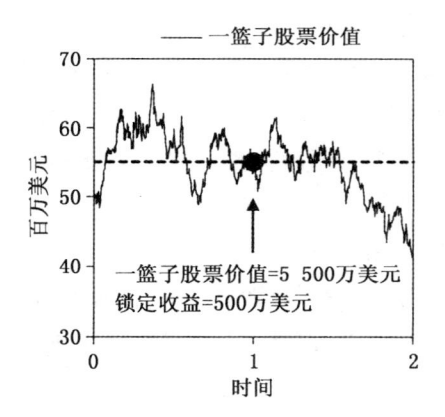

图19.5　一篮子股票可能的价格变化路径与锁定的收益

在图19.5中,开始时一篮子股票的价值为5 000万美元。1年结束后,一篮子股票的价值大约为5 500万美元。棘轮期权中的第一份期权合约,即当前时点起始的看涨期权合约,在一年后到期,其内在价值为500万美元。这样就不可能出现损失。

接着敲定棘轮期权中的第二份期权合约,即将来时点起始的看涨期权合约,敲定价值为5 500万美元。图19.5中的假设是一篮子股票在第二份期权合约到期日即2年结束后的价值低于5 500万美元。因此,棘轮期权中的第二份期权合约到期日则毫无价值。如果到期日一篮子股票的价值大于5 500万美元,那么,除了500万美元之外的收益已经在一年期结束后被锁定。

棘轮期权的问题是期权费成本。事实上,棘轮期权由两份期权合约构成,一份期权是 1 年到期的期权,即时开始的期权;另一份期权是 1 年后开始的期权。由于棘轮期权提供了额外的可变性,所以,与标准两年期看涨期权相比,棘轮期权的费用更加昂贵。如果运用棘轮期权,则结果是,股票挂钩票据的资本保护水平不得不降下来,或者降低参与率,或者收益被封顶。

证券化与担保债务凭证

在本章最后的例子中将探讨收益与债务资产违约相关的结构化债券。

一般而言,证券化是指基于未来的现金流创造债券的过程。抵押证券(mortgage-backed securities,MBS)基于抵押贷款池。债券只是一种转手结构证券,这意味着贷款形成的现金流按比例将本金和利息转给债券持有人。根据不同特点,可以创造不同等级的债券。例如,仅付利息债券所得收益只是抵押物产生的利息现金流,而仅付本金债券所得收益是本金赎回的现金流。

担保债务凭证(collateralized debt obligation,CDO)是作为结构化证券经纪人的金融机构(如投资银行)设立的特殊目的载体(special purpose vehicle,SPV)卖给投资者的债券。特殊目的载体被用来构造贷款池或债务证券,并将受资产池产生现金流支持的这些证券卖给投资者。

这些证券可以分成三个等级或者更多的等级,分别具有不同的风险和收益特征。最低安全级的证券(即股票级)一旦资产池中的任何贷款或债务证券遭受违约风险,则会首先遭受损失。接着,中等安全级的证券遭受损失。最高级是最安全的证券,除非整个资产池遭受严重的损失,否则它们都是安全的。

担保贷款凭证与担保债券凭证

基于资产池中标的资产性质,担保债务凭证可以被称为担保贷款凭证(collateralized loan obligation,CLO)和担保债券凭证(collateralized bond obligation,CBO)。

担保债务凭证的基本结构

尽管在实务中存在不同的变化形式,担保债务凭证的基本结构仍可以通过图 19.6 来显示。特殊目的载体是免税信托基金或公司,通过卖出担保债务凭证,同时买入担保资产或资产组合筹集资金。

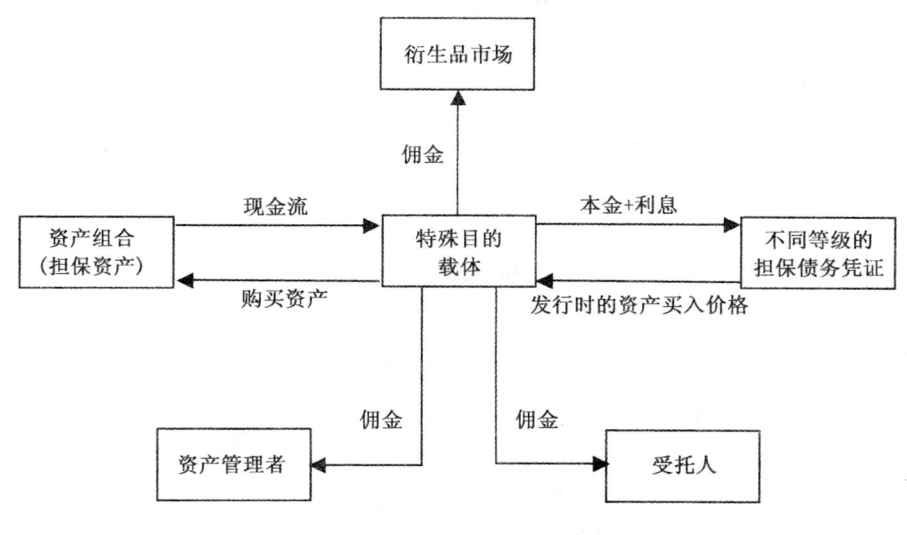

图 19.6　担保债务凭证的基本结构

这可能是一个静态资产池,特殊目的载体有效地充当筹集现金流并向担保债务凭证持有人支付收益的管道。在其他情况下,资产组合可以按照设定的指导原则加以积极管理,指定的资产管理者做出投资决策。

资产组合的利率和货币风险可以运用衍生产品管理。受托人有义务确保资产安全,并维护担保债务凭证投资者的利益。

增进信用

创造担保债务凭证不同等级的过程是信用增进的过程。由于较低等级的担保债务凭证最先承受损失,而且在高等级担保债务凭证之后获得给付,因此,高等级的担保债务凭证获得较高的信用评级。

担保债务凭证的支付体系有时被称为现金流瀑布。不同等级的担保债务凭证依次获得现金流,从最高等级到最低等级,股票级最后获得给付。其他的信用增进技术包括超额担保(额外资产需要增加到担保资产池中),以及从保险公司这样的第三方机构那里得到保障,从而弥补担保资产现金流的不足。

优先级债券

在担保债务凭证的结构中,优先等级的担保债务凭证数量是最大的。债券的折扣最低,但是,对于投资者来说,其风险也最低。对于诸如保险公司这样的机构投资者来说，通常是具有吸引力的。中等级或低等级担保债务凭证售卖给愿意承担更大风险从而获得更高回报的投资者。股票级担保债务凭证是最低级的，且违约风险最高，对于更加投机型的投资者比如对冲基金会更具有吸引力。

担保债务凭证关键的特征是其价值完全取决于资产池的表现，而不取决于创造资产的某个实体或全部实体（如商业银行）的可信度。

证券化的合理性

有些担保债务凭证的结构只是资产负债表上的担保债务凭证。如果一家银行出现了一笔贷款组合，而且在资产负债表上表现为资产，监管当局就要求银行进行资本储备以应对潜在损失。

然而，银行可以卖掉资产，通过发行担保债务凭证的特殊目的载体获得资金。银行降低了它的信用风险并持有资本以应对风险。银行还可以获得自由现金，从而运用这些现金进一步增发贷款。在某些案例中，银行可以卖掉表现欠佳的贷款。担保债务凭证投资者获得了他们无法直接获得的贷款组合风险收益。在笔者写作本书时（2010年早期），监管当局仍就是否应该限制银行将贷款从资产负债表中消除掉的能力进行辩论。

套利担保债务凭证

绝大多数担保债务凭证都是套利担保债务凭证。这些套利担保债务凭证都是安排购买、重组和管理债券或贷款投资组合的发起人创造的。一般而言，投资组合构成的规则是确定好的。发起人可以是基金管理者或银行。它们通过资产组合来赚钱，而不是靠担保债务凭证赚钱，或者说，他们在担保债务凭证上只是收取管理费。

在一些案例中，投资组合中的单个资产可能不具有流动性，或者说，对投资者不具有吸引力（因此，买入的价格便宜）。然而，将单个资产组合起来，发起人就可以创造不同等级的担保债务凭证，从而对不同类型的投资者都具有吸引力。

担保债务凭证的市场前景

在本书的写作时，仍然可以看到监管当局将很大程度上收紧担保债务凭证的发行，并限制债务证券化市场的发展。

在始于2007年并加速于2008年的"信用紧缩"的背景下，金融机构持有的担保债务凭证变成了"有毒资产",特别是由下跌的美国抵押贷款支持的证券。"有毒资产"失去了流动性,因此,不可能具有价值,投资者遭受了一定程度的损失。由于坏账风险暴露以及货币市场的短期融资问题,主要金融机构损失惨重(参见第1章)。

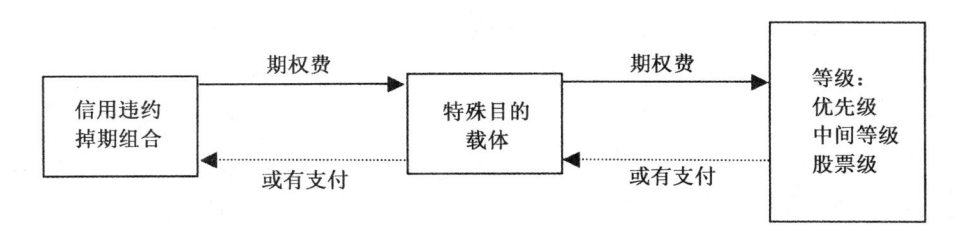

复合型担保债务凭证

在复合型担保债务凭证中,担保物是信用违约掉期的资产组合,而不是贷款或债券(在前面的第7章中,我们介绍了信用违约掉期)。

管理或发行机构(主要是银行)运用特殊目的载体创设信用违约掉期合约,卖出信用保护,并获得信用违约掉期期权费。期权费再被支付给担保债务凭证的投资者,投资者对信用违约掉期合约组合的信用风险会有一个预判。如果发行的是不同等级的担保债务凭证,最低等级的担保债务凭证第一个承受掉期合约组合的损失。

单个等级的担保债务凭证可以是非基金形式,即投资者得到的只是信用违约掉期组合期权费中属于他们的份额。或者,担保债务凭证可以是基金形式,就像信用挂钩票据:期初投资者支付票据平价,得到的是一个增大的价值,包括应得的期权费部分,但是,如果违约掉期合约组合发生违约,他们就要承担失去部分或全部资本的风险。这里存在很多变数,图19.7描述的只是复合型担保债务凭证的一个非常简单的例子。

图 19.7 复合型担保债务凭证结构

例如,假设标的投资组合是由100份信用违约掉期合约组成的,每一份合约的名义价值为1 000万美元。总价值当然就是10亿美元。股票级的担保债务凭证占3%,或者说,3 000万美元,最先承受损失,获得的期权费很高。中间等级的担保债务凭证评级为BBB级,接下来承受7 000万美元的损失。所得期权费低一些。最高级AAA级的担保债务凭证承担余下9亿美元的损失,所得期权费最低。

AAA 级担保债务凭证的风险

理论上来说,AAA 级的担保债务凭证是安全的,因为它仅受更高水平违约风险的影响。如果投资组合的平均回收率为 1/3,那么,最高级的担保债务凭证可以得到信用风险违约掉期组合的 15 种违约风险保护。

15 种违约风险的投资组合损失＝15×1 000 万美元×2/3＝1 亿美元

信用违约掉期组合是静态的,而需要资产管理者实施积极管理策略来实现收益最大化。

在交易中可能会有 7 个等级的担保债务凭证。如果最高等级是 AAA 级,且如果在受到影响之前,投资组合将承受 7 种违约,那么,担保债务凭证被称为超高级担保债务凭证。接着的等级被称为高级担保债务凭证。

单一等级的担保债务凭证

这些担保债务凭证的交易是银行与客户之间的交易安排。双方就信用违约掉期组合的特征和投资者承担次级风险(即夹层风险)水平达成一致。对于投资者来说,优点是投资者可以得到想要的投资类型并承担他们想要的信用风险水平。对于组织者银行来说,优点是其不必去寻找愿意购买所有等级的担保债务凭证的投资者。

本章小结

衍生品不仅被用来交易和风险管理,它们还被用于创造一系列结构化证券,结构化证券的收益决定于某个时期的股票组合价值、货币汇率或利率。银行还运用衍生品来打包风险,并成为其商业运作的一部分,将打包的风险以债券发行的方式卖给投资者。

股票挂钩票据是一种典型的结构化衍生产品。通常,它向投资者提供资本保护和股票指数或特定一篮子股票升值的参与。该产品可以这样构造:储蓄一笔本金以保证收回本金,同时买入一篮子股票看涨期权。票据利润可以封顶或者基于股指或一篮子股票的均价。票据还可以进行锁定中期收益的结构化安排。

证券化是向投资者卖出债券的交易机制,投资者从诸如抵押贷款资产池产生的现金流中获得收益。在担保债务凭证结构中,资产转移给特殊目的载体。通常,特殊目的载体卖出具有不同风险收益特征和信用评级的不同等级债券。特殊目的载体获得资产池产生的现金,然后支付给债券持有者。

在复合型证券中,特殊目的载体并不购买真实债务资产,而是介入一系列信用违约掉期交易,卖出信用保护,获得期权费收入。期权费收入再被转移到复合型担保债务凭证,它们对信用违约风险掉期合约组合的信用风险有自己的判断。如果发行的是不同等级的信用风险违约掉期合约,最低等级的担保债务凭证最先承担信用风险违约掉期合约组合的损失。

第 20 章　清算、结算与运营风险

导　论

交易所交易的衍生品清算是由交易所下设的清算所保障的。通过这个机制和追加期权费程序,违约风险大幅降低。在本书写作时,关于如何监管场外衍生品交易的违约风险仍是一个重大的争论问题。

然而,绝不能忘记巴林银行的倒闭,巴林银行倒闭的主要原因是外汇衍生品合约交易活动中的运营机制出现了问题(参见第 1 章)。

这表明,银行交易衍生品时,必须实施严格控制,不仅在非常奇异的场外合约交易方面,而且在标准合约(包括交易所交易的期货和期权等)方面,都要严格控制。本章讨论与衍生品清算、结算相关的基本运营程序以及相关的风险与控制。

风险管理一般原理

涉及衍生品交易的金融机构面对大量的风险。最显著的风险有三种,即市场风险、交易对手风险与运营风险。

(1)市场风险。市场变量的变化,诸如股价、货币汇率、债券价格和利率变化导致的潜在损失。这也被称为价格风险。

(2)交易对手风险。交易对手不能够履行合约义务所导致的潜在损失,比如,交易对手无法结清交易、交割证券以及按照规定日期追加支付额。

(3)运营风险。运营程序、机制和人为错误导致潜在损失。这种风险也可能是绕开控制程序的"流氓交易员"行为所致。

衍生品交易业务部门管理市场风险的一种方式是对交易人实施仓位限额;

也可以运用复杂的风险管理工具,比如风险估值计算和压力测试。

> **风险估值(VaR)**
>
> 风险估值(VaR)是给定时期、给定置信度下交易资产可能发生的最大化损失的统计估算值。例如,在置信度为99%的水平下,预期是在特定时期内头寸的实际损失超过VaR值的可能性仅有1%。这种方法存在的问题是,不可能抓住极端事件(比如市场崩溃)导致的风险。压力测试弥补了VaR的不足,可以发现极端事件的潜在效应。

在诸多情形下,衍生品交易者的对手风险以重置风险的形式表现出来。交易者拥有的是交易组合,部分交易相互对冲。如果交易对手不能够完成交易,就要用新的交易来替代,这样管理交易账户上的总体风险。然而,现货市场的价格或汇率与已经达成交易的价格或汇率相比,优势较小。

除了上述三种类型的风险之外,运营高风险衍生品的银行还将面对声誉风险(reputational risk)。第1章中描述的错误和失败(以及欺骗)都将损害金融机构的声誉。要么需要长时间地恢复信誉,要么必须彻底关闭业务,或者由其他机构接管业务。

交易所衍生品结算

正如第4章和第5章所讨论的,交易所交易的期货和期权结算是受到与交易所相关的清算所保障的。清算所担当了交易双方的核心交易对手。交易一旦达成,清算所便成为"中间人",对于卖方来说,清算所成为买方;对于买方来说,清算所成为卖方(在合同法中,这个程序被称为债务更替)。

清算系统的关键优点是大幅降低了交易对手风险。取代许多交易对手,从而只有一个交易对手。为了管理交易对手风险,清算所在开仓时收取担保,即初始保证金(芝加哥商品交易所称为"绩效债券")。此外,盯市跟踪以确保交易损失不会长期积累。交易者损失了,就要补交保证金,这意味着交易者必须储存额外的担保,才能维持其仓位。

不同类型的衍生品、不同市场以及不同波动率和其他因素,初始保证金的要求是各不相同的。在非常极端的市场条件下,清算所会在一个交易日内提高初始保证金要求。

清算所会员

只有清算所会员拥有清算所账户。他们都是主要的、资本充足的金融机构。如果客户委托经纪人下单,经纪人是交易所会员,而不是清算所会员。那么,经纪人必须通过清算所会员向清算所支付相关费用,清算所会员对整个交易负责(参见图20.1)。

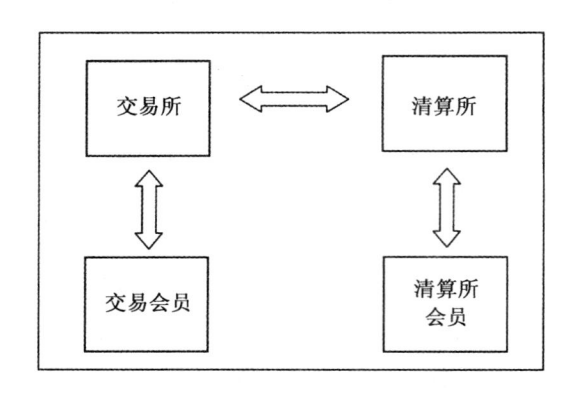

图 20.1　衍生品交易所与清算所之间的关系

清算所设定清算所会员必须满足的严格财务标准和其他标准(比如运营能力)。由于清算所会员注册并担当客户交易的中介,因此,这样的标准是极其重要的。

清算所管理着期货和期权的清算程序。正如第4章所述,有些交易所交易的合约出现一方的金融资产或商品的实物交割,相应地,交易对手要支付货币。在其他情形下,比如第5章描述的利率和股指期货合约,没有实物交割,仅有资金结算过程。

最后,清算所管理期权行权的分派程序。如果期权行权,卖出相关期权的交易者将被随机选择(通过清算所会员)去完成合约义务。

主要的清算所

有些清算所是衍生品交易所的一个部门,另一些则是独立的机构。它们都要受到监管当局的监管,比如美国证券交易委员会和商品期货交易委员会、英国金融服务管理局。

以下所列的是全球最重要的几个清算所:

(1) 期权清算公司(Option Clearing Corporation, OCC)。该公司成立于1973年，是世界上最大的衍生品清算机构。期权清算公司为很多交易所做交易清算，其中包括芝加哥期权交易所。该公司受清算所会员组成的董事局监管。它有助于提高"行业效率"，它的收入主要来自于向会员收取清算费。

(2) 芝加哥商品交易所清算中心(CME Clearing)。它是芝加哥交易所的一个业务部门，服务交易清算已有100多年。今天，它不仅为芝加哥商品交易所提供服务，而且为其他交易所提供服务。它还清算场外交易的衍生品。与期权清算公司一样，芝加哥商品交易所清算中心是美国注册的衍生品清算机构。

(3) 伦敦清算所与清算网集团(LCH.Clearnet Group)。它成立于2003年，是由伦敦清算所(London Clearing House)与清算网公司(Clearnet SA)合并而成立的。它是一家提供纽约泛欧交易所伦敦金融期货交易所、伦敦金属交易所、伦敦证券交易所等金融机构清算服务的独立机构。它还为诸如利率掉期等场外衍生品合约提供清算服务。伦敦清算所可以追溯到1888年。

在欧洲大陆，欧洲外汇清算所(Eurex Clearing)是法兰克福欧洲外汇交易所(Eurex Frankfurt AG)的附属机构，与德意志交易所(Deutsche Börse AG)和瑞士证券交易所(SIX Swiss Exchange)联合运作。它清算欧洲外汇衍生品交易，同时清算法兰克福证券交易所的交易。它所涉及的衍生品是基于大量标的物的衍生品，包括股票、利率和信用等衍生品。像其他清算所一样，它能够生成重要的数据并报告给使用者和监管当局。

> **巴林银行**
>
> 第1章中讨论了巴林银行在1995年倒闭。那时，巴林银行新加坡期货业务部是新加坡国际货币交易所(SIMEX)最大的清算所会员之一。当巴林银行倒闭时，它持有代理客户的保证金高达4.8亿美元。事件发生后，所有资金归还客户。1995年3月荷兰国际集团(ING)收购了巴林银行，事件才告终结。

场外交易的确认与结算

场外交易的衍生品是交易双方直接达成的双边法律协议，并不通过有组织的交易所。正因如此，合约可以特别定制(尽管实务中大多数交易都是标准化的)。场外交易也存在潜在风险，交易的一方可能出现违约，无法履行法律义务。

过去，场外交易市场的问题之一是缺乏被认可的法律文本。这个问题通过类似于国际掉期和衍生品交易协会创立的主协议解决了。国际掉期和衍生品交易协会是全球场外衍生品交易产业的代表，创制了主协议，提出了涵盖各类交易的法律文本。在远期利率合约市场中（参见第3章），英国银行家协会提出了标准化的法律术语。

在场外交易达成之前，银行必须确保主协议文本已经互换并签字。确认（或"证明"）主协议含有的双方特定交易的条款。在资金额或证券变动之前，必须有确认。两家银行之间的交易通常需要确认。这个流程日益自动化。在银行与客户之间的交易中，银行会发送确认书给客户，客户签字后返还确认书。

场外交易的违约风险

交易场外衍生品的银行可以通过收取客户和交易对手担保物以及盯市调整交易仓位的方式来管理和消除违约风险。

尽管采用这样的交易技术，某个或更多的在全球场外衍生品市场运营的金融机构运营失败导致的潜在灾难性影响依然存在。如果一家大银行违约，无法清算其交易，在整个金融系统中就会出现系统崩溃的严重风险。

正如第1章中所讨论的，2008年7月雷曼兄弟破产后，整个金融世界接近于崩溃。市场参与者并不确定它对于其他金融机构的冲击效应。对交易对手稳定性缺乏信心，则会在整个市场中弥漫开来。这就要求美国政府和中央银行持续强有力的干预，并且集全球力量扭转灾难局面。

场外衍生品交易中的对手风险控制

清醒地认识到这些事件的严重性，就会有大量的举措被用来阻止系统性失败和银行间的"多米诺效应"。一种措施是加强监管当局的权力和控制力；另一种措施是提高金融机构持有的应对风险仓位的资本量。

另外，美国和其他国家的监管当局强迫衍生品交易者在场外衍生品交易中采用中央清算安排。这就要求交易者在清算所登记私人交易，清算所收取并管理交易双方的担保物。清算所"居间"并保障交易的绩效。

按照2010年1月纽约联邦储备银行发布的研究文章，截至2009年底，场外利率衍生品市场交易总额中仅有大约35%完成了清算。

有一种可能性是出台监管制度，要求场外衍生品交易必须采用清算所的清算安排。这样就会出现一个问题,即是否非金融机构所涉的场外衍生品交易不受法律约束。如果仍受法律约束,那么,对于运用场外衍生品来管理利率风险和其他风险的公司来说,就非常不具有吸引力了。他们将必须储存初始保证金,还要不断追加保证金。这将造成融资问题,还会增大公司收益的波动。

在本书写作时(2010 年初),立法者们正讨论减少限制的议案。未来的场外衍生品应该尽可能标准化,并实行中央清算制度。更为复杂的场外衍生品交易可以不进行中央清算,但是,必须实施报告制度。一个公开的问题是需要多少家清算所。然而,无论场外衍生品交易者的资本状况有多好,管理多完善,一些机构的风险总会存在。

运营风险

近年来,银行和监管当局对于运营风险造成的危害越来越警觉。

根据巴塞尔银行监管委员会 2002 年提出的定义,运营风险是指内部控制程序不足或运营失败、员工行为、制度缺失或外部事件所导致的损失。管理运营风险的失灵将影响企业的盈利,而且严重破坏企业的市场声誉。导致运营风险的特定业务领域如下。

捕捉交易信息

当交易达成时,交易细节必须恰当地记录下来。目前,通常交易者或助理将交易细节录入计算机系统。这样,信息流向银行业务部门或"后台"系统。业务运营人员对获得的数据正确性负责(包括清算数据),同时,负责对异常数据的纠正。

确认

交易的确认是交易被认可的法律证据。第 1 章的例子表明,如果确认程序被轻视或不当执行,将会有严重的后果发生。

结算

当发生交易支付时,结算就发生了。结算提示必须及时发送,必须向正确的账户支付。结算错误会导致高昂的代价。如果一家银行不能按期支付,它就必须补偿交易对手。这样的错误还将影响其融资状况。

往来账户核对

往来账户是银行间开立的账户。往来账户确保了双方进行恰当的交易结算,确保支付按照预期的方式进行。因交易引发的预期现金变动反映为往来账户的实际资金变动。当前,往来账户机制是高度自动化的。

头寸估值

估值是指确定正确的交易现值和交易账户的现值。这里的关键原则是,估值应当是与交易分离的工作人员完成的工作,以保证独立评价。

如果资产市场是活跃的、富有流动性,那么,市场价值可以用来进行头寸估值。标准化产品(如交易所交易的合约)就是如此。在流动性差或者更多奇异的或结构性衍生品市场,可以根据诸如经纪人或银行等独立机构所得的数据进行头寸估值的检验。交易奇异产品的交易者所采用的定价模型还可以被独立机构评价。

担保与融资管理

担保管理是确保支付和收取期权费的机制。如果无法向客户收取充足的抵押,将会提高因交易对手违约而导致的衍生品运营风险。融资管理指的是使用恰当的货币,充足且及时地融资,以确保结清所有交易的相关安排。

管理信息系统(MIS)

必须拥有恰当的信息系统,从而生成相关管理报告以及业务领域的问题警示。这方面的任何错误都将导致无法采取正确的举措,从而导致损失以及与监管当局的潜在纠纷。

运营风险管理最佳实务

在这些业务领域中,行业人士努力创造"最佳实务方案"。一大批员工得到训练,业务能力得到发展,并为运营程序的自动化所设计的新信息和通信技术投入了大量的资金。然而,正如第1章标明的,消除所有的商业运营风险是非常困难的。尤其是,时不时就会有"流氓交易员"能够发现绕开控制的方式。

优化未来衍生品行业的一个主要方面是招聘、培训、管理以及银行内部指出系统的运营状况。衍生品产业需要风险控制,运营人员有能力对交易者的行为和机构内部拥有实力地位的前台人员(而且他们得到高回报)进行真正的控制。

职责分离

巴林银行的例子表明了银行中的交易职责与清算运营的分离是极端重要的。大量的"最佳实务"法则有助于实施这样的分离:

(1)交易业务和清算业务应该有分离的报告路径。
(2)交易员不应当拥有交易支付的权力。
(3)交易员不应该对公开交易的再估值负责任,也不应拥有特别的数据资源用于再估值和损益核算。
(4)交易员不应该对建立定价模型负责。
(5)任何个人不应该掌握交易数据、掌控支付以及调节现金和证券的变动。

为此,银行要对计算机指令使用进行严格控制,以保证信息和业务系统的安全。银行要求员工至少有10个连续交易日的休假,这有助于保证机构中的员工的所有行为被其他员工所知晓和监控。关键的法则是不要让单个人完全负责交易的所有环节。

本章小结

交易衍生品的银行面对着市场风险、交易对手风险和运营风险。任何错误或不当的做法都将影响其声誉。市场风险是与利率、债券价格和股票价格等变量变化所导致的损失相关的风险。交易员的仓位限制可以确保交易员不会冒太大的风险。风险控制专家可以运用工具,比如风险估值和压力测试,对交易员的行为进行监控。

交易所交易的衍生品合约的交易对手风险是可以消除的,因为清算所承担着中心交易对手的角色。清算所保证了交易的绩效并从交易者那里收取担保物。只有清算所会员才能够直接与清算所进行交易。其他交易者必须通过清算所会员才能清算他们的交易。清算所有的是独立的机构,有的是交易所的附属机构。

场外衍生品交易是交易双方个人之间的协议,不在交易所进行交易。通常,交易双方会订立一份主协议。主协议涵盖了个性化的特别条款,并经交易双方签字确认。这是自动完成的机制。场外衍生品交易存在潜在交易对手风险,交易的一方可能无法履行合约义务。这种风险可以通过交易担保物和盯市补仓的办法加以管理。这类交易还可以到清算所登记，由清算所接管对担保物的管理并提供违约风险保障。

运营风险是程序失败、人员行为、系统和外部事件导致损失的风险。这方面的例子有确认错误、交易结算错误、根据交易信息调节银行账户的现金变动等。衍生品产业和监管当局创造了"最佳实务"法则来消除运营风险和运营失败。一个关键性法则是不要让单个人完全负责交易的所有环节。这样的设计有助于避免类似于巴林银行倒闭事件的发生。

附录 A　金融计算公式

货币的时间价值

货币的时间价值(TVM)是现代金融学的关键概念。它告诉我们两件事：
(1)今天所得的 1 美元价值大于未来所得的 1 美元价值。
(2)未来所得的 1 美元价值小于今天所得的 1 美元价值。

原因是，今天的 1 美元会按照某个利率投资，并且将来能够成为更大的货币量。特定时期的货币成本(货币的时间价值)可以用这个时期的利率加以测度。通常，金融市场的利率用年名义利率标示出来。

真实利率和名义利率

名义利率由两部分构成：
(1)真实利率。这部分是在一定时期对资金贷出人的补偿。
(2)通货膨胀率。这部分是在一定时期对资金贷出人货币价值预期损失的补偿。

通常，通货膨胀因素受自身变化的决定，而不决定于真实利率或标的资产利率。二者的关系可以用数学公式表达(公式中的比率采用十进位制)。

1＋名义利率＝(1＋真实利率)×(1＋通货膨胀率)

真实利率＝(1＋名义利率)/(1＋通货膨胀率)－1

如果一年期的名义利率或标价利率为 5％(十进位制则为 0.05)，且同期预期通货膨胀率为 3％(十进位制则为 0.03)。那么，真实利率计算如下：

真实利率＝1.05/1.03－1＝0.0194＝1.94％

在金融市场中，利率通常按年利率标示。到期日贷款或储蓄利率的计算期限少于一年的，年利率则按比例相应减少。

复合期限的未来价值

假设一个投资者在银行储蓄100美元,年利率为10%,单利率而非复利率。投资的本金数量被称为现值(PV),本金加上到期利息被称为未来价值(FV)。十进位制的利率为0.1,即100除10。

未来价值＝本金＋到期利息

未来价值＝100美元＋(100美元×0.1)＝100美元×1.1＝110美元

到期利息＝100美元×0.1＝10美元

因为没有考虑复利或"利滚利",所以,这里只是单利计算。注意,如果投资者将100美元储蓄1年,到期日所得到的是110美元,可以计算出投资的利息收益率是10%的年利率。

复利计算

假设投资者储蓄100美元,但是,时间是2年,年利率为10%,每年结束后的利息是滚动的。2年后的未来价值是多少？1年结束后账户上的价值为100×1.1＝110美元。要计算出2年后的未来价值,上述价值再乘以1.1。

未来价值＝本金＋到期利息

未来价值＝100美元×1.1×1.1＝100美元×1.1²＝121美元

由于是复利率,所以,到期利息就是21美元。第一年的利息是10美元。第二年的利息是11美元。除了100美元本金的利息外,还有1美元的"利滚利"。

复利计算公式

当利率为复利时,计算未来价值的一般公式如下：

$$FV = PV \times \left(1 + \frac{r}{m}\right)^n$$

式中,

FV＝终值

PV＝现值

r＝十进位制的年利率(百分比除100)

m＝每年复利计算的次数

n＝到期时复利计算次数

在前述例子中,复利每年计算一次,存款期为两年,所以,未来价值计算如

下:

PV=100

$r=0.1$

$m=1$

$n=2$

$FV=100×1.1^2=121$

半年一次复利计算

许多投资的复利计算超过一年一次。例如,美国国债和英国金边债券的利息计算。这是所谓的半年复利计算。其他类型的投资利息则为每三个月计算一次。通常,信用卡的透支账户每月计算一次利息。

假设一个投资者储蓄 100 美元,期限为 2 年,年利率为 10%。利息则每六个月复合计算一次。这种情况下,到期终值是多少?

$$FV = 100\text{ 美元} \times \left(1 + \frac{0.1}{2}\right)^4 = 121.55(\text{美元})$$

十进位制的年利率除以 2 得到每 6 个月的利率。复利计算次数为 4 次,每半年计算一次。这样,半年复利计算的终值要高于年复利计算的终值。这就是货币时间价值的基本原理。既然货币可以被用来再投资,而且价值会以更快的速度成长,那么,早获利要比晚获利好得多。

年度等值利率(AER)

由于市场利率可以表示为不同的复利率,当我们做利率比较时,细心是非常重要的。例如,假设可以进行两种类型投资。到期日均为 1 年,但是,第一种投资的回报率为年利率 10%,为年复利率。第二种投资回报率为年利率 10%,为半年复利率。哪一种投资更佳?

由于半年后获得的利息还可以用于下半年的再投资,所以,答案是半年复利更佳。然而,在两种投资中的报价利率(年利率 10%)看起来完全相同。

这表明,半年复利条件下的年利率 10%不能直接与年复利条件下的年利率 10%加以比较。事实上,半年复利条件下的年利率 10%等于年复利条件下的年利率 10.25%。可以运用货币的时间价值加以说明。假设一个投资者储蓄 1 美元,年利率为 10%,每半年计算复利一次。现在价值为 1 美元,到期的未来价值计算如下：

$$FV = 1\text{美元} \times \left(1 + \frac{0.1}{2}\right)^2 = 1.1025(\text{美元})$$

这里，利息是 0.102 5 美元。这个利息数量与年复利条件下投资者按照年利率 10.25％、1 美元一年期储蓄的利息相同。

年度等值利率的举例

利息计算的基础是年度等值利率或者有效年利率。它测度的是等值于不同期限结构复利率(比如一年两次计算利率)的年度复利率。例如，半年复利条件下的 10％年利率等值于年复利条件下的 10.25％年利率(即年度等值利率是 10.25％的年利率)。

表 A.1 中给出了其他例子。例如，日复利条件下的 10％名义或标价年利率等值于年复利条件下的 10.515 6％的年利率。

表 A.1　　　　　　　　　　年度等值利率

名义年利率	复利计算次数	年度等值利率
10％	一年一次	10.000 0％
10％	半年一次	10.250 0％
10％	每季度一次	10.381 3％
10％	每日一次	10.515 6％

年度等值利率的计算公式

如果每年利率复合计算 m 次，那么，计算年度等值利率的公式如下：

$$\text{AER} = \left(1 + \frac{\text{名义利率}}{m}\right)^m - 1$$

例如，半年复利条件下的名义年利率 10％等值于年复利条件下的年利率 10.25％。

$$\text{AER} = \left(1 + \frac{0.1}{2}\right)^2 - 1 = 0.1025 = 10.25\%$$

在金融市场中，人们使用的利率表示方法曾经出现令人费解的情况。被说成"10％的半年利率"常常并非指每 6 个月的利率为 10％。通常的意思是半年复利条件下的 10％年利率。每 6 个月的利率实际上只是 10％的一半，即 5％。

不同期限结构复利的现值(PV)

基于未来所得到的现金流,还可以计算出未来现金的今日价值。不同期限结构复利条件下的货币时间价值的基本计算公式如下:

$$FV = PV \times \left(1 + \frac{r}{m}\right)^n$$

公式重新调整后,可以求解现值(PV):

$$PV = \frac{FV}{\left(1 + \frac{r}{m}\right)^n}$$

公式中的 r 就是贴现率(the discount rate)。这个公式计算出来的是未来所得在今天的价值。在金融市场中,这个公式有着广泛的运用。

例如,债务证券,如债券,就是获得未来收益的权证。单纯投资债券,投资者得到的是一系列利息支付,即息票,到期日,投资者重新得到债券面值。至于零息债券,到期日投资者得到债券的面值,不存在息票给付。其交易价是在面值基础上打了折扣的。

零息债券的估值

投资者决定用多少钱购买面值为 100 美元、20 年期的零息债券。类似投资的收益是年复利率 10%。运用货币时间价值公式,债券的公平价值计算如下:

$$PV = \frac{100\ 美元}{1.12^{20}} = 14.864\ 4\ 美元$$

折现率是相同信用风险(违约风险)、相同到期日的类似投资目前的收益率。这就确定了必要的收益率,因此也就确定了债券的公平价值。经济学家将它称为"资本的机会成本"——如果货币不用来购买债券,则可以获得其他投资收益。

附息债券的估值

对上述方法拓展,可以用于附息债券的估值,这类债券在有效期内定期获得利息回报。假设投资者买入年息率为 10% 的债券,债券的面值为 100 美元,距离到期日恰好还有 3 年。如果市场中类似投资的年复利为 12%,那么,今日看来,其价值几何?

传统的估值方法是确定债券产生的现金流,按照固定比率对现金流折现,然后对现值加总。

（1）1年后的现金流为10美元,即面值100美元的10%利息支付额。按照1年的折现率12%来折现,其现值为10美元/1.12＝8.928 6美元。

（2）2年后的现金流是再一次10美元的利息支付额。折现率为12%,则2年的债券现值为10美元/1.12²＝7.971 9美元。

（3）3年后的现金流是最后的10美元的利息支付额加债券面值100美元的给付,总现金为110美元。折现率为12%,则3年的债券现值为110美元/1.12³＝78.295 8美元。

债券的现值总额为95.2美元。这样就确定了债券的公平市场价格。由于在即期市场环境下仅有10%的固定利息支付,同时,年投资收益率为12%,所以,债券是以低于面值的价格买卖的。用经济学的术语来说,投资者倾向卖出债券,转换为当前高收益投资,直至价格低于100美元的面值并稳定在95.2美元的水平上。

连续性复利率

期权定价模型运用连续性复利率而不是期限结构复利率计算终值和未来现金流的折现值,比如欧式看涨期权或看跌期权的执行价格或敲定价格。连续复利条件下的终值和现值的计算公式如下：

FV＝PV×e^{rt}

PV＝FV×e^{-rt}

其中,

FV＝终值;

PV＝现值;

r＝十进位制的连续复利率;

t＝以年为单位的时间;

e＝自然对数值≈2.718 28。

连续复利率举例

按照连续复利率为10%的年利率,计算两年期100美元投资的终值是多少？

FV＝100美元×$e^{0.1×2}$＝122.140 3(美元)

如果期间的连续复利率为5%的年利率,3年后收回的100美元的现值是多少?

PV=100 美元 $\times e^{-0.05 \times 3}$ = 86.070 8(美元)

注意,在 Excel 中,运用 EXPO 函数可以得到 e 值,然后运用到公式中去。

年度等值利率(AER)

利息是连续复合计算的年度等值利率计算公式如下:

AER=e^r-1

其中,r 代表十进位制的年度连续复利率。例如,用连续复利率表示的标价利率为10%的年利率,等值于年度复利率10.517 1%的年利率。

AER=$e^{0.1}$-1=0.105 171=10.517 1%

换句话说,连续复利率为10%年利率的投资与每年计算一次利息、年利率10.517 1%的实际年收益完全相同。

投资回报或收益

期限结构复利率条件下的货币时间价值的基本公式如下:

$$FV = PV \times \left(1 + \frac{r}{m}\right)^n$$

给定现值与终值,通过调整公式可以计算出投资回报率:

$$回报率 = \left(\sqrt[n]{\frac{FV}{PV}} - 1\right) \times m$$

其中,

FV=终值;

PV=现值;

m=每年复利计算次数;

n=到期前复利期数=到期年数×m。

回报率举例

一个投资者储蓄100美元,期限3年,到期日的终值为125美元。不考虑现金流干扰。不同复合利率计算频次下的年化回报率如下:

$$每年复率收益率 = \left(\sqrt[3]{\frac{125}{100}} - 1\right) \times 1 = 0.077\ 2 = 年利率\ 7.72\%$$

半年复利收益率 $= \left(\sqrt[6]{\dfrac{125}{100}} - 1\right) \times 2 = 0.0758 =$ 年利率 7.58%

年利率 1.58% 是半年复利率。年度等值利率，即年复利率的等值利率是年利率 7.72%。

连续复利率回报

这里，r 表示连续复利率，可以得到以下公式：

$FV = PV \times e^{rt}$

对公式加以调整，可以计算出连续复利的回报率：

连续复利的回报率 $= \dfrac{\ln\left(\dfrac{FV}{PV}\right)}{t}$

式中，

$\ln(\ )=$ 括号中数字的自然对数值；

$t =$ 到期的年数。

假设投资者储蓄 100 美元，期限 3 年，到期时得到 125 美元。不存在现金流干扰，则：

连续复利的回报率 $= \dfrac{\ln\left(\dfrac{125}{100}\right)}{3} = 0.0744 =$ 年利率 7.44%

连续复利条件下的年利率 7.44% 等值于年复利条件下的年利率 7.72%，也就是说，年度等值利率为 7.72%。运用 Excel 可计算出自然对数值，即 ln( )。ln( ) 是 EXP( ) 的反函数。

利率期限结构

在发达市场中，比如在美国市场中，对于给定期限的投资，最低收益率是按照财政部（政府）发行的证券来确定的。有时被称为无风险收益率，反映了这类发行人违约的可能性很小（尽管实际风险不可能等于 0）。

期限结构表明的是对于不同期限的零息国债的不同收益。为什么不采用付息债券呢？问题是，在债券的有效期内，基于息票率的付息债券的收益某种程度上可以用于再投资。这样，计算收益时，对未来再投资率做出假设则是必要的了。零息票据或债券则要简单得多。因为不存在利息问题，所以，不需要对再投资率做出假设。

期限结构的应用

零折扣利率也被称为即期利率,运用即期利率有很多优点。第一,如前所述,不需要关于未来再投资率的假设,就可以计算出未来价值。第二,即期利率是可靠而又一致的,可用来将未来现金流折现为现值。一年期无风险现金流可以按照一年期国债的即期利率计算,两年期无风险现金流可以按照两年期国债的即期利率计算,以此类推。

非财政债券,比如公司债券,可以按照适当的国债的即期利率对现金流折现,加之反映债券额外的信用和流动性风险溢价。例如,如果债券在 1 年后支付利息,就应当按照一年期国债加之溢价来折现。如果债券在 2 年后支付利息,就应当按照两年期国债加之溢价来折现,以此类推。

即期利率是重要的,它可以被用来计算出远期利率,而远期利率被用于利率远期合约、利率期货合约、利率掉期合约和利率期权合约的定价。下一节的讨论将表明,从即期利率或零息债券收益率可以得出远期利率。

远期利率的计算

表 A.2 显示了不同期限结构的即期或零息票利率,用年复利方式表示出来。这些利率的基础是银行间拆借利率,而不是国债的利率,因此,它们含有高出无风险国债即期利率的差价。

表 A.2　　　　　　　　即期利率或零息票利率

即期利率	远期利率值(%年率)
Z_{ov1}	4.00
Z_{ov2}	5.00
Z_{ov3}	6.00

在表 A.2 中,各种即期利率所指如下:

Z_{ov1} 是从现在开始、1 年后结束的一个时期的收益率。在我们的例子中,1 年后的现金流将按照这个收益率进行折现。

Z_{ov2} 是从现在开始、2 年后结束的一个时期的收益率。在我们的例子中,2 年后的现金流将按照这个收益率进行折现。

Z_{ov3} 是 3 年后的即期利率或零息票利率,3 年后的现金流将按照这个收益率进行折现。

远期利率的计算:举例

基于套利原理,1~2 年远期利率可以运用表 A.1 中的期限结构进行计算。回忆一下关于远期利率 F_{1v2}。它指的是从现在开始的两年期中的 1 年后的收益率。另外,当 2 年后的现金流折现为 1 年后的现值,现金流应折现为 F_{1v2}。再将 1 年后的这个值折现为目前的现值,应当按照 1 年的即期利率 Z_{ov1} 进行折现。

假设交易者现在借入 1 美元,借贷期限为 2 年,2 年期即期利率为年利率 5%。交易者拿到这笔钱并进行一年期储蓄,一年期利率为年利率 4%,即一年期即期利率。再假设交易者与某个人达成交易,同意 1 年后这笔储蓄在下一年进行再投资,年复利(比如)为 8%。那么,2 年后的现金流如下:

(1)本金+借贷利息=1 美元×1.05^2=1.102 5 美元

(2)按照年利率 4% 的一年期储蓄所得在下一年度按照 8% 年利率再投资收益=1 美元×1.04×1.08=1.123 2 美元

这就是套利行为。由于贷款,2 年后交易者返还 1.102 5 美元,但是,通过 1 年储蓄,然后,再下一年滚动投资,获得 1.123 2 美元。由于长期维持的"免费午餐"是不可能的,也就是说,每个人都能够在第二年达成年利率为 8% 的再投资是不可能的。

公平远期利率 F_{1v2} 是不存在这种套利机会的条件下 1 年后的次年再投资的利率。不考虑套利机会,下列公式是成立的。

$$(1+Z_{ov2})^2=(1+Z_{ov1})\times(1+F_{1v2})$$

这个公式说明,按照 2 年即期利率计算,到期日 2 年期贷款的终值一定等于按照 1 年即期利率在 1 年后所得货币,按照第一年到第二年的远期利率于第二年再投资的收益。在本例中,价值计算如下:

$$1.05^2=1.04\times(1+F_{1v2})$$

于是,

F_{1v2}=年利率 6.01%

运用类似的方法可以计算 F_{2v3},即第二年到第三年之间的远期利率。假设交易者现在借入 1 美元,借贷期限为 3 年,现在,三年期即期利率为 Z_{ov3}。1 美元两年期投资利率为 Z_{ov2}。在不存在套利的条件下,第二年到第三年之间的远期利率一定满足下列公式:

$$(1+Z_{ov3})^3=(1+Z_{ov2})^2\times(1+F_{2v3})$$

$$1.06^3=(1.05)^2\times(1+F_{2v3})$$

于是,

F_{2v3}＝年利率8.03%

这里要注意,远期利率随着时间的推移而提高。利率的期限结构表明,随着到期之前的时间变化即期利率不断提高,这是具有典型意义的情形。金融市场就是建立在对利率的未来预期不断提高的基础上的。

远期利率与远期利率协议

远期利率必须与远期利率协议以及利率期货的市场价格相关,否则,就会出现套利机会(这些衍生产品在第 3 章和第 5 章中就已经讨论)。原因是,利率期货和远期利率协议可以被用来前瞻未来一定时期的借款和贷款利率。

例如,假设交易者可以做出如下交易安排(这里不考虑交易成本):

(1)借入 100 000 美元,借款期限为 2 年,两年即期利率为年利率 5%。

(2)储蓄 100 000 美元,储蓄期限为 1 年,一年即期利率为年利率 4%。

(3)卖出一份 1v2 的远期利率协议,名义金额为 104 000 美元,远期利率为年利率 8%。

1 年后储蓄到期,收回价值 104 000 美元。交易者在下一年度进行再投资,恰好又是当时的利率。表 A.3 显示了一年结束后,不同利率条件下 104 000 美元再投资的策略结果。

表 A.3　　远期利率协议未按照远期利率确立条件下的套利结构

(1) 2 年后 偿还贷款(美元)	(2) 1 年后 储蓄(美元)	(3)1 年后的 再投资收益率 1%(年收益率)	(4) 2 年后的 储蓄(美元)	(5)2 年后的 远期利率协议 的收益(美元)	(6) 2 年后 净现金(美元)
−110 250	104 000	4	108 160	4 160	2 070
−110 250	104 000	6	110 240	2 080	2 070
−110 250	104 000	8	112 320	0	2 070
−110 250	104 000	10	114 400	−2 080	2 070
−110 250	104 000	12	116 480	−4 160	2 070

表 A.3 中各列的释义如下:

第(1)列是贷款本金加上所要支付的利息。利息计算基于的初始贷款本金为 100 000 美元,贷款期限为 2 年,年利率为 5%。

第(2)列是年利率 4%、一年期 100 000 美元的储蓄所得金额。

第(3)列是第一年储蓄所得金额再投资一年的可能年利率水平。

第(4)列表示按照第(3)列中的利率计算出的再投资一年的储蓄所得金额。

第(5)列是远期利率协议的收益,可能是正的,也可能是负的。例如,假设一年的年利率是4%,远期利率协议利率为8%,本金为104 000。交易者将按照8%-4%=4%的利率并基于远期利率协议的本金得到清算额,即4 160美元。

第(6)列是(1)、(4)、(5)数据之和。

无套利的价值

无论将来的利率发生怎样的变化,上表第(6)列中的价值总是正值,这表明存在套利行为。应该不可能按照年利率8%卖出1v2年的远期利率协议。卖出远期利率协议的公平利率是远期利率F_{1v2},这是上一部分中计算出来的年利率,即6.01%的年利率。表A.4假设卖出的远期利率协议年利率为6.01%,于是,套利消失了。

表 A.4 远期利率协议未按照远期利率确立条件下的套利结构

(1) 2年后 偿还贷款(美元)	(2) 1年后 储蓄(美元)	(3)1年后的 再投资收益率 1%(年收益率)	(4) 2年后 储蓄(美元)	(5)2年后的 远期利率协议 的收益(美元)	(6) 2年后 净现金(美元)
-110 250	104 000	4	108 160	2 019	0
-110 250	104 000	6	110 240	10	0
-110 250	104 000	8	112 320	-2 027	0
-110 250	104 000	10	114 400	-4 150	0
-110 250	104 000	12	116 480	-6 230	0

贴现因子

对利率掉期这样的衍生产品定价时,使用贴现因子则通常很有帮助。贴现因子是零息率或即期利率下现金流1美元的现值。表A.5显示了在本附录前一部分中所使用的即期利率和从这些即期利率推导出来的贴现因子。

表 A.5 即期利率与贴现因子

即期利率	值(年息率%)	贴现因子	值
Z_{ov1}	4.00	DF_{ov1}	0.961 538 46
Z_{ov2}	5.00	DF_{ov2}	0.907 029 48
Z_{ov3}	6.00	DF_{ov3}	0.839 619 28

在表A.5中,1年的即期利率是4%的年利率。按照这个利率,一年期的贴

现因子计算如下：

$$DF_{ov1} = \frac{1}{1.04} = 0.961\ 538\ 46$$

2年的即期利率为5%的年利率。按照这个利率，两年期的贴现因子计算如下：

$$DF_{ov2} = \frac{1}{1.05^2} = 0.907\ 029\ 48$$

使用贴现因子的好处是，一定时期的贴现因子乘以现金流就可以立即得出未来现金流的现值。

期限结构价值小结

表 A.6 总结了这里和前一部分所提出的即期利率、贴现因子和远期利率。在下一节中，这些值将被用于浮动利率锁定的利率掉期定价。

表 A.6　　　即期利率、贴现因子与远期利率小结

即期利率	值(年息率%)	贴现因子	值	远期利率	值(年利率%)
Z_{ov1}	4.00	DF_{ov1}	0.961 538 46		
Z_{ov2}	5.00	DF_{ov2}	0.907 029 48	F_{1v2}	6.01
Z_{ov3}	6.00	DF_{ov3}	0.839 619 28	F_{2v3}	8.03

期限结构掉期的定价

正如第6章所讨论的，利率掉期(IRS)是交易双方按照既定日期交换现金流的合约，合约中的现金流可以按照不同的基准利率进行计算。在标准单一货币的利率掉期合约中，一部分是基于固定利率的支付，另一部分是基于同诸如伦敦银行间拆借利率的参照利率关联的浮动利率或可变利率的支付。浮动利率在一定时期重新确定一次，比如每六个月确定一次。用来计算支付额的名义本金是固定的。

假设交易者考虑三年期利率掉期交易。交易的具体细节如下：

(1) 名义本金＝1亿美元；

(2) 掉期期限＝3年；

(3) 交易者按照固定利率给付，同时按照每年的浮动利率获得收益；

(4) 基于每年的复利率核算利息；

(5)第一年的浮动利率＝年利率4%(即基于即期利率Z_{ov1})。

在掉期的不同期限条件下,交易者在3年内每年给付的是名义本金1亿美元的固定利率。相应地,交易对手在3年内每年给付的是名义本金1亿美元的可变利率。问题是,实现公平交易,交易者应当给付的固定利率是多少?在这个例子中,利率掉期合约期限内的相关利率和贴现因子如表A.6所示。基于这些信息,可以按照以下步骤确定固定利率。

第一步:计算浮动现金流

第一步是计算掉期的浮动现金流(如表A.7所示)。既然交易者得到的是浮动利率,它们都是正现金流。到第一年结束后,第一次现金流核算的基础是1年期的即期利率即4%的年利率。第二次现金流核算的基础是次年的利率,假设可以用远期利率F_{1v2}来确定。第三次现金流,也是最后一次现金流,基于第二年结束后的利率来确定,假设可以用远期利率F_{2v3}来确定。

表A.7　　　　　　　　　掉期的浮动利率现金流

年度	名义本金(百万美元)	利率	利率值(年利率)	浮动现金流(百万美元)
1	100	Z_{ov1}	4.00	4.00
2	100	F_{1v2}	6.01	6.01
3	100	F_{2v3}	8.03	8.03

第二步:浮动现金流折现

接下来的一步是对每一个时期的现金流按照零附息利率或即期利率进行折现,或者说,为了更容易进行计算,用不同时期的相关折现因子乘以相应时期的现金流。其结果的总现值可以通过表A.8显示出来。

表A.8　　　　　　　　　浮动利率现金流的现值

年度	浮动现金流(百万美元)	折现因子	现值(百万美元)
1	4.00	0.961 538 46	3.85
2	6.01	0.907 029 48	5.45
3	8.03	0.839 619 28	6.74
			总额＝16.04

第三步:计算固定利率和固定现金流

平价掉期是这样的掉期,其中,浮动部分和固定部分的现值之和等于 0。如果掉期是完全平价掉期,则双边的预期给付为 0,不存在任何一方向另一方支付溢价。平价掉期的固定利率是单一利率,如果固定现金流按照这个利率核算,则固定现金流和浮动现金流的现值相互抵消,结果是掉期的净现值为 0。

在这个例子中,假设掉期是按照平价协议进行的,交易者需要发现固定利率,这样,掉期合约的固定现金流的现值等于－1 604 万美元。在这样的固定利率条件下,净现值即固定和浮动现金流的现值之和为 0。计算利率的直接方式可以如表 A.9 所示,还可以运用试错法得到。无论任何一种方式,结果都是年利率 5.92%。对于三年期而言,每年的固定现金流是－592 万美元。每一次现金流乘以适当的贴现因子,就可以得到现值。现值总额是－1 604 万美元,抵偿了浮动部分现金流的现值(在这些价值中存在一定的循环计算)。

表 A.9　　　　　　　　　　固定利率现金流的现值

年度	名义本金 (百万美元)	固定现金流 (百万美元)	折现因子	现 值 (百万美元)
1	100	－5.92	0.961 538 46	－5.69
2	100	－5.92	0.907 029 48	－5.37
3	100	－5.92	0.839 619 28	－4.97
				总额＝－16.04

掉期利率的直接计算方法

利率掉期的公平固定利率可以运用远期利率和折现因子来发现。它是即期利率 Z_{ov1} 与远期利率 Z_{1v2} 和 Z_{2v3} 分别对折现因子 DF_{ov1}、DF_{ov2}、DF_{ov3} 取权重的加权平均值。即:

$$\frac{(0.04 \times 0.961\ 538\ 46) + (0.060\ 1 \times 0.907\ 029\ 48) + (0.080\ 3 \times 0.839\ 619\ 28)}{0.961\ 538\ 46 + 0.907\ 029\ 48 + 0.839\ 619\ 28}$$

$$= 0.059\ 2$$
$$= 5.92\%$$

二项式价值计算

在第 13 章提出的二项树理论中,期权德尔塔(即对冲比率)是 0.5 或 1/2。数值 0.5 意味着,如果交易者卖出一定数量(如 100)股票的看涨期权,那么,他或她必须买入该数量一半的股票(本例中为 50),从而才能消除因标的股票的价格变动所形成的风险暴露。这就是所谓的德尔塔对冲,所形成的头寸被称为德尔塔中性头寸。

期权德尔塔可以进行如下计算。公式测度的是标的股票价格给定变动幅度条件下,期权价值的敏感性。

$$德尔塔 = \frac{C_u - C_d}{S_u - S_d}$$

其中,

C_u = 股价上升时,看涨期权的价值;

C_d = 股价下降时,看涨期权的价值;

S_u = 股价上升时,股票的价值;

S_d = 股价下降时,股票的价值;

举第 13 章中的例子(这里,股票价值是每股价值):

$$德尔塔 = \frac{25 - 0}{125 - 75} = 0.5$$

接下来,令 C 为 0 时点的期权价值。C 可以按照下列步骤计算出来:

$$令, p = \frac{1 - d}{u - d}$$

其中,

d = 在二项式树中,影响股价从即期价格水平向下变动的因子。在例子中,$d = 0.75$。换句话说,75 美元 = 100 美元 × 0.75。

u = 在二项式树中,影响股价从即期价格水平向上变动的因子。在例子中,$u = 1.25$。换句话说,125 美元 = 100 美元 × 1.25。

因此,在本例中,

$$p = \frac{1 - 0.75}{1.25 - 0.75} = 0.5$$

每股看涨期权的价值 C 可以通过下列公式计算出来:

$$C = (p \times C_u) + [(1 - p) \times C_d]$$

其中，

C_u＝股票价格上升时的看涨期权价值；

C_d＝股票价格下降时的看涨期权价值。

在本例中，

$C=(0.5\times 25)+(0.5\times 0)=12.50$（美元）

作为加权平均收益的期权价值

在前面，计算看涨期权价值 C 的公式事实上是一种加权平均收益的计算公式，但是，所基于的是这样的理念，即期权头寸风险可以被完全对冲。

这里存在一个特别假设前提，即在到期日股价上升到 125 美元且看涨期权的内在价值为每股 25 美元，"概率"为 0.5 或 50％。在到期日股价下降到 75 美元且看涨期权的内在价值为每股 0 美元，"概率"也是 0.5 或 50％。按照每一部分收益"概率"计算的两部分收益加权平均值可以用来计算 0 时点看涨期权价值。

这里，期权风险恰好与德尔塔对冲组合相匹配。这不会同分析者对未来股价的主观估计相混淆。

正利率

在真实情况下，利率不可能为 0。由于利率为正，第 13 章描述的二项式树的第一步中的 p 和 C 可以重新计算如下：

$$p=\frac{(1+r)-d}{u-d}$$

$$C=\frac{(p\times C_u)+[(1-p)\times C_d]}{1+r}$$

其中，r 为一个时期的十进位制单一利率（即 10％就是 0.1）。

注意，如果利率为正，未来不分红股票的远期或预期价值高于即期价格（参见第 2 章）。在二项式模型中，这意味着股价向上变动的概率 p 大于股价向下变动的概率 $1-p$。

布莱克—斯科尔斯期权定价模型

随着二项式步骤数量的增加，看涨期权价值将收敛于著名的布莱克—斯科尔斯期权定价模型所得出的结果。该模型由布莱克、斯科尔斯和默顿于 20 世纪

70年代提出,是现代金融学中的一个重要分析工具。对于不分红欧式期权,布莱克—斯科尔斯期权定价模型给出了下列值。这里,基于连续性复利率。

$$C = [S \times N(d_1)] - [E \times e^{-rt} \times N(d_2)]$$

$$P = [E \times e^{-rt} \times N(-d_2)] - [S \times N(-d_1)]$$

其中,

$$d_1 = \frac{\ln\left(\frac{S}{E}\right) + (r \times t) + \left(\sigma^2 \times \frac{t}{2}\right)}{\sigma \times \sqrt{t}}$$

$$d_2 = d_1 - (\sigma \times \sqrt{t})$$

其中,

C＝看涨期权价值;

P＝看跌期权价值;

S＝标的物的即期价格;

E＝期权的执行价格;

$N(d)$＝正态分布的密度函数,使用 Excel 计算的命令是 NORMSDIST( );

$\ln(x)$＝底数为 e 的 x 的自然对数,使用 Excel 计算的命令是 ln( );

σ＝标的资产价格每年的波动率(十进位制);

t＝期权到期时间(以年度为单位);

r＝每年度连续性复利率(十进位制);

$e \approx 2.718\,28$,自然对数的底数,使用 Excel 计算 e^x 的命令是 EXP(x)。

关于看涨期权的计算公式表明的是,看涨期权价值 C 就是即期价格(S)减去执行价格(E)的现值。这里,S 和 E 是用风险因子 $N(d_1)$ 和 $N(d_2)$ 加权而计算出来的。

像二项式模型一样,该公式的假设是期权可以进行无风险德尔塔对冲,无风险对冲方式是交易标的资产,同时按照无风险利率借入和贷出资金。这里,假设标的资产收益服从正态分布。在这样的特别假设条件下,因子 $N(d_2)$ 测度的是看涨期权实值状态到期并被行权的概率。因子 $N(d_1)$ 是期权德尔塔,即对冲比率。

一般来说,函数 $N(d)$ 计算的是正态分布曲线中 d 左侧的面积,这里,均值为 0,标准差为 1。也就是说,计算的是在标准正态分布条件下,一个变量小于 d 的概率。

布莱克—斯科尔斯模型应用举例

这里的任务是,按照下列数据,对欧式看涨期权定价:
(1)标的现金价格 $S=300$;
(2)执行价格 $E=250$;
(3)无风险利率 $r=$年利率10%(按照十进位制,则为0.1);
(4)到期时间 $t=0.25$ 年;
(5)波动率 $\sigma=$年波动率40%(按照十进位制,则为0.4)。

布莱克—斯科尔斯模型给出下列值:
$C=[300\times0.872\ 1]-[250\times e^{-0.1\times0.25}\times 0.825\ 5)]=60.36$
其中,

$$d_1=\frac{\ln\left(\frac{300}{250}\right)+(0.1\times0.25)+\left(0.4^2\times\frac{0.25}{2}\right)}{0.4\times\sqrt{0.25}}=1.136\ 6$$

$d_2=1.136\ 6-(0.4\times\sqrt{0.25})=0.936\ 6$

$N(d_1)=0.872\ 1$

$N(d_2)=0.825\ 5$

在本例中,由于期权是完全实值期权,风险中性行权概率为82.55%。

附加分红的布莱克—斯科尔斯模型

模型经过调整后,可以用来对参与分红资产的欧式期权进行定价。在下列版本的模型中,假设分红是连续的,并且通常用于价格指数期权的定价。

如果 q 代表连续分红收益,那么,
$C=[S\times e^{-qt}\times N(d_1)]-[E\times e^{-rt}\times N(d_2)]$
其中,

$$d_1=\frac{\ln\left(\frac{S}{E}\right)+[(r-q)\times t]+\left(\sigma^2\times\frac{t}{2}\right)}{\sigma\times\sqrt{t}}$$

$d_2=d_1-(\sigma\times\sqrt{t})$

在单一股票情况下,假设分红是连续的,这是非常不现实的。通常,在运用布莱克—斯科尔斯模型时,要用即期价格减去期权有效期内的预期分红现值来替代即期价格。这是按照无风险利率进行的折现值。

历史波动率的测度

在期权市场中,通常用某个历史时期标的资产收益的标准差来测度历史波动率。这个值通常是年化率。用价格的自然对数计算出收益的百分比变化,而不是简单的价格变化百分比。

用 Excel 功能就可以计算出数值的自然对数,即 ln( )。它是 EXP( ) 的反函数。运用自然对数有一个很有帮助的结果。例如,假设股票交易价格为500,且价格上涨到510。相对价格变动幅度就是股票新价格除以老价格,即:

$$\frac{510}{500}=1.02$$

简单表达的价格变化百分比是:

$$\frac{510}{500}-1=2\%$$

但是,假设股价再次回落到500,简单表达的价格下降百分比是:

$$\frac{500}{510}-1=-1.96\%$$

问题是,这些简单的百分比变动不可以加总。如果股价始于500,结束于500,那么,加总后的股价总体变动实际则为0,而不是0.04%。运用自然对数可以解决这个问题:

$$\ln\left(\frac{510}{500}\right)+\ln\left(\frac{500}{510}\right)\neq 0$$

每日波动率计算

表 A.10 中描述了运用自然对数计算历史波动率的步骤。

表 A.10　　　　　　　历史波动率计算的初级步骤

(1)交易日	(2)价格	(3)价格变动	(4)标准差	(5)方差^2
0	500			
1	508	1.59%	1.37%	0.02%
2	492	−3.20%	−3.42%	0.12%
3	498	1.21%	0.99%	0.01%

续表

(1)交易日	(2)价格	(3)价格变动	(4)标准差	(5)方差^2
4	489	−1.82%	−2.04%	0.04%
5	502	2.62%	2.41%	0.06%
6	507	0.99%	0.77%	0.01%
7	500	−1.39%	−1.61%	0.03%
8	502	0.40%	0.18%	0.00%
9	499	−0.60%	−0.82%	0.01%
10	511	2.38%	2.16%	0.05%
		均值=0.22%	加总=0.33%	

在表 A.10 中,0 交易日的标的证券价格开始为 500。第(2)列显示的是接下来的 10 个交易日(两周)股票的收盘价。第(3)列计算出价格相关的自然对数。例如,0 交易日与第 1 交易日之间的股价变动百分比计算如下:

$$\ln\left(\frac{508}{500}\right) = 1.59\%$$

股价日均百分比变动是 0.22%。第(4)列计算出每日百分比价格变动对均值的偏离程度,例如,1.59%高出均值 1.37%。第(5)列是方差。

样本方差是观察样本对均值偏离程度的统计值。表 A.10 中有两周内股价变动的 10 个观察样本。样本方差计算如下:

$$\text{方差 } \sigma^2 = \frac{\text{平方差总和}}{\text{观察样本数} - 1}$$

$$\text{方差 } \sigma^2 = \frac{0.33\%}{10 - 1} = \frac{0.0033}{9} = 0.000367 = 0.0367\%$$

除式中观察样本减去 1 的理由仅仅是为了调整,事实上计算的基础是价格变动样本(有些分析者倾向于不做这样的调整)。

波动率被定义为股票收益的标准差。标准差是方差的平方根,即:

$$\text{标准差 } \sigma = \sqrt{\text{方差}} = \sqrt{0.0000367} = 0.0192 = 1.92\%$$

年化波动率

这里,1.92%是股票收益的日波动率。它是基于一系列交易日股价日平均百分比变动计算出来的,测度的是股价对日均值的偏离程度。

在期权市场中,通常波动率表示为年度波动。如果一年里有 252 个交易日,年化波动率就是日波动率乘以 252 的平方根。

$$年化波动率 = 1.92\% \times \sqrt{252} = 30.4\%$$

这里,将"平方根法则"运用到年波动率上是出于这样的理念:在一定程度上,证券价格的短期波动在长期内趋于烫平。所以,年化波动率远远低于日波动率乘以一年的交易日数量。

注意,当股票遵循"随机游走"和股价前后期变动不存在统计相关性时,这可能是标准市场环境下的一个理性假设。在极端环境下,比如在股市崩盘条件下,这些情况将不复存在。

附录 B 奇异期权

"奇异期权"术语是相当不具有严格定义的术语,但是,它便于描述不同于标准看涨期权和看跌期权的新生代期权。本附录简单介绍市场中使用的奇异期权的关键结构特征。

亚式期权或平均价格期权

平均价格看涨期权的收益为 0,或者说,事先确定时期内标的均价减去行权价格的差额较大。平均价格看跌期权的收益为 0,或者说,行权价格减去事先确定时期内标的均价的差额较大。

既然一定时期的平均价格具有降低波动率的效应,因此,与传统期权相比,亚式期权通常费用较低。取平均值的次数越多,这种效应就越大,因此,日均价比周均价和月均价更能够降低波动率。同样的理由,几何平均比算术平均更能够降低波动率。

还有一个变化形态的期权是平均行权价格期权(the average strike option)。这里,一定时期标的价格取平均值,且行权价格按照这个均值确定。平均行权价格期权的收益为 0,或者说,标的价格与行权价格的差额较大。

障碍期权

障碍期权的收益取决于特定时期或期权整个有效期内标的价格是否接近一定水平。

障碍期权要么是触碰生效期权(kock-in options),要么是触碰失效期权(kock-out options)。当且仅当且标的价格触碰到障碍点(有时被称为价格触发点)时,触碰生效期权才生效。如果标的价格达到障碍点(有时被称为终结点),那么,触碰失效期权不再存在。有时,如果期权生效或无法成为触碰生效期权,购买者得到提前设定的回扣。基于看涨期权,存在以下四种可能性:

(1)下跌触碰生效看涨期权(down-and-in call)。如果标的价格下跌,触碰到障碍点,则期权生效。

(2)上升触碰生效看涨期权(up-and-in call)。如果标的价格上升,触碰到障碍点,则期权生效。

(3)下跌触碰失效看涨期权(down-and-out call)。如果标的价格下跌,触碰到障碍点,则期权失效。

(4)上升触碰失效看涨期权(up-and-out call)。如果标的价格上升,触碰到障碍点,则期权失效。

基于看跌期权,具有同样的可能性。例如,如果标的价格上升并且触碰高于现货价格水平的障碍点,则上升触碰失效看跌期权(up-and-out put)失效。这种期权费用低于标准看跌期权费用,而且,当它被用于防范标的价值下降风险时,比标准期权提供防范的费用更低。然而,如果标的价格上升并且触碰终结点,则"保险"功能不复存在。

百慕大期权

对于美式期权来说,持有人在期权有效期的任何时间都可以行权的期权。而对于百慕大期权来说,持有人只能在期权有效期的约定时间行权。由于可以提前行权,百慕大期权比欧式期权具有更大的灵活性,而且通常比标准美式期权更便宜。

双体(数字)期权

如果到期日为实值状态,则双体期权支付一笔货币,否则,无须支付。例如,如果标的价格高于到期日行权价格,现金或一无所有看涨期权(cash-or-nothing call)给付一笔固定现金,反之,到期日时毫无价值。另一种变形是资产或一无所有看涨期权(cash-or-nothing call)。如果到期日为实值期权,则给付等同于标的资产价值的货币量;反之,则无须给付。

复合期权

这类期权是期权的期权。存在四种主要类型:(1)看涨期权的看涨期权(a call on a call);(2)看涨期权的看跌期权(a put on a call);(3)看跌期权的看涨期权(a call on a put);(4)看跌期权的看跌期权(a put on a put)。

以看涨期权的看涨期权为例,购买看涨期权,购买者必须事前支付期权费。

如果持有者对复合期权行权,那么,他或她得到标的看涨期权,相应地支付更多期权费。通常,标的看涨期权具有标准约束条件:要么是美式期权,要么是欧式期权,具有固定到期日和固定的行权价格。

交换期权

交换期权是为实现两种资产交换的期权。例如,一种股票交换另一种股票,或者,一种外国货币交换另一种货币。事实上,可转换债券就是交换期权,因为持有者有权利但非义务将固定附息债券交换为股票,或者(有时)换成另一种债权。

远期生效期权

远期生效期权是当前有所得而将来某日生效的期权。通常,在生效起始日,双方同意行权价格为平值状态价格。

棘轮期权

棘轮期权是由一份标准平值期权加上一组未来某日开始的行权价格设定为平值远期生效的期权。

例如,一份棘轮期权可能由一份一年期平值即期看涨期权加上两份到期日为一年的远期生效平值看涨期权构成。假设标的现货价格在合约订立时为100美元。如果1年结束后,标的交易价格为110美元,1年后生效的看涨期权持有者获得10美元。在这个组合中,下一个期权行权价格被设定为110美元。

如果2年结束后标的交易价格为115美元,期权持有者又获得5美元的利润。最后的看涨期权的行权价格被设定为115美元。如果3年结束后标的交易价格又回到了100美元,那么,最后期权到期而毫无价值。然而,持有者锁定了其间所得到的15美元。

梯式期权

就在合约有效期内持有者可以锁定利润而言,梯式期权类似于棘轮期权。在到期日,固定行权价格的梯式看涨期权给付标的所达到的一系列门槛价格或"阶梯价格"中的最高价与行权价格之差额,或者,如果没有达到阶梯价格,则给付为0。

在浮动行权价格的梯式期权合约中,一旦标的价格达到事先确定的阶梯价格,并非在特定日期(如棘轮期权那样),初始行权价格就会被重新确定。例如,初始行权价格为 100 美元的平值梯式看涨期权,阶梯价格的跨度设定为 10 美元。无论何时,如果标的价格达到 110 美元,行权价格就被重新设定为 110 美元,10 美元的利润就会被锁定。如果此后标的价格达到 120 美元,又获得 10 美元的收益,行权价格再一次被重新设定,这一次则为 120 美元。

回望期权

回望期权的收益取决于期权合约期标的资产的最高价格或最低价格。

在浮动行权价格的回望看涨期权合约中,行权价格是期权有效期内标的资产所达到的最低价格。期权收益是到期日资产价格超过行权价格的幅度。这是在期权有效期最低价格水平上买入标的资产的方式。

在浮动行权价格的回望看跌期权合约中,行权价格是期权有效期内标的资产所达到的最高价格。期权收益是到期日行权价格超过资产价格的幅度。这是在期权有效期最高价格水平上卖出标的资产的方式。

在固定行权价格的回望看涨期权合约中,到期日的收益是期权有效期内标的资产最高价格超出行权价格的部分。一般而言,回望期权要比传统看涨期权和看跌期权费用更高。

跨资产期权

跨资产期权的收益取决于两种或两种以上的标的资产价值。一个简单的例子是一篮子期权,它的收益取决于标的资产组合的加权平均价值;另一个例子是最高价期权,它的收益取决于两种或两种以上的资产所达到的最高价格。比较而言,价差期权或优胜期权的收益决定于两种资产的价差。

双币种期权

双币种期权(quanto option)的收益是用一种货币标价的标的资产,但是,支付的是另一种货币。例如,基于英国股票一篮子表现的看涨期权,其收益支付则是按照事先确定的汇率支付美元。双币种期权对于国际投资者具有吸引力,他们希望买入外币标价的资产,但是,不希望承担汇率风险。

呼叫期权

对于呼叫期权(shout option)来说,除了持有者重新设定行权价格,而不是按照事先确定的时点或价格水平来重新设定行权价格,它类似于棘轮期权和梯式期权。例如,如果初始行权价格是 100 美元,且资产价格达到了 120 美元,持有者可以"呼叫"并锁定 20 美元收益。行权价格将被重新设定为 120 美元。到期日的总收益将是 20 美元加上行权价格为 120 美元看涨期权的内在价值。

附录 C 术语表

递增掉期(accreting swap):随着时间推移,本金不断增加的掉期。

应计利息(accrued interest):自上次贴息日开始计入债券和掉期合约的利息。

美式期权(American option):期权合约有效期内任一交易日都可以行权的期权。

分期偿还(amortization):在一定时期内贷款或债券本金分期归还。

分期偿还掉期(amortizing swap):随着时间推移,本金递减的掉期。

套利(arbitrage):由于资产市场价格错配,出现无风险获利的一组交易。这是并非完全无风险但在绝大多数情况下能够轻松获利的策略。

套利者(arbitrageur):抓住套利机会的人。

亚式期权(Asian or Asiatic option):平均价格期权的另一个称谓。

要价(ask):资产或衍生品合约的卖出价格。

资产(asset):实物商品或金融资产,比如股票和债券。

资产支持证券(asset-backed securities):受一些资产比如抵押物和信用卡贷款保证的债券。资产的现金流被用来偿还债券持有者。

资产或一无所有期权[asset-or-nothing(AON) option]:如果到期日为实值期权,则期权收益等于标的资产价格;否则,一无所有。

指令(assignment):交易所正式通知看涨(看跌)期权的卖方必须按照行权价格交割标的资产(或接受标的资产的交割)。

如你所愿期权(as-you-like option):参见选择者期权。

最优价格指令(at-best order):指令经纪人在最佳价格水平买入或卖出合约。

平值期权(at-the-money option):行权价格与标的资产价格相等的期权。这种期权的内在价值为 0。

平均价格期权[average price(or rate) option]：固定行权价格合约的收益取决于特定时期行权价格与标的资产平均价格之间的差额。在浮动行权价格合约中，行权价格取决于特定时期资产平均价格，其收益取决于标的资产平均价格与行权时标的资产价格之间的差额。

交易清算室(back office)：证券或衍生品交易业务的一个有机部分，它清算和维护前台的交易者的交易账户。

现货升水(backwardation)：资产的远期价格低于现货价格。参见期货溢价(contango)。

国际清算银行(Bank for International Settlement, BIS)：国际清算银行的行为是推动金融事务的国际合作。

障碍期权(barrier option)：收益取决于标的价格是否达到一个或更多价格水平线或障碍线的期权。

基准价差(basis)：资产的现货价格与期货价格之间的差额。当期货价格高于现金价格时，基准价差为负。这表明，为了未来某日交割而持有资产头寸的成本为负。当期货价格低于现货价格时，基准价差为正。

基点(basis point)：在货币市场中，一个基点等于年利率 0.01%。

基准风险(basis risk)：因为期货价格不完全按照标的资产价格的变动轨迹变化，因而基准价格是变动的，所以，风险就产生了。对于那些运用期货对冲标的资产风险的交易者来说，问题就出现了。一般而言，风险来自于两个金融变量之间价格关系或"基准"价格的潜在变动。

基准掉期(basis swap)：掉期的两条腿都基于浮动利率，但是，每一条腿都按照不同的基准价格核算。例如，一条腿按照商业合同上的收益核算，另一条腿按照伦敦银行同业拆借利率核算。

一篮子期权(basket option)：收益取决于资产一篮子或资产组合的表现。

熊市(bear)：人们认为证券板块或市场价格将下跌。

熊市价差(bear spread)：组合期权策略。如果标的资产价格上升，则仅承担有限损失；如果标的资产价格下降，则仅获得有限利润。

百慕大期权(bermudan option)：在到期日前的特定日期行权的期权，比如每个月的某一天行权。

贝塔(beta)：证券或资产组合的系统风险或不可分散风险的测度指标。贝塔值大于 1 的证券风险比整体市场风险更高，因此，所要求的回报率就更高。

竞价(bid)：经纪人准备对证券或衍生品支付的价格。

竞价/要价价差(bid/offer spread):资产或衍生品合约的竞价与要价或卖出价之间的差额。

大数(big figure):在外汇市场中,货币汇率的第一序列十进位制报价。

双体(数字)期权(binary or digital option):参见现金或一无所有期权,资产或一无所有期权。

二项式树(binomial tree):从标的现货价格发展而来的一组价格,在"树"上的每一个"节点",资产价格要么上升一定的量,要么下降一定的量。可以用来对期权和可转换债券定价。

布莱克模型(Black model):布莱克—斯科尔斯模型的一种变化形式,用于远期和期货欧式期权的定价。

布莱克—斯科尔斯模型(Black-Scholes model):20世纪70年代布莱克、斯科尔斯、默顿提出的欧式期权定价模型。

蓝筹股(blue chip):著名公司发行的股票,这类股票被视为可以带来持续收益的股票。

债券(bond):公司、主权国家及其代理机构、超国家机构发行的债务凭证。普通债券到一定时日支付固定折扣(利息量),到期按照面值等价支付。

债券期权(bond option):债券看涨期权或债券看跌期权。

债券评级(bond rating):债券评级机构,比如穆迪或标准普尔等,对债券信用或违约风险的评估。

重抽样技术(bootstrapping):从附息债券或平价转换线推导出零息债券收益率或即期收益率的技术。

英国银行家协会(British Bankers' Association, BBA):负责计算各种货币每个交易日伦敦银行间同业拆借利率的组织。

经纪人(broker):接受付费或佣金的个人或企业,担当代理人,对证券或衍生品合约的买卖做出安排。

牛市(bull):人们认为特定资产或市场价格将上升。

牛市价差(bear spread):组合期权策略。如果标的资产价格上升,则仅获得有限利润;如果标的资产价格下降,则仅承担有限损失。

德国债券(bund):德国联邦政府发行的国债。

蝶式策略(butterfly):多头蝶式策略是一种期权策略组合,即买入一份看涨期权、卖出行权价格较高的两份看涨期权,同时买入一份行权价格更高的看涨期权。所有期权合约的标的相同,到期日相同。还可以运用看跌期权加以组合。

附录 C　术语表

买入－卖出策略(buy-write)：参见对敲看涨期权。

日期或时间价差(calender or time spread)：利用时间价值减损的一种策略,买卖到期日不同、标的相同的期权。

召回特征(call feature)：允许债券发行者在到期日前赎回债券的特征。

看涨期权(call option)：按照固定敲定价格买入标的资产的权利而非义务。

资本充足率(capital adequacy)：银行有义务保有一定的资本—资产(如贷款)比率的制度。资产权重则按照其风险程度测度。

单一利率上限(caplet)：利率上限的一个组成部分。

封顶浮动利率票据(capped floating rate note, FRN)：票据利率不能超过给定的水平。

现金—持有套利(cash-and-carry arbitrage)：卖出高定价的期货合约,同时买入标的资产,从而实现无风险利润。或者,买入低定价的期货合约,同时卖出标的资产。

现金或一无所有期权[cash-or-nothing(CON) option]：如果实值状态到期,则有固定数量的现金收益；反之,则一无所有。

现金证券(cash security)：标的证券,比如股票或债券,而不是衍生品。

现金结算(cash settlement)：用现金清算衍生品合约,而不是用标的资产实物交割的方式。

灾难债券(cat bond)：即 catastrophe bond。这是高附息债券,但是,如果发行者因灾难事件(如超过特定水平的飓风)而损失,则投资者就有失去资本的风险。

CDD 指数(CDD index)：运用于天气衍生品,测度的是夏天非正常的温热程度。

最廉价交割债券(Cheapest-to-deliver Bond, CTD)：在空头债券期货合约中,用最便宜的债券交割。

芝加哥期权交易所(Chicago Board Option Exchange, CBOE)：1973 年成立了这个主要的期权交易所。

芝加哥交易委员会(Chicago Board of Trade, CBOT)：开始于 19 世纪的商品市场,现在,已经发展到主要的金融期货和期权合约交易,比如,美国国债。目前是芝加哥商品交易所集团的一部分。

芝加哥商品交易所(Chicago Mercantile Exchange, CME)：拥有主要的欧洲美元期货合约交易的芝加哥期货和期权交易所。芝加哥商品交易所集团的一部分。

选择者期权(chooser option)：持有者可以决定何时确定期权为看涨期权还是看跌期权。也被称为任选期权、如你所愿期权、看涨或看跌期权等。

断路器(circuit breaker)：一旦市场价格穿越了触发水平，一些交易所就要用它停止交易。

清洁价格(clean price)：剔除最后一次付息日应计利息的债券价格。

清算所(clearing house)：登记、配对、管理与保障期货和期权交易的机构。现在，还将为场外衍生品的交易表现提供担保。

清算所会员(clearing member)：并非所有期货和期权交易所成员都是清算所会员。所有交易最终都必须通过清算所会员在清算所清算，唯有会员才能够直接与清算所发生关系。

棘轮期权[cliquet(ratchet)option]：敲定价格可以按照现货市场价格在特定日期重新确定，从而锁定中期收益。

领口浮动利率票据(collared floating rate note)：具有最小和最大息率的票据。

担保(collateral)：具有某种责任承诺的现金和证券。

担保债务凭证(collateralized debt obligation,CDO)：特定目的载体(SPV)发行的债券，通过债券或贷款等资产组合，即担保物，获得现金流。通常，不同等级的担保债务凭证发行时具有不同的风险和收益特征。按照标的资产池的性质，担保债务凭证可以分为担保贷款凭证和担保债券凭证。参见特定目的载体(SPV)。

复合策略(combination strategy)：期权混合策略。

商业银行(commercial bank)：向公司和政府提供贷款的银行。

佣金(commission)：完成买入和卖出业务时，经纪人向客户收取的费用。

商品(commodity)：实物，比如石油、黄金或谷物。商品交易可以是现货交割，也可以是远期交割。

商品掉期(commodity swap)：至少一部分支付决定于商品价格。

普通股(common stock)：在债权人和优先股获得给付后，分享业务净收入的证券。普通股持有者在公司出现流动性问题时，对公司资产具有剩余索取权。持有人通常具有投票权。在英国，这类股票为普通股。

复合期权(compound option)：买入或卖出期权的期权。

期货溢价(contango))：资产的远期价格高于现货价格。参见现货升水。

连续复利率(continuously compounded rate)：利率的一种标价方法，通常运用于衍生品市场。

合约规模(contract size)：衍生品合约的交易单位。例如，芝加哥交易所 30 年国债期货合约就是 100 000 美元的等值美国国债。

转换(价格)因子[conversion (price) factor]：按照债券期货合约可以进行债券转换的因子。如果要转换成债券，卖方要通知买方相应的数量。

转换期权费(conversion premium)：测度相比较于通过现货市场买入股票，通过买入并转换可转换债券来买入股票的成本多大的指标。

转换比率(conversion ratio)：可转换债券可以转换的股票数量。

可转换债券(convertible bond)：按照事先确定的发行公司股票数量，(持有者可以选择)转换的债券。

凸性(convexity)：在债券市场中，债券价格和市场利率关系曲线曲率的测度指标。在衍生品市场中，有时被用来替代期权伽马值。参见伽马。

持有成本(cost of carry)：持有资产头寸的费用(融资成本加上储备和其他成本)减去资产收益。

交易对手(counterparty)：交易或合约的另一方。

交易对手风险(counterparty risk)：交易对手无法履行其合约义务的风险。

贴息(coupon)：债券定期获得的利息。

持保看涨期权(covered call)：买入标的资产，同时卖出相同标的的看涨期权。

信用违约掉期(credit default swap, CDS)：保护性买方向保护性卖方支付定期期权费(价差)的合约。如果诸如破产等信用事件发生且对合约中确定的参照实体产生了影响，保护性买方从保护性卖方那里得到给付。参照实体可以是公司、金融机构或主权国家。如果信用事件发生，信用违约掉期合约被清算，保护性买方交割参照实体的债务资产，并从保护性卖方那里得到债务资产的面值。其他的则用现金结算。

信用衍生品(credit derivative)：这类衍生品的收益取决于某一组织或集团的信用状况。

信用增进(credit enhancement)：用来增进信用质量的方法。例如，在证券化过程中，普通信用增进技术是创造次级份额，它在资产池中第一顺位承担违约损失。这样，高级部分能够获得顶级信用评级。参见证券化。

信用评级(credit rating)：借款人或债券发行者及时偿付债务的可能性评估。

信用价差(credit spread)：债券或贷款超出参照利率的额外收益，取决于借款人的信用可置信度。通常，用超过伦敦银行同业拆借利率的基点或政府债券收益来表示。

信用价差衍生品(credit spread derivative)：合约收益取决于未来两种资产的实际信用价差与协议价差之间的差额。价差可能高于伦敦银行同业拆借利率、国债收益或其他参照利率。

货币交叉掉期(cross-currency swap)：一种利率掉期，支付由两种不同货币构成。

货币掉期(currency swap)：按照固定汇率，用一种货币交换另一种货币的权利而非义务。也称外汇掉期(FX swap)。

货币风险(currency risk)：因货币汇率变动而遭受损失的风险。

货币转换风险(currency translation risk)：一旦公司在国际业务中存在合并账户，就会因外币所得转换为本币出现风险。

德国证券指数(DAX)：以德国30家最大公司的市值为权重的指数。它是总收益指数——假设股票分红用于再投资。

日核算(day-count)：传统按日利息或收益报价方法。

交易价差(dealing spread)：交易者的竞价与要价之间的差额。

债务(debt)：应偿还授信人、借款人或债券持有人的资金。

债务证券(debt security)：可交易的证券，比如表明向发行人借贷的债券。

递延掉期(deferred swap)：远期生效的掉期，即掉期合约在将来某日生效。

交割(delivery)：交付资产的过程。有些衍生品合约涉及标的实物交割，其他则为现金结算。

交割月份(delivery month)：期货合约到期且交割或现金结算发生的月份。

德尔塔(delta)：对于标的资产价值的小幅变动，期权价值变动的程度。

德尔塔对冲(delta hedging)：防止因标的资产价格小幅变动导致期权或期权组合出现损失的交易。

德尔塔中性(delta neutral)：德尔塔对冲且防止标的资产价格小幅变动损失的期权头寸。

衍生品(derivative)：价值取决于股票或债券等标的资产价值的金融工具。

数字期权(digital option)：也称"双体期权"(binary option)。参见资产或一无所有期权和现金或一无所有期权。

稀释(dilution)：新股发行导致的每股收益下降。

不洁价格(dirty price):债券的清洁价格加上最后派息日后的应计利息。

折现因子(discount factor):特定时期按照即期利率或零附息率计算的1美元现值。

折现率(discount rate):通常,用来将未来现金流折算为现值。在美国货币市场上,当银行直接向联邦储备系统(中央银行)借款时,中央银行向银行收取的比率。

折现证券(discount security):比如国债,不付利息,但是,低于面值或平价交易。

分红(dividend):公司向持股人的现金给付。

股息率(dividend yield):每股红利除以每股即期市场价格。

道-琼斯工业平均价格指数(Dow Jones Industrial Average, DJIA):基于美国30家顶级企业的价格加权指数。

下降敲入看跌期权(down-and-in option):如果标的价格下跌并触及障碍水平,则期权合约生效。

下跌敲出看跌期权(down-and-out option):如果标的价格下跌并触及障碍水平,则期权合约失效。

下跌风险(downside risk):头寸交易或投资出现损失的风险。

双重货币债券(dual currency bond):用一种货币支付利息,但是,标价则是另一种货币。

提前行权(early exercise):在到期日前对期权行权。

有效市场理论(efficient market theory):资产价格随时反映出可得的市场信息并能够对未来现金流充分折现的理论。由于该理论忽视了获取和加工信息的成本,有些学者对该理论提出批评。

嵌入式期权(embedded option):嵌入诸如可转换债券或结构化金融产品中的期权。期权不能独立被交易。

普通股(equity):在债务偿还后,对公司财产具有剩余索取权的股票。参见普通股。

股票掉期(equity swap):交易双方达成定期交换收益的合约,一方给付基于股票价值或一篮子股票价值,另一方给付基于固定或浮动利率。

股票分级(equity tranche):在证券市场中,如果标的资产组合遭受违约风险,证券按照等级承受损失。

欧洲交易所(Eurex):合并后的德国—瑞士电子衍生品交易所。

欧洲银行间借贷利率(Euribor)：布鲁塞尔确定的欧元(欧洲单一货币)银行间借贷参考利率。

欧洲证券(eurobond)：债券标价所用的货币并非发行国货币，通过承销行向国际投资者发行。

欧洲货币(eurocurrency)：在本国市场之外持有的货币账户，不受本国监管当局的直接控制。

欧洲货币储蓄账户(eurocurrency deposit)：在银行开立的欧洲货币储蓄账户。

欧洲美元(eurodollar)：美国之外的美元储蓄。

欧洲美元期货(eurodollar futures)：基于未来3个月欧洲美元储蓄利率、在芝加哥商品交易所交易的期货合约。

欧洲货币市场(euromarket)：交易欧洲货币的国际市场。

欧式期权(European option)：只能在到期日行权的期权。

交易所(exchange)：交易证券或衍生品的有组织的市场。

交换期权(exchange option)：用一种资产交换另一种资产的期权。

交易所交割清算价(exchange delivery settlement price, EDSP)：到期日用以清算期货合约的价格。

交易所交易的合约(exchange-traded contract)：在有组织的交易所交易的衍生品合约。

可交换债券(exchangeable bond)：(持有者可以选择)按照事先确定的某公司而非债券发行公司的股票数量进行交换的债券。

行权(exercise)：看涨期权(或看跌期权)的持有者选择买入(卖出)标的资产的行为。

行权价格(或敲定价格)(exercise or strike price)：看涨期权(或看跌期权)的持有者有权买入(卖出)标的资产的价格。

奇异期权(exotic option)：非标准化期权，比如，障碍期权、平均价格期权和二元期权。

预期价值(expected value)：未来某日资产的期望价值。

到期日(expiry or expiration)：合约的最后一日。

可延展掉期(extendable swap)：交易的一方可以选择延迟的掉期。

面值(face value)：通常是指债券或国债到期日所支付的本金或平价。

公平价值(fair value)：金融资产的理论价值，通常可以用资产定价模型求得。

金融期货(financial futures)：承诺在未来某日按照固定价格交付金融资产的交易所交易的合约，或者，当合约到期时，对固定价格和标的资产价格的差价进行现金结算支付。

固定利息(收益)证券[fixed interest(income) security]：到期日之前，在规定日期支付利息的证券。常用于债券。

弹性期权(flex option)：交易所交易的期权，合约条件具有一定的弹性，例如，敲定价格可能是非标准化的。

浮动利率(floating rate)：可以随着时间而变化的利率，比如伦敦银行同业拆借利率。

外汇风险(foreign exchange risk)：汇率变动引致损失的风险。

远期合约(forward contract)：交易双方按照固定价格在未来某日买卖资产的协议，或者，基于固定价格和未来某日资产的实际市场价格之间的差价进行清算的协议。

远期汇率(forward exchange rate)：即期之后的某日两种货币交易的比率。

远期利率(远期-远期利率)(forward interest rate forward-forward rate)：未来两个日期之间的利息率。

远期利率协议(forward rate agreement, FRA)：基于未来某一时期的固定利率与同期实际市场利率之间的差额进行现金清算支付的双边合约。

远期起始期权(forward-start option)：起始于未来某一日的期权。

远期起始掉期(forward-start swap)：晚于即期的某日起始的掉期。

《金融时报》100指数(FT-SE 100 index)：排名前100的英国股票的市值加权指数。

可互换资产(fungible)：两种证券或衍生品合约可以直接互换，则称为可互换资产。

期货合约(future contract)：在未来某日按照固定价格通过有组织的交易所买卖标的资产的合约，或者，基于固定价格和未来某日资产的实际市场价格之差进行现金清算支付的合约。

期货期权(future option)：买卖期货合约的期权。

外汇(货币)期权[FX(currency) option]：按照固定汇率交换两种货币的权利。

伽马(gamma)：标的资产价格的小幅变动所导致的期权德尔塔值的变动。

金边债券(gilt)：英国政府发行的债券。

政府证券(government security):政府发行的本票、票据和债券。

HDD指数(HDD index):用于气候衍生品,测度的是冬季天气异常寒冷的程度。

对冲基金(hedge fund):在证券市场买卖证券的基金。现在,也用来指持有高杠杆比率或投机的基金。

对冲比率(hedge ratio):为了抵消被对冲资产的风险,需要交易多少对冲工具(如期货合约)的计算指标。

对冲(hedging):防止潜在损失的交易。

历史波动率(historic volatility):过去某一时期的资产波动率。

隐含波动率(implied volatility):应用于实际期权价格的波动率假设。

指数(index):表示一篮子资产价值变动的数字,如股票市场指数。

指数套利(index arbitrage):通过买卖指数期货和标的股票的套利交易。

指数信用违约掉期(index credit default swap):一种信用违约掉期,基于代表名义一篮子资产的指数,而不是基于单一参照实体资产。参见信用违约掉期。

指数基金(index fund or tracker):寻求跟踪市场指数绩效的基金。

指数期货(index futures):基于市场指数的金融期货合约,通常采用现金结算。

指数期权(index option):市场指数期权,如标准普尔500期权。

通货膨胀衍生品(inflation derivatives):用来对冲或针对未来通货膨胀率投机的金融产品。

机构投资者(institutional investor):诸如养老基金的公司,代理客户进行金融资产投资。

金融工具(instrument):股票、债券,以及其他可交易证券和衍生品合约。

利率期货(interest rate future):基于未来某一时期的利率、交易所交易的合约,对等于远期利率协议。

利率期权(interest rate option):价值取决于远期利率的期权。

利率掉期(interest rate swap):在特定时期内按照确定的时日双方交换收益的协议。在标准化交易合约中,一方支付取决于固定利率,相应的回报取决于浮动利率,通常为伦敦银行间同业拆借利率。

市场间利差(intermarket spread):这种策略是由两种不同指数产品的资产头寸所构成的,比如,做多标准普尔500指数期货的同时,做空另一种股票指数期货。

国际掉期与衍生品协会[International Swaps and Derivatives Association, ISDA)]：1985年注册的场外衍生品交易协会。

实值期权(in-the-money option)：内在价值为正值的期权。

内在价值(intrinsic value)：对于看涨期权来说，就是标的价格减去敲定价格，要么为0，要么大于0。对于看跌期权来说，就是敲定价格减去标的价格，要么为0，要么大于0。

铁蝶式策略(iron butterfly)：相同标的、相同到期日的空头跨式期权与多头跨式期权的组合。

敲出水平或敲入水平(knock-out or knock-in level)：障碍期权失效或生效的标的价格水平。

阶梯式期权(ladder option)：浮动敲定价格合约，一旦达到价格线，敲定价格就会被重设，此时的收益就会被锁定。

伦敦银行间同业拆借利率(London Interbank Offered Rate, LIBOR)：伦敦金融市场上，主要银行短期提供(出借)资金利率的均值。英国银行家协会和路透社联合编制，并于伦敦时间上午11:00后发布。英国银行家协会还发布针对不同货币、不同到期日的伦敦银行间同业拆借利率。

伦敦银行间同业拆借利率与隔夜指数掉期价差(LIBOR OIS spread)：3月期伦敦银行间同业拆借利率与隔夜指数掉期利率之间的差额。

伦敦国际金融期货与期权交易所(LIFFE)。纽约证券交易所欧洲交易所集团的一部分。

限价指令(limit order)：客户向经纪人下达的按照最大买入价或最小卖出价买入或卖出资产或衍生品合约的指令。

限制性价格变动(limit price move)：有些交易所只允许在交易过程中价格变动限定于一定的幅度内。如果限度被打破，就会停止交易。

流动性(liquidity)：如果在资产价格不出现大幅度变化的情况下很容易找到买方或卖方，则该资产市场就是具有流动性的市场。

流动性风险(liquidity risk)：资产交易枯竭，价格无法发现，否则，注定出现急剧波动。

伦敦金属交易所(London Metal Exchange, LME)：交易非贵重金属的市场，包括期货和期权交易。

多头(long position, long)：买入证券或衍生品合约的交易者的交易状况。

回望期权(lookback option)：收益取决于过去特定时期的最大或最小价格

水平。

维持保证金(maintenance margin):有些交易所采用的一种制度。如果交易者账户下降到水平线以下,则会被要求补仓。

强制性可转换或可交换债券(mandatorily convertible or exchangeable bond):在特定的时日必须转换或交换成股票的债券。

补仓告知(margin call):由于合约价值出现了逆转变化,衍生品交易者就会被要求额外追加保证金。

市场风险(market risk):也称为价格风险或利率风险。资产市场价格变动,如股票和债券价格变动,所导致的风险。

盯市(mark-to-market):基于即期市场价格对投资再估价。

货币市场(money market):短期储蓄和贷款市场(通常为1年之内),以及短期证券比如国库券的交易市场。

蒙特卡罗模拟(Donte Carlo simulation):基于价值决定的变量的随机变化,建立模拟方程,对金融资产或资产组合进行估值的方法。

抵押物支持证券(mortgage-backed security):受一组抵押物支持的债券。以抵押物为限,支付证券的利息和本金。在整个交易过程中,所有投资者得到的是与抵押物相同的收益。在抵押物担保义务条件下,不同等级的证券具有不同的收益特征。

MSCI指数(MSCI indices):被国际投资者用来作为参照的一组指数。

裸期权(naked option):未对冲的期权仓位。

纳斯达克(NASDAQ):美国股票电子交易市场。基于市场参与者报价的市场。

临近交割合约(nearby month):最接近于交割日的衍生品合约。

净现值(net present value,NPV):现值总和。

日经225(Nikkei 225):东京证券交易所交易的225种股票价值均值基础上的指数。日经300则是市值权重指数。

名义利率或收益率(nominal interest rate or return):贷款或债券的显示性利息率或收益率。被用来指投资不剔除通货膨胀率的利率或收益率。参见实际利率或收益率。

正态分布(normal distribution):其性质被高斯证明为经典的钟形曲线。布莱克—斯科尔斯模型假设股票收益遵循正态分布。

名义本金(notional principal):计算合约收益(如利率掉期收益)的本金量。

表外业务(off-balance-sheet):在公司资产负债表上,不出现在资产列或负债列中的项目。但是,它仍然可能提高负债水平。

运营风险(operational risk):按照巴塞尔银行监管委员会的释义,是指内部监控、人为、制度失败或不足或外部事件导致的损失。

期权(option):在到期日,按照固定的敲定价格买卖资产的权利而非义务。

虚值期权(out-of-the money option):对于看涨期权来说,敲定价格高于标的价格;对于看跌期权来说,敲定价格低于标的价格。

场外交易[over-the-counter(OTC) transaction]:双方直接而非通过交易所达成交易。

平价(par):债券或国库券的面值或名义价值,通常是到期给付的价值。

平价债券(par bond):按照平价交易的债券。

实物交割(physical delivery):衍生品合约中确定的标的商品或金融资产的交割过程。

政治风险(political risk):政府的突发行动导致损失的风险,比如,在本国货币市场中停止外汇交易,或者征收特别税。

投资组合管理(portfolio management):持有多样化资产来进行货币管理。

仓位(position):空头和多头合约的净额。一名交易者买入50份9月份标准普尔500指数期货,同时卖出70份相同的合约,则净空头为20份合约,除非能够平仓或对冲,否则,交易者就暴露在市场风险之下。

期权费(premium):在期权市场中,期权费就是期权价格——买方支付卖方的金额。

现值(present value):未来现金流的折现值。

保护性看跌期权(protective put):买入看跌期权以防止资产损失。

替代对冲(proxy hedge):运用相关联的金融工具进行对冲。在某种程度上,这种关联金融工具与被对冲的金融资产价值变动相互关联。

看跌期权(put option):按照固定的敲定价格卖出标的资产的权利而非义务。

彩虹期权(rainbow option):收益不只是取决于一种标的资产,也就是说,取决于两种股指的最佳表现。

评级机构(rating agency):像穆迪、标准普尔、惠誉等机构,它们对公司债务和主权债务进行违约风险评级。

真实利率或收益率(real interest rate or return):扣除通货膨胀率的投资利

率或收益率。参见名义利率或收益率。

回收率(recovery rate)：贷款或债券发生违约后可以回收的金额。在信用违约掉期市场，标准假设是40%的回收率，也就是说，1美元回收40美分。

赎回日(redemption date)：按照证券面值或赎回价值支付给投资者的日期。

参考实体(reference entity)：在信用违约掉期中，买入和卖出保护性期权所基于的公司或其他机构。

重设日或重定日(reset or refix date)：为下一个偿付期重新设定掉期合约的浮动利率的日期。

逆向浮动利率票据(reverse floating rate note)：浮动利率票据的特殊种类。折现率与即期市场利率呈反方向变动。它们可能出现极端波动。

肉(rho)：给定利率变动，期权价值变动的幅度。

增配权(rights issue)：公司新股发行中赋予持股人购买股票的权利。

无风险收益率(risk-free rate)：国债的收益率。

风险管理(risk management)：控制、估计和对冲资产价格变动、利率变动、汇率变动等引致的潜在损失。

标准普尔500指数(S&P 500)：基于排名前500位的美国公司市价加权指数。

证券化(securitization)：资产证券的创设过程。债券卖给投资者，是因为受标的资产现金流的支持，又如，抵押物或信用卡贷款。

清算日(settlement date)：在现金市场上进行证券交付和资金给付的日期。

清算价格(settlement price)：清算所结算衍生品合约的价格。通常是交易日结束时发生的交易价格均值。在到期日，最终的清算价格才能被计算出来。

空头(short position, short)：在衍生品交易中，卖出的合约多于买入的合约。

呼喊期权(shout option)：期权持有人有"权利"在合约有效期内"呼喊"一次，从而锁定最小收益。

西格玛(sigma)：希腊字母，用来表示标准差。在衍生品市场上，用来显示波动率，测度的是资产收益的标准差。

现货市场汇率(spot foreign exchange rate)：通常是指两个交易日内两种货币交换的比率。

即期利率或收益率(spot interest rate or yield)：零折扣的利率或收益率。

即期价格(spot price)：即期交割的证券价格，也称现货价格。

价差(spread)：两种价格或两种利率的差额。

价差交易(spread trade)：期权组合交易。

印花税(stamp duty)：政府对股票交易征收的税。

股指(stock index)：反映股票组合价格变化的指数。在美国股票市场上，主要的股指有道-琼斯工业平均指数和标准普尔500指数。在英国，最为人所知的指数是《金融时报》100指数。

股指期货(stock index futures)：基于标准普尔500指数或英国《金融时报》100指数的期货合约。这些都是"差额清算"的合约——没有股票的实物交割。芝加哥商品交易所交易的标准普尔500指数期货合约，每个指数点价值为250美元。

股票期权(stock option)：按照固定价格买卖股票的期权。

止损指令(stop-loss order)：给经纪人的平仓指令。当给定价格水平达到时，通过指令，限制损失。

敲定价格(strike price)：期权执行价格的另一种术语。

掉期(swap)：交易双方同意在约定时期某一特定日期相互支付的合约，每一方支付的数额按照不同的基点核算。

掉期比率(swap rate)：利率掉期合约确定的固定利率。

复合证券化(synthetic securitization)：由信用违约掉期组合的标的资产证券化交易，而不是实际债券或贷款交易。

系统风险(systematic risk)：银行失败所导致的风险将以多米诺效应波及金融系统的其他领域。

期限(tenor)：到期时间。

利率期限结构(term structure of interest rates)：一组到期日的即期利率或零附息利率。

西塔(theta)：在其他因子不变条件下，随着时间消耗，期权价值的变化。

时间价值(time value)：期权总价值与内在价值的差额。

货币的时间价值(time value of money)：折现现金流价值的基础指标。如果利率为正，那么，今天的1美元价值大于未来的1美元价值，因为，它可以用于投资并获取利息。

交易者(traders)：买卖证券或衍生品合约的个人或公司雇员。

国债(treasury bill, T-bill)：完全由政府担保发行的短期债券。

标的(underlying)：构成衍生品基础的资产。衍生品的价值取决于标的价值。

上升敲入期权(up-and-in option)：如果标的价格上升到障碍线或水平线，则期权生效。

上升敲出期权(up-and-out option)：如果标的价格上升到障碍线或水平线，

则期权失效。

风险估值(value-at-risk, VaR):在给定时期内特定可置信度条件下资产组合最大化损失的统计估计。

维加(vega):给定波动率变化,期权价值的变动幅度。

波动率(volatility):期权定价的关键因子。标的资产收益变动性的测度指标。它取决于历史事实和未来投资计划。

波动率微笑曲线(volatility smile):反映对于一组敲定价格,同一标的资产的期权波动率的曲线,被用于校正波动率,对期权定价或重新定价。实际上,曲线是不对称的,而不是微笑曲线。

权证(warrant):采取证券形式的较长期的期权,通常是股票交易所自由交易的期权。发行人权证(issuer warrant)是公司基于其自己的股票发行的期权。备兑权证(covered warrant)是银行和证券公司发行的权证,资产基础是另一家公司的股票或基于一篮子股票。它们都可以现金清算。

气候衍生品(weather derivatives):收益取决于可测度的天气因素的金融衍生品,天气因素诸如特定参照区位的气温或降雨量。

卖方(writer):卖出期权的一方。卖方获得期权买方支付的期权费。

收益(yield):即投资收益,取决于投资量和预期未来的现金流。

收益曲线(yield curve):显示到期时间一定等级的债券收益的曲线(如美国国债的收益曲线)。

到期收益(yield-to-maturity):以即期市场价格买入,在无利息按照固定利率再投资的情况下,持有至到期日时债券的总收益。

零成本围领策略(zero-cost collar):期权费为0的围领策略。看涨期权和看跌期权的期权费抵消。

零附息债券(zero-coupon bond):不存在利息支付的债券,按照面值或平价折现交易。到期日债券持有者按照面值获得支付。

零附息率(即期利率)[zero-coupon rate (spot rate)]:从现在开始到未来时期内特定日期的利息率。由于不需要做再投资假设,因此,被用于诸如利率掉期等衍生品定价。

零附息利率掉期(zero-coupon swap):固定利率是掉期合约有效期内的复合利率,到期日给付而非分期给付。

作者简介

安德鲁·M.奇瑟姆：获得硕士、工商管理硕士和博士学位，英国雷丁大学国际资本市场协会研究中心访问学者。他从事金融和衍生品设计、研发和教学超过25年。其间，他与全世界众多大型金融机构合作，向公司金融分析师、交易员、营销员、风险管理经理人、风险分析师、基金经理人、运营和技术专业人士等传授金融和衍生品知识。他举办高级管理研讨会，并开办培训项目，向刚刚毕业的大学生、MBA学员传授证券行业知识。他曾任JP摩根欧洲发展项目主管。他著有《国际资本市场导论》一书，2009年威利父子公司出版了该书的第2版。

東航金融 · 衍生译丛
KiiiK CES FINANCE

第一辑

《看不见的手》
定价：58.00元

《对冲基金型基金》
定价：49.00元

《常青藤投资组合》
定价：44.00元

《对冲基金大师》
定价：53.00元

《对冲基金表现评价》
定价：53.00元

第二辑

《解读石油价格》
定价：29.00元

《硬通货》
定价：38.00元

《捕捉外汇趋势》
定价：45.00元

《对冲基金全球市场盈利模式》
定价：49.00元

《使用铁秃鹰期权进行投机获利》
定价：28.00元

第三辑

《黄金简史》
定价：50.00元

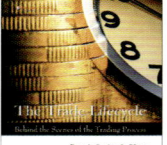

《交易周期》
定价：49.00元

《利率互换及其衍生产品》
定价：39.00元

《期权价差交易》
定价：43.00元

《波动率指数衍生品交易》
定价：42.00元

第四辑

《揭秘外汇市场》
定价：48.00元

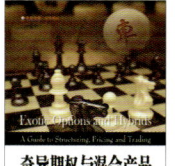

《奇异期权与混合产品》
定价：55.00元

《掉期交易与其他衍生品》
定价：50.00元

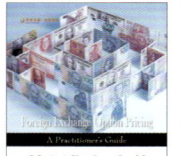

《外汇期权定价》
定价：48.00元

《震荡市场中的期权交易》
定价：44.00元

第五辑

《顶级对冲基金投资者》
定价：36.00元

《期货交易者资金管理策略》
定价：45.00元

《奇异期权交易》
定价：33.00元

《外汇交易矩阵》
定价：45.00元

《债券与债券衍生产品》
定价：48.00元